# ことばを考える ⑦

愛知大学言語学談話会

あるむ

# 目　次

李外秀『夢見る植物』について……………田　川　光　照　1

詩における西洋の感覚受容の歴史と問題点…宇佐美　孝　二　31

中世前期極彩色写本……………………………田　本　健　一　55
　　──ヒベルノ・サクソン写本の系譜

クレイグ先生逸聞拾遺…………………………葛　谷　　　登　77

中国の師範大学における日本語教育…………小　池　保　利　111

外国語としての英語ライティング教育における
　詩の有用性についての一考察………………小　坂　敦　子　141
　　──L1リテラシー教育が示唆する可能性

表現について …………………………………高　橋　秀　雄　159

話し言葉における自由間接話法とエコー発話…鈴　木　康　志　175
　　──エリス・ヘルディン(1905年)から山口治彦(2009年)まで

英語語彙変遷史…………………………………田　本　真喜子　205
　　──行間注の導入

生成文法の英語教育への応用 …………………北　尾　泰　幸　231
　　──制限関係節と同格節を題材に

冠詞論の変容に見られる伝統文法存続の要因‥稲　垣　　　昭　261
　　──主にフランス語を例にして

愛知大学言語学談話会　沿革 …………………………………………291
公開講座記録　平成22年(2010)～平成27年(2015)……………………293
あとがき……………………………………………………………………298
『ことばを考える』既刊目次 …………………………………………301

# 李外秀『夢見る植物』について

田 川 光 照

## はじめに

　ここで取り上げる『夢見る植物꿈꾸는 식물』[1]は，李外秀(イ・ウェス)の最初の長編小説である。

　李外秀は1946年に慶尚南道(キョンサンナムド)に生まれ，小学校から高校時代まで江原道(カンウォンド)麟蹄郡(インジェ)で過し，1965年に同じく江原道の春川(チュンチョン)教育大学に入学する。本人は画家志望で美術大学に進学したかったが，絵では食べて行けないという周囲の反対で，やむなく春川教育大学に進んだのであった。1968年から1971年までの陸軍時代をはさんで，結局1972年に同大学を中退する。在学時代は，もっぱら美術室に入り浸りで絵ばかり描いていたという。もともと画家志望であったというこの側面は，彼の文学作品に大きな影響を与えている。小説の中では，デビュー作の中編小説『勲章훈장』の主人公が画家志望生であり，長編小説『野犬들개』に登場する主人公の男も画家志望生である。本稿で取り上げる『夢見る植物』やその他の小説にも絵画のモチーフが姿を見せる。それだけでなく，詩集『恋しさも化石になる그리움도 화석이 된다』のように詩に自らの挿し絵を組み合わせた「詩画集시화집」があれば，『お師匠様，おっしょう様사부님 싸부님』のような「寓画集우화집」と称する作品もあり，自らの挿し絵を入れたエッセイ集などもある。

　大学時代，およびそれ以後の数年間，李外秀は極貧生活を送っている。下宿代が払えなくなり，橋の下や煉瓦工場にもぐり込んで夜露をしのぐという，ホームレス生活まで経験したということである。その生活の中で，彼が

初めて小説を書いたのは,『勲章』よりも4年ほど前に遡る。1971年に陸軍を除隊して間もなく, やはり春川教育大学の学生であった詩人チェ・ドンソン최돈선と出会い, 共同生活をすることになった。そして, ある晩のことについて李外秀は次のように回想している。

  私は, 彼を支えている力は詩にあると思った。私も詩を書きたいという強い衝動にとらわれもした。
  しかし, 死んで生まれ変わったとしても, 詩人チェ・ドンソンほど詩を愛し, 真に詩人らしく生きることはできないという気がした。
  「小説をいちど書いてみるか」
  ある日の夜, 私は勇気を出して彼に言ってみた。『江原日報』新春文芸の締め切りが翌日に迫っていた。
  「うん, お前なら書けるだろう」
  彼が私に勇気を与えてくれた。うん, お前なら書けるだろう。このひと言が私を小説家にした。その夜, 私はやっつけ仕事をするように短編小説1編を急造し, その小説が『江原日報』新春文芸に当選した。[2]

この短編小説は『見習いの子供たち견습 어린이들』であるが, これによって文壇にデビューしたわけではない。この作品の当選後, 前述のように1972年に大学を中退してから, 1973年に江原道麟蹄南国民学校ケッコル分校に小使として住み込み勤務することになる。この分校は山奥の火田民が住む村にあり, 全校生徒17名, 農繁期には生徒も農作業に駆り出されるため登校する者はほとんどいず, 農繁期が終ってからも登校する生徒はせいぜい5名程度という学校であった。教員としては分校長がいるだけで, しかもその奥さんが病気のためしょっちゅう欠勤するので, 李外秀が代わりに授業もしたという。

この分校時代に書いたのが, デビュー作となった『勲章』である。この作品を書いたのは二つの借りを返すためであったと, 作家は次のように書いている。

  私がこのような深い山奥に自ら島流しになったのは, 文学に対する二つの借り

を返そうという意図によるものだった。
　一つ目は，『江原日報』新春文芸で私を当選させてくれたキム・ドンニ김동리先生とユ・ジュヒョン유주현先生に対する借りを返さなければならなかった。この方々は，私が応募した短編小説は多少未熟で稚拙ではあるが，将来個性ある作家に発展する素地のほどが窺われると，当選理由を明かしていた。もし私が個性ある作家に発展できなければ，その方々は，間違いなく，当時『江原日報』新春文芸に関心を持っていた人々から，見る目がない作家だと評価されるだろうという気がした。
　その方々は，文壇の大物だった。しがない市井の雑輩ひとりのために，その方々の名誉を失墜させることはできなかった。
　二つ目は，文学のために一生を捧げた古今東西の諸々の文人たちに借りを返さなければならなかった。私は，あまりにも寒く空腹だったので新春文芸に応募しただけだった。もっと率直に言えば，賞金に目がくらんで新春文芸に応募しただけだった。しかし，時間が経つほどに，私は罪責感に捉えられはじめた。文人たちが生涯を捧げて崇拝してきた文学を，たかだか寒さや空腹に耐える一時的な手段にしたという事実に，嫌悪感までこみ上げてくるほどだった。
　私には，この二つの借りを清算する方法が分かっていた。渾身の努力を傾けて，感動的な小説を書くことだった。[3]

　こうして『勲章』で文壇にデビューした1975年，一時的に『江原日報』に勤務し，この頃知り合った看護師チョン・ヨンジャと翌年の11月26日に結婚する。以前からの生活苦は相変わらずで，結婚式当日，祝いにやって来たヨンジャの友人から借金し，子供公園にある植物園の温室で一日を過ごして新婚旅行の代わりにしたという。その後，1977年には春川の世宗学院で，1978年には原州ウォンジュのウォニル学院で講師の職に就き，浪人生たちに国語（韓国語）を教えている。この間，1976年に短編小説『花と狩人꽃과 사냥꾼』を発表してから，上述の講師時代に書き上げたのが長編小説『夢見る植物』で，1978年に当時新興の出版社であった東文選から出版されている。
　この『夢見る植物』を発表した翌79年1月22日付の『江原日報』紙に掲載された李外秀に関する記事の冒頭で，次のように書かれている。

　「書く職業に対して恐怖症を感じたのははじめてです。出版社のうるさい求めに勝てず，職場も1ヶ月の間放り出して，旌善チョンソン地方[4]を転々としながら，原稿用

紙を綴じました。」『夢見る植物』の作家李外秀氏（34）は，最近自分の小説がよく売れており，上機嫌になっている。「いろいろな出版社からソウルに引っ越して書けという誘いがありますが，体質が田舎者だからなのか断ってしまったんですよ。久しぶりに大金を手に入れましたが，家内と一緒に病院の厄介になっていますので，全部飛んでいってしまいました。もともと，私という人間は金とは縁遠いんです。」

また，同じく79年の9月20日付『日刊スポーツ일간스포츠』紙にも李外秀へのインタビュー記事が掲載されている。その中で，『夢見る植物』を執筆した当時の様子を語っているので，その部分を紹介しておく。

10回目になってやっと成功した恋愛のおかげで結婚して，家内と息子が一緒に住む家族を作りましたが，他人はいつも作品とは無関係なようです。文章は夜に書きます。前の壁にぴたっとくっついて座って，まっすぐに座って，精神集中からはじめます。「ㄱ」の文字ひとつを書いても，気に入らなければ数え切れないほど原稿用紙を捨てるんですよ。少しずつ後ろに下がって，とうとう体が後ろの壁にくっつくようになるまで書いてしまうと，たいてい明るくなっています。その時からは，部屋中に散らばった原稿用紙の中から気に入るものを拾い出すのですが，時には，100枚書いても4枚しか拾えないこともあります。金がない時の癖がまだ残っているのか，新しい本を読む時には，日を決めて市内の書店を巡回しながら読破するんですよ。

「少しずつ後ろに下がって」云々は，何を言っているのか分かりにくいかもしれないので，補足しておく。李外秀は，1990年代末頃からパソコンを使って執筆するようになったが，それ以前は，机も使わずに床の上にじかに原稿用紙を置き，前かがみに座って書いており，書きながら後ろにずり下がっていったということを言っているのである。

それはともかく，『夢見る植物』は，基本的に『勲章』に見られたテーマ群を引き継いでいる。すなわち，父親に対する憎悪，現実世界に対する憎悪あるいは現実世界との葛藤，芸術至上主義といったものであるが，『夢見る植物』においては，それらがいっそう推し進められ，とくに動物的な社会あるいは人間の生き方に対する憎悪が前面に出されているのである。

## 『夢見る植物』の舞台——沐島市と薔薇村

　物語の舞台は沐島市(モクト)である。これは架空の都市であるが，米軍基地があり，また人工湖に囲まれた霧の町であると描写され，さらに薔薇村が登場することなどから，李外秀が大学時代から2006年に華川(ファチョン)の「感性村」5)に引っ越すまで過ごしてきた春川(チュンミチョン)がモデルであることは間違いない。

　ここで，薔薇村について簡単に触れておきたい。薔薇村は，朝鮮戦争休戦後に米軍基地が春川に置かれた1950年代前半から次第に売春宿が集まって誕生した実在の遊郭のひとつで，最も規模が大きかったものである。2004年に性売買特別法が制定され，各地の遊郭が閉鎖されたが，薔薇村は，所在した一帯が2006年に再開発されて完全に姿を消したということである6)。

　ところで，李外秀は，上述した学院で講師を勤める以前に薔薇村に出入りしていたことがある。彼が極貧生活にあえいでいた1970年代前半のことである。当時，すでに述べたように彼はホームレス状態で，煉瓦工場にもぐり込んで夜露をしのいだりしていたが，問題は冬の寒さであった。暖を取るために，わざと夜間の通行禁止に違反したりガラス窓を割るという軽犯罪を犯して防犯隊につかまり，留置場で夜を過ごすということを繰り返していた。しかし，そのようにしてばかりいるわけにもいかず，薔薇村へ行き，客引きのために店の前で練炭を囲んでいる娼婦たちに混じって暖を取るようになった。そのうちに，ある売春宿で客と娼婦の間に起こったトラブルを解決してやったことから，その売春宿の部屋が空いている時にはそこに居候して原稿を書きもしたということである。「薔薇村は，私の意識の中では『夢見る植物』を懐胎した母胎として存在している」と書いている7)。

　その薔薇村で売春宿を営む一家をめぐる物語が，末っ子で三男の一人称「僕」によって語られる。その内容の中心は，動物的な父親と長兄の一組と植物的な次兄（「夢見る植物」とは次兄のことである）との対立関係と次兄の死，および語り手の「僕」自身にまつわる物語である。

## 次兄の帰還

　小説は，家出をしていた次男が4年ぶりに家に帰ってきたことからはじまる。彼は中学1年生の時に病死した母親に慈しみ育てられ，貴族的な品位を持ち，品行方正で学校の成績もひときわ秀でていた。しかし，高校3年生の時，大学入試の準備中に風邪で寝込んでいるところへ，客の狼藉から逃げて彼の布団にもぐりこんだ娼婦によって梅毒を移されてしまい（「彼女の持っていたスピロヘーターが次兄の持っていた童貞にとってかわってしまった」[8]），その結果，彼は悩み苦しんで入試に失敗したあげく，自殺未遂を繰り返した末に家出してしまったのであった。

　4年間の放浪中は山中で修行したという次兄が見せる夢遊病のような症状や奇怪な言動に，一家は次兄を精神科医のもとに連れて行く。そして，噛み合わない珍妙な問診の末に精神科医が下した診断は次のようなものであった。

　「知能がとても秀でた患者なのでとても気があせりました。夜中に突然起きて目覚めている時のように行動するのは離魂病，すなわち一種の夢遊病です。ヒステリーが激しい女性や，家庭力，生育史などがよくない子供たちに時々見られる病気です。ところで，この患者はいま，その離魂病というものよりもさらによくない精神分裂病の症状までも見せています。たいへん複雑な状態ですね……」

　少し休んでから彼は再び説明しはじめた。

　「病型別に見れば破瓜型のようです。発病が徐々に進行するので，実際に発病時期を推定するのが難しい類型です。そして，何種類かの妄想も持っているんですよ。自分の体の中に鬼神などが入っていると考える憑依妄想，自分が他の事物に変化しているという化身妄想，そして誇大妄想などがそれです。もちろん，詳しいことは患者といっしょに生活してみないことには確実に申し上げることはできませんが，まず性交嫌悪症・憂鬱症・幻視・幻聴・偽装などの症状がはっきりと現れています。このような形態は青年期内因性精神分裂病でよく見られはしますが，この患者のようにこれほどいろいろな種類が複合している場合は，ちょっと珍しいほうです。とくに，いろいろな妄想をいっしょに持っている場合はです。いずれにせよ，このまま進行させておくと予後がよくないことは間違いありません。いまは何でもないようでも，悪化すると爆発的な笑いや突発的な行動，

そして子供のような言葉遣いや悪ふざけなどもありえます。結局は判断力喪失による殺人放火まで犯すこともありえるでしょう……」9)

　もちろん，次兄はこのような診断を受け入れることができない。自分がいかに正常であるかを家族に説明する。

　「常識的な話ですがね，貝は軟体動物に属します。生まれる時にはみな雄として生まれるけれども，産卵期になると突然みな雌に急変して卵を産むそうです。アルファベットのR，このRの字がない月が産卵期です。5月メイ，7月ジュライ，6月ジューン，8月オーガスト，みなRの字が入っていない月ですね。この時に貝を食べると食中毒を引き起こしやすいです。そしてクモ，クモは雄が足先の部分に，雌が腹の中央部分に，それぞれ生殖器官がついています。だからクモは足です。足で一度やって雌に食われてしまう雄クモもいるそうです。楊貴妃，知ってますよね？　楊貴妃の元来の名前は楊玉環で，この女性は16歳で嫁入りしました。そうこうするうちに，さらに27歳で自分の夫の父親と夫婦生活をしました。舅の嫁になったわけですよ。自分の息子の女房を奪って暮らしたこの殿の年齢は62歳でした。そしてイエス。イエスは紀元前4年，処女マリアの腹から誕生しました。この方の父母は，なんとまあ，何もしなかったそうです。お父さんは信じますか？　けれども事実だそうです。イエスは巳年生まれでした。計算してみると巳年だということが分かるんですよ。水虫はタコやイカをゆでた湯に足を浸けると不思議に治ります。痔にはつま先で走るのが薬で，足のしびれには後ずさりするのが薬だそうです。そして，夜尿症にはニンジンを焼いて食べてください，夜尿症！　夜尿症！　お父さんは夜尿症じゃないですか。これでも僕は狂ってますか？」10)

　このように支離滅裂ながら必死に正常であることを訴える次兄が，物語の展開における中心軸をなすことになる。その症状が悪化しようと常に理解者であり共感者としてとどまる人物が語り手の「僕」であり，後で見るように，次兄の死が「僕」と現実世界の葛藤に終止符を打たせることになるのである。

## 動物的生き方——父親と長兄

　父親は，中学1年で退学し貨物トラックの運転手をしていたが，密造酒の運搬役をやって逮捕され，3年間収監された後，沐島市にやって来て薔薇村で売春宿を開いたのであった。「まったく気が楽でいい」と言い，「じっと座って女たちが持ってきてくれる金でも数えたり焼酎でも飲んだり」[11]しながら，自分の職業に満足している。「世の中は毒蛇のように生きなければいけない」[12]というのが彼の信条である。

　　父はいつも彼女ら［娼婦］に，花代さえ受け取ればそれ以上女らしく振る舞う必要はないということを，しきりに強調してきた。いったん花代を受け取ってしまえば，ロングタイムであろうとショートタイムであろうと，彼女らともう一度からだを合わせることを，ひどく汚くてヘドが出そうで，見苦しくて愛想が尽きることのように思わせるのが得だと言うのだった。だから，ほかの客をとってでもごちゃごちゃ言わせずに放っておいて，ひとりで寝かせておけと言うのだった。[13]

『夢見る植物』の父親は現実世界に適応して不満なく生きているのであり，過去にしかアイデンティティーの拠り所を見いだせず，現実世界と親和性を持てない『勲章』の父親とはまったく異なる[14]。したがって，この父親も『勲章』の父親と同じように息子（次男と三男）を司法界に進ませようとはするが，『勲章』の父親のように自分が人生に敗北した代償を息子に求めているのではない。たしかに，「父が大手を振って歩けるようにするため」[15]であると語り手の「僕」は言う。しかし，「お前はきっと成功してこのおやじの片腕になってくれなければいけないんだ」[16]と言う『勲章』の父親とは，はっきり立場を異にするのである。

　　ほかのことは必要ない。判事か検事になれ，金と権力がこの世では一番だ。[17]

　売春宿の主人たる父親には，金はあるが権力はない。上述のように，彼は現在の生活の中でアイデンティティーを確保しており，現実世界と親和性を

持っているが，ただ警官に対してだけは，つまり権力に対してだけは，ぺこぺこ頭を下げるしかないのである。息子に判事か検事になることを望むのは，その欠如（権力の欠如）を埋めるためであり，必ずしも代償とは言えない。言い換えれば，この父親の願いはいわば力への意志の表明であり，その力を保証してくれるものとしては金のほかに判事と検事しか思いつかないだけのことなのである。しかも，その力は処世術としての力であり，「僕」はそれを「無知は罪だ」[18]と言うのである。

　この父親の片腕が長男である。長男は，優等生で品行方正な次男と正反対で，粗暴この上ない人間である。

> 　長男はおおよそ無知なほうだった。中学 2 年生の時，すでに少年院に［非行を］申告していたのだった。中学 2 年生になるまでに，長兄は実に 3 回も退学を食らい，実に 3 回も学校を変わらなければならなかった。長兄はいやらしくもその頃からすでに女の子たちと性交をし，友だちと酒を飲み，便所でたばこを吸いはじめていた。[19]

　この長兄が父親の片腕となって，娼婦たちを管理し，稼ぎが少ないと文句を言い，彼女らを叱咤し，彼女らのひとりの陰毛を剃って見せしめにしたりする。それだけでなく，用心棒としても重要な役割を果たしている。娼婦に対して狼藉を働く客がいると，自分は海兵隊出身で，ベトナム戦争に従軍して「サイゴンの街を度胸ひとつで闊歩した，人もたくさん殺した」[20]と言って怯え上がらせるのである。『勲章』の父親も朝鮮戦争時代の武勇談をしきりに話しているが，それは，彼のアイデンティティーの拠り所がそこにあったからである。しかし，『夢見る植物』の長男がベトナム戦争時代の武勇談を持ち出すのは，アイデンティティーの拠り所だからではなく，売春宿の秩序を維持するという現実的な目的のための力の誇示としてである。したがって，この力による売春宿の秩序維持は，司法権力（判事や検事）による秩序維持のカリカチュアとでも言いうる。

## 植物的生き方——次兄

　上記のような長兄に対して，次男は力とは無縁な人間である。家出から帰ってきた彼は，念力で雲を集めたり，脳波で宇宙人と交信したり，時間をゆっくりと進ませて明日を前もって見たり，光の速度を遅くしたり，じっと座ったままで大小便を便所に送ったり，といった実験をしきりに試みる。とくに次兄が関心を持っているのは天体であり，自作の天体望遠鏡で夜ごと星を観察するのであった。

　　次兄の言葉を借りると，それは〈観察〉するのではなく星々と〈交信〉しているのだ。[21]

　ある時，「僕」は，次兄の部屋の壁に貼られた星座図に星座名を書き入れる作業を手伝わされる。その星座図は，次兄が望遠鏡を覗きながら思いのままに描いたものである。次兄が付けた星座名は李箱座，ロートレアモン座，ゴットフリート・ベン座，ボードレール座，李賀(イカ)座，賈島(カド)座，アンリ・ミショー座，レーモン・クノー座，尹東柱(ユン・ドンジュ)座，エリオット座，ロルカ座，ミュッセ座，ヴァレリー座，金素月(キム・ソウォル)座，マラルメ座，カジモド座，朴寅煥(パク・インファン)座，ランボー座といった詩人たちの名前であった[22]。

　これら古今東西の詩人名の中に，実在した詩人ではない人物の名前がさりげなく滑り込まされていることに注意しておきたい。それはカジモドである。フランスの国民的作家ヴィクトール・ユゴー（1802–1885）の代表作のひとつである『パリのノートルダム』の主人公カジモド以外に考えられない。多くの読者はうっかり見過ごしてしまうのではないかと思われるが，これは作者李外秀の遊びであろう[23]。

　それはさておき，やがて，次兄は「まるでこの世のすべての空間を自分の詩でいっぱいに埋め尽くそうとするかのように」[24]原稿用紙やノート，壁などに手当たり次第に詩を書きはじめるようになる。そして，次のような詩を書く。

東南のほうから北西のほうに800歩逃げてそこから北極星を見ながら北極星とならんで歩いて30歩西行せよ岩がひとつ髪の毛を隠して横たわっている髪の毛をつかんで引っ張れば門が開かれる鏡のなかに見える静かな国死んでふたたび会うはずのお前の魂が見える
　門が閉ざされる暗転する破滅する都市破滅する夕焼け破滅する海破滅して門が閉ざされる暗転する首が切られた犬が夜ごと群れなし飛び出していったわたしの平原いまは索漠とした風あすは雨がふるだろう暗転する
　折りたたまれた刃を開いてだれかを刺そうと思うとわたしの刃のなかはいつもからっぽだ夜になるとロープをもってわたしのほうにやって来るあの馬子たちの頑強な前腕わたしは馬車を引っ張ってどこへ行かなければならないのかバンジョーを弾きながら骸骨ひとつが冬の木の枝のうえに座って泣いている
　一日に数回ずつ死んで会うのは死んでいるわたしだわたしは平面に描いた正六面体だ影がない虚空にはしだいに浮かび上がる七つの月宇宙は正七面体だ雲の方向は正七面体の外だ正六面体は壁に描いても平面だ横にしたり立てたりすると線になる電線のように細く引かれた線になり風が吹けば泣きはじめるわたしの神経よ[25]

　この句読点もなく分かち書きされてもいない支離滅裂とも見える詩の中に，明らかに二つのテーマが流れている。そのひとつは死のテーマである。鏡の中の死の国（第一段落），首を切られた犬の群れ（第二段落），すすり泣く骸骨（第三段落），死んでいる私（第四段落）が語られる。そしてもうひとつのテーマは宇宙と地上のテーマである。すなわち，北極星と岩（第一段落），破滅する都市・夕焼け・海と索漠とした風が吹く平原（第二段落），馬車の不明な行き先と木の枝（第三段落），影のない虚空に浮かぶ七つの月と正七面体の宇宙（第四段落）が語られている。線のようにか細い私の神経（第四段落）が生み出した妄想の中でそれら二つのテーマが渾然一体となって，次兄の絶望がたたみかけられるように描かれているのである。
　平面に描いた正六面体や存在しない正七面体[26]といった比喩にも見られるように，次兄の妄想は空間をも歪めてしまっている。そして，彼はこの世界から完全に遊離した別世界の住人になるのである。ある日，「僕」は次兄について町中をさまよい歩く。

　「こんにちは。こんにちは」

次兄は，しばらく歩くと会う人ごとに手を振りながら挨拶しはじめた。とても気分がよくなっているようだった。いや，次兄はいま，とても平和などこかの惑星に来ているのだろう。[27]

　こうして歩いているうちに，立派な邸宅が建ち並ぶ新興住宅街に二人はさしかかる。すると，次兄は，ある家の前で大便をしてしまう。

　馬道一。その家にかけられている表札。こっけいなことに，それは沐島市の市長の名前だった。次兄はひょっとしてこの事実を知っていたのではないか。しかし，そうではないようだった。次兄は腰の紐を結ばないまま何歩か歩いて，もう一度手で揺すり上げては数歩，そしてまたずり落ちるともう一度揺すり上げて，と何度もそうしたのであるから。次兄の腰紐はネクタイだったが，とうとうこれではだめだと思ったのか，ひとところに立って一生懸命にそれを結びはじめた。結んではまた結び，また結んでから，来た道を引き返して，用心深くそれを結んだ場所まで歩いていってみて，ようやく安心したように悠々と歩きはじめた。そんな次兄が，この沐島市の市長の名前なんぞ知っているものか，知っているはずがない。ただたんに，次兄が来ている惑星では，便所がそのように豪華絢爛な建物の前にあると考えるのが正しいだろう。[28]

　そして，二人がその新興住宅地から出て歩いているうちに，次兄は新聞紙の切れ端を拾い，じっくりと読みはじめる。すると，彼は「大変だ」と叫んで，国民学校の校庭に入っていき，その新聞紙を細かく破って埋めてしまう。

　「早く別の惑星に行かなければならない。この惑星はまったくセックスだけを楽しむ奴らだけだ。おれにもそんなまねをしろと言うかもしれない。アンドロメダ座の小宇宙M31，NGC224付近の惑星に行かなければ。それは地球の韓国という国から肉眼で見ることのできる唯一の銀河系星雲だ。地球との距離は約200万光年だ。けれども脳波に乗って行けば10秒しかかからない。ここからはもっと近い」[29]

　しかし，あっという間に次兄は変貌する。

「こんにちは。こんにちは」
　再び次兄は行き交う人々に手を振りながら挨拶しはじめた。また別の惑星に来たようだった。次兄は絶えずにこにこ微笑んでいた。太陽が沈む時まで，次兄はこのようにしていくつかの惑星を転々とした。[30]

　長くなったが，次兄はこのように別世界に生きているのである。

## 弱肉強食の世界

　次兄の症状を悪化させ，彼をこの世界から完全に飛び出させた原因として，長兄の暴力がある。長兄はある日，店を畳んだ写真屋からカメラを譲り受け，それでポルノ写真を撮ってひともうけしようと企てる。彼がまず企画したことは，次兄と娼婦のひとりをモデルにセックス場面の写真を撮ることである。しかし，次兄が勃起不全で役に立たないために，自分が娼婦とセックスする場面を次兄に撮らせることにする。ところが，これが大失敗で，次兄は顔の写真しか撮らなかったのである。激怒した長兄は彼をこっぴどく痛めつける。

　　長兄は庭で次兄を殴っていた。このような時，長兄と次兄はたがいに天敵の関係にあった。長兄がタカなら次兄はスズメ，長兄がヒキガエルなら次兄はハエ，長兄がマムシなら次兄はアオガエルであった。[31]

　弱肉強食の強者が長兄であるなら，次兄はむさぼり食われるしかない弱者であり，実際，次兄は，獣姦のポルノ写真を撮ろうと長兄が連れてきたシェパードによって食い殺されることになるのである。

　　その時だった。突然地下室からシェパードの獰猛な吠え声が聞こえたのは。
　　その吠え声は動物特有の野性を持っており，2匹の犬が互いの首筋にかみついて獰猛にもつれ合う時に出す声に似ていた。その吠え声は鋭く，固い歯と激しいもみ合いを連想させた。
　　びっくり仰天した表情で女が飛び出してきた。彼女の姿はすっかり恐怖に怯えており，彼女の顎は激しく痙攣していた。

長兄があわてて地下室から飛び出し，物置の方に走って行った。犬はますます獰猛に吠えていた。その吠え声は，この暑い夏の真昼の静寂を無残に引き裂いていた。
　ああ。僕が地下室をのぞいた時，そこにはむごたらしいひとつの光景が繰り広げられていた。次兄だった。次兄がシェパードの下敷きになっていた。シェパードは次兄の体のいたるところに歯を突き刺し，狂ったように吠えながら激しく首筋を振り回していた。地下室の床はあちこちが血まみれになっていた。
　「どけ，どけ！」
　長兄は僕を押しのけて再び地下室に下りていった。長兄の手には斧が握られていた。
　ポク！
　斧は最初にシェパードの腰に打ち下ろされた。しかし，シェパードは次兄の首筋に深く歯を突き刺したまま，斧で打たれても離れなかった。
　ポク！
　長兄の顔に血がはねた。
　ポク！
　ポク！
　ポク！
　犬はすでに床に倒れて動かないのに，長兄は何度も斧を振り回した。そしてしばらくしてから，2本の腕をだらりと垂らし，魂がすっかり抜けてしまった人間のような表情で呆然と天井を見上げていた。
　次兄は顔がずたずたになっていた。肉片が咬みちぎられてあちこち垂れ下がり，いたるところに歯の跡が刻まれていた。次兄の体からは激しく血の臭いが出ていた。
　日差しがひどく照りつけていた。次兄の体のいたるところで真っ赤な血がぴかぴか光っていた。どこからか製材所ののこぎりが木を挽く音……。
　目まいがした。
　「早く病院へ移さなければいけませんよ。このままでどうするんですか」
　ミョンジャが真っ青に怯えた顔であせっていた。皆，魂が抜けたような表情だった。
　「ミンギが突然犬に飛びかかったんだ。ミンギが，犬にミンギが突然……」
　長兄はそのようにつぶやいていた。
　次兄を抱いて近くの病院に駆けつけた時，次兄はすでに息絶えていた。[32]

　こうした次兄の悲劇にまつわる物語と平行して，「僕」自身にまつわる物語が語られている。

## 「僕」のトラウマ

「僕」は，地方大学の法科に入学したが，それは，父と長兄の強制によるものであった。

　僕がこの都市の地方国立大学を志望することになったのは，純粋に僕の実力が疑わしかったからであり，僕が法科を選択することになったのは，純粋に父と長兄の強権発動によるものだった。もしも僕が彼らの要求のままに願書を書かず，僕が望むままに憂鬱な言語の茂みの中でもさすらう国文科に願書を書いたなら，僕の脚一本は彼らの手によって間違いなく使えなくなってしまったであろう。それほど彼らは法科を偶像視しており，僕は権力と名誉に責任を負う彼らの絶対的な希望だった。[33]

法科に馴染めない「僕」は，2年の1学期の中間ころから父と長兄の期待を黙殺するようになり，法学とは関係のない様々な分野の講義に顔を出すようになったが，「僕が専攻しようと思うほど親しめる分野は何もなかった。僕はそのどこにも打ち解けられないような気がした」[34]。そして，次のように言うのである。

　僕はなんの特技も持っておらず，なんの個性も備えることができない平凡この上ない輩だった。僕は時には空想の中に埋もれもしたが，なんの能力もない人間が実際にはとうていやり遂げられないことを空想の中で思うままにやってみることは，本当に大きな楽しみだと言うほかなかった。現実に対する復讐，そうでなければ現実に対する達観，それらのうちのどれも僕には空想の中だけでしか実践できなかった。[35]

「僕」はある時，同じ法科の学生であるチョンヒと知り合う。彼女のことが頭から離れないほどの恋慕を感じつつも，一歩を踏み出せない。「僕」は3日間をチョンヒと二人である山荘で過ごすことになった。しかし，「僕」は彼女をものにすることができない。

　僕の意識がぼんやりと彼女の体温の中に溶解されていく度に，ふと思い出され

てくる事柄。我が家，コンドーム，息の音，嬌声，地下室，春画，そして精液でまだらになった汚い布団，長兄とひとりの女が地下室で繰り広げた情事場面。このような事柄が不意に僕の意識を目覚めさせてしまい，僕をして完全な理性を取り戻させてしまうのだった。そして，僕自身がそのようなことの中で飼育されている，性欲だけのいやらしい一匹の動物としか思えないようにしてしまうのだった。[36]

　僕は，チョンヒの細胞の中に僕の細胞が溶け込んでいるような，あの夕焼けの恍惚の中に朦朧と浸かって入っていこうとしても，いつの間にかふと僕の息の音を意識するようになり，僕の息の音を意識するとまたもや僕が我が家で目撃したあの動物的な行為を，不潔な欲望の滓を，そして羞恥心と嫌悪感がにわかに僕の高まった性感に冷水を1杯浴びせてしまうことを，意識したりした。だから，固く張ってきていた僕の根はたちまちしおれてしまい，夕焼けの恍惚の中に浸かり込んでいた僕の意識は嘘のようにきれいさっぱり現実に戻ってしまうのだった。[37]

　結局，「僕」は，純真に「一輪車で海岸を走る人」という一人芝居に打ち込んでいる青年に彼女を与えてしまうのである。

## 芸術か金か──テハとテヒョン

　テハは次兄の親友で美術大学を卒業した無名の青年画家，テヒョンは「僕」がお気に入りの音楽鑑賞室の経営者である。
　「僕」は，テハのアトリエに出入りしていたが，それは，テハのただ一人の門下生で犬の頭蓋骨の絵ばかり描いている女性に心を奪われたからであった。結局は，「僕」は彼女との関係を深めることができないでいる間に，テハは行方をくらましてしまう。そうこうするうちに，偶然，「僕」はテハが米軍部隊の横に肖像画店を開いたことを知る。

　　国展に出さないことを大きな誇りにしていたテハ先輩，飢え死にする覚悟で食べるための絵だけは絶対に一生描かないと大口をたたいていたテハ先輩が，米軍部隊の横に肖像画店を構えたとは，いまやテハ先輩も思いどおりにならなかった

のだという思いがした。[38]

　「僕」がテハに「堕落おめでとう，テハ先輩」と声をかけると，テハは「黒人だけ描くことにした。奴らは孤独なんだ。この程度の潔癖症ひとつくらいは持っていないといけないと思ったんだ」と言い[39]，純粋さを少しは維持したいという意地を見せる。しかし，それも長くは続かない。テハの店はテキサス風に変わり，扇風機も冷蔵庫も備えられるようになった。黒人の絵だけではなく，白人の絵や，甕，背負子，キセルなどの静物画，藁屋，水車などの風景画も売るようになったのである。テハは，「他の者たちがみなわめきながら金をもうけているのに，俺だけ損することはないように思って……」[40]と言い訳をする。

　　とうとう完全に堕落した。テハ先輩はいまや骨を抜かれて下水のたまりに投げ出され，抜け殻だけで生きはじめたのだ。最小限の純粋，黒人しか描くつもりはないというあの潔癖まで放り出してしまったのだ。いまやテハ先輩さえも門を閉ざしたのだ。結局，現実はその何をもきれいな状態に置いておいてはくれない。何もかも汚れていっている。空も水も人までも……考えながら，僕はこの前の冬に店を畳んだ音楽鑑賞室の主人の顔を思い浮かべていた。彼がテハ先輩よりもはるかに偉大だという思いがした。いまやテハ先輩は，適当に買い適当にだまして売っていたあの厚かましい古本屋の主人と何が違うというのか……。[41]

　他方，沐島市の唯一の音楽鑑賞室経営者テヒョンもまた一時は挫折する。ひたすら古典音楽にこだわり続けた彼は，経営難から店を閉じざるを得なくなったのである。

　　純粋に生きたいと言っていたあの男。借金をしても音楽さえ十分なら満足だと言っていたあの男。黄金を見るのを発情した雄犬が雌犬を見るようにはできないと言っていたあの男。少なくともポップソングは取り扱わないと言っていたあの男。友だちに金を貸してくれと頼んでいたあの男。家の権利書でも預けて古典音楽をこの都市に植えつけようとしていたあの男。その男が店を畳んだのだ。[42]

　しかし，テヒョンはテハと異なり，現実を打開する。ある時，音楽鑑賞室

再開の案内状が「僕」に届く。

　しばらくの間閉店していた古典音楽鑑賞室が再び開店しました。この音の亡霊たちが集まり住む森の中にもう一度皆様を招待いたします。朝7時から開店します。もしも私が深い眠りからまだ目覚めずに扉を開けていなければ，トントントン扉を叩いてください。アレグロ・コン・ブリオで叩いてください。すぐに階段を降りてくる足音，アンダンテでしょう。扉の内側から眠りから覚めやらぬ声で尋ねます。どなたですか，すると質問と返事の間に四分音符ひとつくらいの間隔を置いて，ヨハネス・ブラームス！　と静かにおっしゃってください。その瞬間からあなたの胸の中に音楽のにわか雨が降り注ぐことでしょう。
　場所はモクチョ洞ワイ・ハウスのすぐ横です。[43]

　テヒョンは，高等学校の音楽の教員たちに協力を求めたのであった。その結果，1週間に1回ずつ音楽の時間に鑑賞時間を入れてくれるようになったばかりか，学校から金銭的支援も受けることができるようになった。テヒョンは，「この都市に音楽を植えつけようとしたら，あの子たちから始めなければならないでしょう？」[44]と若者に望みを託して純粋さを保つことに成功したのである。

## 現実＝環境の罠

　「僕」は，次兄の常軌を逸した行動について，「欠乏だけの現実，陰鬱だけの現実から逃避しようという次兄のあがき，そうでなければ，その現実を少しでも破壊しようという次兄のあがきでなくて何だろうか」[45]と次兄への共感を示す。

　精液でまだらになった布団，汚いコンドーム，淋病，梅毒，コンジローム，尿道炎，ケジラミ，悪態と喧嘩，垢まみれの紙幣，動物的な息の音，仮面と身分，男根と偽善，父と長兄の無知，暗闇，絶望，頽廃，渇き……このすべてのくだらないものの中で，次兄がそのような童話でも作って生きなければ，次兄はもしかすると心臓が爆発して死んでしまうかもしれない。それは僕も同じだ。僕にも，いつも僕なりの童話が切実に必要なのだ。[46]

では，「僕」にとっての「童話」とは何か。それは愛であるが，幻想にすぎないことに「僕」は気づく。

　　けれども僕はいまや分かっていた。僕たち［チョンヒと「僕」］は互いに相手を愛していないことを。ただ単に僕たちは，愛というものが僕たちの現実の中にも存在していることを一度信じてみたかっただけなのだ。しかし，僕たちの現実の中には，今までそのようなものが満足に残っているわけがない。彼女と僕は何らかの意味の糸で結ばれていないことは明らかだ。
　　(……)
　　僕はずっと，ないものを求めてさまよっていたのだ。幻想，愛という名の幻想を求めて，この都市のあちこちを一人さまよってみていたのだ。[47]

　この「僕」の「童話」を阻むものは，上に見たように家庭環境からくるトラウマである。「僕」は，それを「環境の罠」と呼び，「僕は環境の罠の中に徹底して閉じ込められた１匹の意気地ない獣」[48]にすぎないと自覚し，「長兄も僕も父も，ある環境の催眠にかかっているという気がした」[49]と言う。
　しかし，この「環境の罠」は単に家庭環境を意味するにとどまらない。ある時，「僕」は浪人時代の友人に出会う。彼は兵役中であるが，脱営し，軍服姿のままで堂々と市内を歩き，実家の部屋でギターをつま弾いていた。その彼が「軍隊に来てみろ。完全に罠にかかってどうしようもできない」[50]と言い，脱営した理由を次のように説明するのである。

　　食べて寝て活動するには何も難しくなかった。でも精神的にはあまりに苦痛だった。まるで去勢されているような気分だったのさ。俺の中身はどこへも行っていないのに，いつも殻だけが残って受動的に動いているようだった。俺はふと現実を一度無視してみたくなった。それでまずは現実というものはないのだ，俺は自由だ，と考えてしまったのさ。そして泰然とそのまま家に帰ってきてしまった。ところがおかしなことに，今まで何事も起こらなかった。昨日までの生活が夢だったのか，今がまさに夢なのか……俺もよく分からない……[51]

　「軍服を着て出ると落ち着かないのじゃないか」という「僕」の問いに，彼は「これを着て自由であってこそ本当の自由じゃないか」[52]と言う。結局，彼は憲兵隊によって軍隊に連れ戻される。

奴は再び罠の中に帰って行った。現実は誰をも現実の外に出て行かせておいてはくれない。[53]

　音楽鑑賞室のテヒョンと画家のテハも環境の罠にかかった人々であると言えよう。前者は，その罠から脱出することに成功するが，後者はその罠に絡め取られた人物である。ここでの環境とは沐島市の現実である。

　本1冊よりもテレビ1番組を，シンフォニー1楽章よりも流行歌1小節を，ミケランジェロ1幅よりも裸になった女優の写真1枚を，市民たちは愛していた。この都市で芸術をしようとする人々は殉教者のような最後を覚悟しておかなければならないのだろう。[54]

　この都市では，いまや文学も美術も音楽も堕落しているのだった。[55]

　この都市には霧がある。この都市は四方が水だ。ダムが三つもある。
　霧さえなければこの都市はどれほど荒涼としているだろうか。決して知的でありえない市民たち，決して文学的でありえない市民たち，この都市の市民たちはまだ霧に親しんでいない。むしろ霧による神経痛を心配し，気管支炎を心配し，交通事故を心配するのがせいぜいだ。昼夜なく建設のブルドーザーがもうもうとほこりを出し，昼夜なく建設のハンマーがトントン音を立てはするが，文明がそれほどきらめく代わりに文化もまたそれほど死んでいっている。[56]

　この作品が書かれたのは，朴正熙の強権体制（維新体制）のもとで急速に近代化が推進されたいわゆる開発独裁の時代であり，韓国は「漢江の奇跡」と呼ばれる高度成長を成し遂げることになる。そして，1988年のソウル・オリンピックは韓国が先進国の仲間入りを果たしたという自負を韓国人に与えると同時に，高度成長の過程であまりにも物質的・経済的側面にとらわれ，精神的側面がなおざりにされたのではないかとの反省の機会ともなった。その結果，文化観光部（現・文化体育観光部）傘下の社団法人「ハンウリ読書文化運動本部한우리독서문화운동본부」が1989年に設立され，読書運動が活発化したという経緯がある[57]。その10年前に，李外秀は物質文明偏重に異を唱えていたと言える。

## 現実に対する「僕」の復讐——放火

「なぜ積極的に現実を拒否し闘争してつばを吐きかけてやらないのか」[58]という現実への嫌悪と無力な自分への嫌悪にさいなまれている「僕」は，チョンヒと山荘で過ごし家に帰ると，家に火を付けることを夢想するようになる。

> 僕は，最近，毎日我が家に火を付ける想像をして，じいんとする快感に全身をしたらせる習慣を持つようになった。
> 時には夢を見た。祝祭のように燃え上がる我が家の周囲を，僕が一羽の紅鶴になり，真っ赤にゆれる炎の影といっしょになって踊り旋回する夢だった。[59]

そして，冬のある日，遠方で燃えさかる火事を家から目撃する。

> フゴク洞のほうだった。火の粉を飛ばしながら明るく燃え上がる火神のゆらぎがここからもたいへんよく見えた。消防車が続けざまに騒がしくサイレンを鳴らしてそこに駆けつける音，女たちの部屋の扉が開き，火事みたい，どこなの，どこ，という声が聞こえてきた。
> 僕は，フゴク洞の夜空を赤く染めながら祝祭のように燃え上がるその炎を眺めて，僕の胸の中の長く暗いトンネルまでその炎が届いてゆらめいているような錯覚に陥っていた。しきりに胸がどきどきしていた。
> （……）
> 布団に横になっても，いつまでも火事について考えた。そして放火について考えた。火は生命であり，火を包み隠していることは間違いなく生命の種を包み隠していることだと，ガストン・バシュラールが言ったのだったか。[60]

その翌朝，「僕」は火事の現場を見に行く。

> 昨晩消防車がまき散らした水が流れ落ち，骨組みだけが残った家の敷地のあちこちでつららが鈴なりにぶら下がっていた。つららも表面が真っ黒に焦げていた。それらは，僕の目に何種類かの大きさと形を持った男性の性器のように見えた。それらは，大きく固く見えはしたが，何の機能も発揮できない状態の性器だ

と僕は思った。[61]

　火に生命を見，表面が真っ黒に焦げたつららに男性器を連想した「僕」は，どこかで火事が起こると必ず見に行くようになる。そして，「じいんとする快感」は恍惚感に達し，火事の想像が性欲を喚起するまでにいたる。

　火事が起こると，僕は必ず火事見物に行くのだった。そして，身がすくむような恍惚感にひたったりした。次第に僕はこの都市にもう一度火事が起こってくれれば，とひそかに願う心が激しくなっていき，建物を手当たり次第に燃やしながら華麗に立ち上る炎，かっとほてる熱気，人々のわめき声，このようなたぐいが頭の中に浮かぶたびに，僕は強烈な性欲を感じるまでになった。
　僕の体の中で，いまだ射精されずにいる精液が日ごとに少しずつ蓄積されていた。[62]

　そして，自分の家に火を付ける夢想がますます膨らんでいくようになる。

　火事についてもいろいろ考えたのだった。いつだったか，真っ黒に焼け死んだ死体を見たことがあった。僕の頭の中には長兄とミョンジャ［娼婦のひとり］と次兄の死体，真っ黒に焼け死んだ死体がしきりにちらつくようになった。僕は，心の中で，何度も我が家に火を付けた。火は巨大に燃え上がり，長い間，その華麗な揺れ動きとかっとする熱気でこの薔薇村一帯を圧倒していた。燃え上がる火の真ん中から美しい裸体の女たちが歩き出て，僕の全身を深紅の性欲で染めていた。その日の夜，僕は，他の日よりも何倍も多くの精液が排泄されないまま，僕の体の中に蓄積されているのを意識した。[63]

　こうして，ついには，自分の家に火を付ける具体的な方法を考え出し，そのための道具を買い集めては放火の準備をする。大量のピンポン球に注射器でガソリンを注入しては，注射器の穴を接着剤で密封する。そして，次兄の部屋に入り，以前次兄が詩人達の名前を付けた星座図が貼られている壁に穴を穿って，ピンポン球を接着剤で貼り付けるという作業を行う。そうこうするうちに，前述の次兄がシェパードにかみ殺される事件が起こり，「僕」は放火を実行に移すのである。

次兄の遺品を燃やす時，僕は次兄の天体望遠鏡から対眼レンズ1枚を抜き取っておいたのだった。僕はそのレンズを針金と枠を利用して空間に固定させた。そして，実験で得た角度にきちんと合わせた。その次に，布切れを天井から床まで長く伸ばした。その布切れにはパラフィンがたっぷりついていた。そして，その布切れの端にはマッチの頭がぎっしりとくっついていた。明日の5時10分頃にレンズの焦点はそこに集まるはずだった。そして火がつけば，レンズはゴム紐の作用を利用して，開けられている窓の外に遠くはね飛ばされてしまうように仕掛けておいた。
　僕は全身がすくむようだった。僕は自分の部屋に帰って夢中で手淫をした。しかし，僕の体のどこか片隅に蓄積されていたあの性欲の滓は決して排泄されないような気分だった。[64]

　そうして，翌日，「僕」はテヒョンの音楽鑑賞室とテハの店を訪れてアリバイ作りを行う。テハの店にいる時に消防車のサイレンの音が聞こえ，店の外に出て火事の方向を確認したテハの「たぶんお前の家じゃないか！　早く行ってみろ！　早く！」[65]という言葉に押されて，「僕」はタクシーで家に向かう。

　消防車は我が家までその影響を及ぼすことはできなかった。僕たちが現場に着いた時，消防隊員たちが消火弾を破裂させていた。しかし，それでも炎はどうにもならなかった。折しも風まで都合よく吹いていた。
　薔薇村に住んでいるすべての娼婦が丘に這い上って火事見物をしていた。僕は想像できた。いま，僕の部屋の壁と天井，それに昨晩部屋の床にぶちまけておいたピンポン球が美しい火花をはじき飛ばしていることを。その中にはすべてガソリンが入っており，その小さな白色矮星たちは数限りない，そして美しい火種になって，ようやく僕の胸の中できらきらと輝きはじめた。僕は全身が耐えがたい性的興奮に包み込まれるのを意識した。
　ウウウウ，炎は獣のように吠え立てていた。四方がかっかと熱くなっていた。巨大な性欲の炎，その炎上の祝祭周辺を黒いチョウたちが霊魂のようにあちこちさまよっていたが，炎とぶつかるとどこへか限りなく流されていった。ぱちぱちと木材がはじける音，粉のような火種が四方に散っていた。僕は何度も高潮した性的興奮に体を震わせていたが，突然，細胞が消え入るような絶頂に襲われたりした。僕の体の中に蓄積されていた精液の滓がすべて一気に体から抜け出るような恍惚感と向かい合いながら，僕は何回もの射精の末に少しずつ力尽きてい

た。[66]

　こうして,「僕」は射精によって生命の火と一体になったのである。「僕」は警察の調べを受けたが, 火災の原因はショートによるものと処理され,「僕」は放浪の旅に出る。そして, 物語は次のように終わる。

　　ポケットに手を入れてみた。あった。すべすべして爽快な感触が手先に触れた。僕はそれを取り出してもう一度じっくりとのぞき見た。それは暗闇の中でも魚の目のように小さな目を開けて, 僕をまっすぐに見ているようだった。
　　それは次兄の遺品, 僕が燃やしてしまった我が家の付近をくまなく探して見つけ出したレンズだった。
　　まさに僕の精神の火種だった。[67]

## おわりに

　この作品に登場する人物たちの両極は, 功利主義的な現実世界と親和性を持ち, 動物的生き方をする人々と, そのような現実世界に親和性を持てず, そこからの脱出口を見いだすことができないままに植物的な生き方をする人々である。前者は「僕」の父親と長兄であり, 後者は次兄と「僕」自身である。ただし,「僕」は, 家に火をつけ「僕」の現実＝環境を破壊することによって, 最後はそこから脱出する。「僕」は,「精神の火種」たるレンズを手に, 新しい彷徨へと踏み出したのである。
　その両極の間に, 現実世界に妥協し絡め取られてしまうテハ, 現実社会の中に踏みとどまりながら現実に抵抗しようとするテヒョンや一人芝居の青年, 現実世界からの自由を求める脱走兵, 動物的な現実世界に絡め取られながらも極地植物のようにたくましく生きる娼婦たち[68], そして現実世界の中を愛を求めて彷徨するチョンヒといった登場人物が配置されている。
　そのような人物配置の中で, 純粋な生き方を求め, 動物的な現実世界に抵抗しようとする人々は芸術を信奉する人々であり, その世界の完全な餌食になった次兄もまた, 詩の世界に生きる人物である。次兄の死は, いわば芸術

家の殉教とでも言えるのではないであろうか。前節の最後で，この物語の結末部分を引用したが，その直前で「僕」は次のように言うのである。

　やはり人間とはよいものだ。心というものがあるためによいものだ。互いが心の中に他の植物を育てていても，その植物を本当の心で育てる者は育てる者同士，遠い将来は心を合わせることができてよいはずだ。次兄のように詩を書いて生きてみよう。詩人という名は生涯持たずに，ただ道に転がっている小石，その小石の中でもいちばん取るに足りない小石にでもなろう。しかし，だめだ。僕が詩を書けば，世の中のすべての詩人たちがどれほど品位を無くすことになるか。詩は詩人だけが書くものだ。詩的なことは書けても，詩は決して書けないだろう。石のようなものは石ではない。石であってこそ石なのだ。お前，パク・ミンシクよ，それでいま，なんとつまらない哲学をしているのか，いまお前は腹が減っている。[69]

　次兄は，「［望遠鏡の］対眼レンズを〈宇宙に入っていくとても小さな入口だ〉と言ったことがあった」[70]が，次兄にとって宇宙は詩の世界と同等であると言える。彼は独自の星座図を作り，それぞれの星座に詩人の名前をつけたのであった。では，「精神の火種」たるそのレンズを通して，「僕」は何を見るのであろうか。それは，詩の素材となる人間の心であろう。「僕」は詩を書くことに逡巡するが，もはや現実世界から逃げようとはしない。「腹が減っている」という感覚こそ，放火によって火と合一した生命体としての「僕」が現実世界に根を下ろした証であると言える。

**注**

1）テキストとしては，이외수『꿈꾸는 식물』（東文選，2002［1978］年）を用い，以下の注で同書からの引用についてはページ数のみを記す。
2）『내 잠 속에 비 내리는데』東文選，2000（1985）年，p. 245.
3）『그대에게 던지는 사랑의 그물』東文選，2003（1998）年，pp. 175-176.
4）江原道の旌善を中心とする地方。
5）麟蹄郡が運営する一種のテーマパークで，李外秀がその村長に抜擢された。2012年には感性村に「李外秀文学館」が開館した。
6）「週刊東亞주간동아」866号（2012年12月10日）の記事による：http://

weekly.donga.com/docs/magazine/weekly/2012/12/10/201212100500009/201212100500009_1.html（2014年10月に参照した。）

7）「薔薇村回想장미촌 회상」（이외수『그대에게 던지는 사랑의 그물』前掲書，所収），および이외수『마음에서 마음으로』김영사，2013年，pp. 119-121参照。

8）p. 21.

9）pp. 29-30.

10）pp. 34-35.

11）p. 16.

12）p. 144.

13）p. 69.

14）田川光照「李外秀『勲章』について——父親との葛藤」（愛知大学語学教育研究室『言語と文化』第13号，2005年，所収）を参照されたい。

15）p. 142.

16）이외수『훈장』（『겨울나기』東文選，2001（1981）年，所収），p. 186.

17）p. 18.

18）p. 142.

19）pp. 33-34.

20）p. 16.

21）p. 53.

22）pp. 54-56. なお，李外秀自身，「夜空に色塗り밤하늘에 색칠하기」（『그대에게 던지는 사랑의 그물』前掲書，所収）で，原州のウォニル学院時代に同僚が手作りした天体望遠鏡を使って天体観察に熱中し，詩人の名前を星につけたと書いている。

23）カジモド以外はすべて実在した詩人である。李箱：1910-1937，朝鮮の詩人。ロートレアモン：1846-1870，フランスの詩人。ゴットフリート・ベン：1886-1956，ドイツの詩人。ボードレール：1821-1867，フランスの詩人。李賀：791-817，中国唐時代の詩人。賈島：779-843，中国唐時代の詩人。アンリ・ミショー：1899-1984，ベルギー生まれのフランスの詩人。レーモン・クノー：1903-1976，フランスの詩人。尹東柱：1917-1945，間島（現・中国吉林省延辺朝鮮族自治州）出身の詩人。エリオット（ジョージ・エリオットではなくトマス・スターンズ・エリオットであろう）：1888-1965，イギリスの詩人。ロルカ：1898-1936，スペインの詩人。ミュッセ：1810-1857，フランスの詩人。ヴァレリー：1871-1945，フランスの詩人。金素月：1902-1934，朝鮮の詩人。マラルメ：1842-1898，フランスの詩人。朴寅煥：1926-1956，韓国の詩人。ランボー：1854-1891，フランスの詩人。

24）p. 135.

25) pp. 135-136. なお，この詩は，李外秀の詩集『草花　杯　蝶　풀꽃 술잔 나비』（東文選，1987年）に「4匹の馬と馬車 네 필의 말과 마차」のタイトルを付けて収録されている。
26) 正多面体は正四面体，正六面体，正八面体，正十二面体，正二十面体の五種類で，正七面体は存在しない。
27) pp. 245-246.
28) pp. 246-247.
29) p. 248.
30) p. 248.
31) p. 106.
32) pp. 265-267.
33) pp. 44-45.
34) P.45.
35) p. 46.
36) p. 156.
37) p. 160.
38) p. 87.
39) p. 87.
40) p. 184.
41) p. 185.
42) p. 80.
43) pp. 252-253.
44) p. 270.
45) p. 57.
46) p. 57.
47) p. 205.
48) p. 221.
49) p. 222.
50) p. 229.
51) p. 230.
52) p. 231.
53) p. 234.
54) p. 92.
55) p. 189.
56) p. 193.
57) 田川光照「*Le Petit Prince* の日本語訳と韓国語訳をめぐって――内藤濯訳と安應烈訳を中心に」（韓國日本文化學会『日本文化學報』第31輯，2006年，所

収），p. 219参照。なお，ここでの記述は，2006年当時にハンウリ読書文化運動本部のホームページ（http://hanuribook.or.kr/bon/index.html）に掲載れていた記述に基づいている。2014年10月現在，同ホームページに掲載されている会長挨拶では次のように書かれている：

「ハンウリ読書文化運動本部が船出したのは1989年でした。その頃，わが国は1987年民主化抗争によって政治の民主化という大きな転換期に至り，1988年にはオリンピックがソウルで開催されました。88年ソウル・オリンピックは，わが国が1962年に開始した産業化を26年ぶりに大きく成就し，経済成長が本軌道に乗り，わが国も先進国の班列に加わることができるという希望と自信感の表現でした。（……）

20世紀後半，30余年ぶりに産業化に成功し，1万ドルの所得と世界第12位の貿易国家になる過程で，韓国社会は経済的資本の蓄積に国家のエネルギーを集中する反面，道徳と精神的価値を留保してその成熟を図りませんでした。国民が積極的に働く動機を付与するために力を注ぐことには成功しましたが，社会共同体の基礎になる精神的価値を荒廃させました。資本主義経済の隆盛に合わせて政経癒着と不正腐敗が蔓延し，政治家，政府官僚，企業家たちばかりか，金融，法曹，言論，教育，文化芸術，宗教の分野に至るまで広範囲な社会的腐敗の現実に汚染され，韓国の社会共同体は共有しなければならない"精神的価値"を喪失しました。そうして，1962年以来35年間の高度経済成長の果てはIMF管理体制への崩壊でした。（……）」

58）p. 154.
59）pp. 171-172.
60）pp. 213-214. この引用文でガストン・バシュラール（Gaston Bachelard, 1884-1962）に言及されているので，少し補足しておきたい。バシュラールの *La flame d'une chandelle* (1961) と *La psychanalyse du feu* (1938) の韓国語訳が，前者は1975年に『촛불의 美學』のタイトル名で，後者は1976年に『불의 精神分析』のタイトル名で出版されている。前者の第4章は「植物的 生命에서의 불꽃의 詩的 이마쥬」，後者の第4章は「性的 불」である。火と性欲のテーマおよび『夢見る植物』というタイトルはこれらから発想を得たのであろう。なお，それら作品の日本語訳は，*La flame d'une chandelle* が1966年に『蝋燭の焔』（第4章は「植物的生命における焔の詩的イマージュ」）のタイトル名で，*La psychanalyse du feu* が1971年に『火の精神分析』（第4章は「性化された火」）のタイトル名で出版されている。
61）p. 218.
62）p. 240.
63）pp. 242-243.
64）pp. 271-272.

65) p. 273.
66) pp. 273-274.
67) p. 278.
68)「我が家に住む女たちは植物に例えれば極地植物と似た存在だろう。厳しい寒冷と乾燥の中でも強靭な生命力を持って生きていく極地植物。彼女らは，強風と氷雪の中でも岩壁にがむしゃらにへばりつき，団球状に根を固めて生きていく黒褐色の蘚苔植物と似た存在だろう。」(p. 263)
69) p. 277.
70) p. 51.

# 詩における西洋の感覚受容の歴史と問題点
―明治期から詩はどのように西洋の
視覚・聴覚臭覚等を受容してきたのか―

## 宇佐美　孝　二

　明治15年（1882）の『新体詩抄』[1]を近代の詩の始まりとするなら、それから120年以上を経た今日まで、詩は、数値で表せない「感情・感性」を言葉で表現してきたと言ってよいだろう。自然科学という分野は、今や数値を基本とした"客観的科学"として現代に君臨しているが、人文学、とりわけ詩というものの表現は、数値ではとうてい測りえないものを言葉でどう表現するかという命題に関わってきた歴史がある。

　測りえないものの一つは人間の感情である。科学がいかに発達しても、人間のもつ「感情・感性」は数値では測ることは困難であると言ってよいだろう。現在では認知科学で感情を科学することは可能なようだが、科学では解き明かせない「感情・感性」は、言葉で手探りするしかないだろうし、もともと文学は科学的解析からは遠く隔たるものである。

　詩におけるさらなる問題は、「自然」をどのように詩人のうちに引き込んできたかという命題である。人間の外にある、あるいは内なる自然との対話。これが西洋、東洋を問わず詩歌文学の宿命であった。日本の詩歌はとくに、自然をどのように内に取り込んできたか、という歴史でもある。

　ヨーロッパの［physics］の訳語にあたる「自然（フュシス）」と、東洋の「自然（じねん）」とは、視点がそれぞれ反対に向けられた概念である。ヨーロッパの自然が、人の外に向けた"もの的"概念であるとするなら、片や東洋のは、人も草も空も同一の地点に置いて"感じる"概念であると言えるだろうか[2]。万葉歌、古今集歌、新古今集歌、近世和歌にも、日本人のそうした自然観が詩歌に取り入れられ、謳われてきたことは間違いのないところ

だ。もちろん，古来，漢詩が日本の文芸の本道であったから，その側面を行く和歌の自然観はその時代の感性を帯びながら次第に近世の和歌・俳句・詩の感性を形作ってきたのである[3]。

　明治以降に日本に入ってきた西洋の「詩」という技芸もまた，自然や人間を謳うという意味では，日本の漢詩，和歌，俳句などの伝統表現と重なるものを含んでいた。それが近代詩の問題であった。これまでの詩歌における伝統的な思考法をいかに断ち切り，新たな言葉＝文体を日本に根付かせるか。詩人たちに課せられた課題はまたそこにあった。つまり今までの「抒情」ではなく，新しい概念による「抒情」が必要とされたのである。あるいは抒情という枠組みではなく，新しい言葉による表現を創造することが要求された。それが北村透谷以降の詩人たちの，言葉との闘いであった。

　「抒情」の問題とともに，もう一つ，韻律の問題があった。五七調，あるいは七五調に見られる「内在律」，いわば心的リズムである。言うまでもなく，日本的「抒情」と日本的「内在律」は切っても切り離せない関係にある。では「抒情」とはなにか。辞書に倣って言えば「自分の心情を言葉に抒べる」ということだが，日本人はそこに自然を介在させて自分の心情を託した。しかしながら「抒情」という広すぎる概念では，詩がこれまで取り込んできたものが見逃されてしまう危険がありはしまいか。そうした観点から，明治以降の詩表現の側面を，視覚・聴覚・臭覚・触覚を含む「感覚を受容する器」だと仮定してみた。

## 北村透谷（1868〜1894）の詩

　北村透谷は，近代の黎明期，日本浪漫主義の時代に登場した詩人・評論家であり，社会活動家と位置付けられることもある。江戸と明治の境目に生れた透谷は，時代の急流を目の前に見ていた。25年余にわたる短い生涯は，ある意味で西洋文化と東洋文化との価値観を超えた闘いの跡であったと言っていいのかもしれない。キリスト教の洗礼を受けながら，かたや『内部生命論』で謳われる「根本の生命」には，混沌とした情動に突き動かされていた

ことがわかる。

　透谷の魅力は近代日本文化と西洋文化に引き裂かれたアンビバレンツなそれであり，同時にそれが悲劇の原因でもあった。透谷が出会った近代は，言葉であった。言葉とは，この場合西洋における「自我」の概念である。「自我」とはなにか。端的に言えば外界に対して感じえる自己の意識だろうか[4]。

　　ほたる

　ゆふべの暉(ひかり)をさまりて
　　　まづ暮れかゝる草陰(くさかげ)に，
　わづかに影を点(しる)せども，
　　　なほ身を恥づるけしきあり。

　羽虫を逐(お)ふて細川の，
　　　浅瀬をはしる若鮎が，
　静まる頃やほたる火は，
　　　低く水辺(みずべ)をわたり行く。

　腐草(ふそう)に生をうくる身の，
　　　かなしや月に照らされて，
　もとの草にもかへらずに，
　　　たちまち空(そら)に消えにけり。

　　　　　　　　　　　　　(明治二六年六月「三籟」二四歳)
　　　　　　　　　(『北村透谷選集』勝本清一郎校訂・岩波文庫　1970)

　ここには新しい「言葉」から導きだされた「自我」という概念が見られる。だが彼の評論に見られるように，文字言葉を放擲し，文字以前の捉われない感覚を呼び戻そうとする生命力が透谷の卓越した意識だろう。一方，詩作品においては保守的ともとれる表現にみえるけれど，文字言葉の近代は，西洋を確実に伴っていたのである[5]。ここでは七五調12音の拍のリズムが四行，三連の詩。出てくる事物も，「ほたる」と「若鮎」の他は後景として，「暮れかゝる草陰」や「細川の浅瀬」と「月」。あとは情景描写というところで難解な詩ではない。(一匹の)ほたるが，草陰から水辺をさまよい，月に

照らされながら空に消えてゆく，という描写である。当然，透谷自身の内面的なものが投影されているものと思われる。

　上記作品では，まず，視覚的な自然観である。第一連の「ゆふべの暉(ひかり)」「暮れかかる草ゝ」，第二連の「浅瀬をはしる若鮎」「低く水辺をわたり行く」「ほたる火」，第三連の「月に照らされて」「空に消えにけり」等の描写は，むしろ日本の古典や中国の漢詩あたりにその源を見るべきかもしれない。たとえば，紀友則の和歌,

夕されば蛍よりけにもゆれどもひかりみねばや人のつれなき
『古今和歌集・恋歌二―嘉禄本』（岩波文庫）

この中に出てくる蛍を透谷のそれと比べると，共通した情趣を感じる。が，むしろ杜甫の詩「蛍火」にその下敷きがあるかもしれない。

### 蛍火

| 幸因腐草出 | 幸(さい)いに腐草(ふそう)に因(よ)りて出(い)づ |
| 敢近太陽飛 | 敢(あ)えて太陽(たいよう)に近(ちか)づいて飛(と)ばんや |
| 未足臨書巻 | 未(いま)だ書巻(しょかん)に臨(のぞ)むに足(た)らず |
| 時能点客衣 | 時(とき)に能(よ)く客衣(かくい)に点(てん)ず |
| 随風隔幔小 | 風(かぜ)に随(したが)て幔(まく)を隔(へだ)てて小(ちい)さく |
| 帯雨傍林微 | 雨(あめ)を帯(お)びて林(はやし)に傍(そ)いて微(かす)かなり |
| 十月清霜重 | 十月(じゅうがつ)　清霜(せいそう)重(おも)く |
| 飄零何処帰 | 飄零(ひょうれい)　何(いず)れの処(ところ)にか帰(かえ)らん |

（『杜甫詩注　第七冊』吉川幸次郎　岩波文庫　2013年刊）

　杜甫の「蛍火」の状況設定は，透谷のそれとよく似ているけれど，透谷の詩にはそれに加えて近代の個人・自我のありかが認められる。次のイギリスの詩人，コリンズ（1721〜59）の詩と比べたい。

**夕べの賦**　　　　　　　ウイリアム・コリンズ

清らかな夕べよ，私のこの麦笛が，この牧歌の調べが，
お前のしとやかな耳を慰めることができれば，と思う，
　　お前の静謐な泉の，そうだ，お前の泉の音と，静まろうと
　　しているお前の風の音が，お前の耳を慰めているように。

おお，物静かな夕べよ，ニンフよ，金色の髪を靡かせていた
太陽も，ようやく遥かな西の幕舎に沈みかけ，
　　その夕焼け雲は霊妙多彩な縞模様を描いてたなびき，
　　西の果てなる大海原の寝所に懸っている。

あたりは寂として静まり，聞こえてくるのは，ただ，
視力の乏しい蝙蝠が薄い翼を拡げて飛び交いながら，
　　鋭く鳴く声か，甲虫がその翅から発する
　　小さく鋭い音だけにすぎない。
　　　　　　　　　　　　　　　　　　　（以下略）
　　　　　　　（『イギリス名詩選』平井正穂編（岩波文庫）1990)[6]

　西洋のこの時代の詩は，自然描写に対しても伝統的で客観的な視線を感じるのであり，それは自我という概念と，そこにおける自然への客観視に結びつくと考えることができる。一方，透谷の詩は東洋的な自然と自分を重ねた詩の構造を片方で持っている。透谷の「ほたる」において，

　わづかに影を点せども，
　　　なほ身を恥づるけしきあり。

や，

　もとの草にもかへらずに，
　　　たちまち空に消えにけり。

という部分には，東洋的な自然観のなかに近代人の自我意識を感じる。「わづかに影を点せども」「たちまち空に消えにけり」という視覚的な二行には単なる感傷ではない，いくぶんぼんやりとだが光と影の眼差しがあり，それ

は、日本的な情感の上に西洋的な自然観を塗り重ねた表現である。透谷，24歳の「評論」誌に発表した，「熱意」と題された論文は次のごとくである。

「人間の五官は、霊魂と自然との中間に立てる交渉器なり。霊魂をして自然を制せしむる是なり。而して人間の霊魂をして全く自然を離れて独立せしめざる者も、亦た是なり。霊魂の一側は常に此の交渉器を通じて、自然と相対峙す、而して他の霊魂の一側は、他の方面より「想像」の眼を仮りて、自然の向こうを見るなり。自然を超えて、自然以外の物を見るなり。人に想像あるは、人に思求あるを示めす者なり。人に思求あるは、人に熱意あるを示めす者なり。熱意は冷淡と相反す。冷淡は人を閑殺し、熱意は人を活動的ならしむ。冷淡は思求なき時の心霊の有様にして、人生の意味少なき場合を指すなり。」[7]

透谷の「内部生命論」とほぼ同時期に発表され、それと通じる論旨であるが、自然に対峙するものとして彼は「熱意」の存在を見、人間の「五官」を通した「想像」が可能であるとする。この論ではキリスト教的な霊魂と自然との二元論，対立思考が見られる。

近代詩とは、西洋の文字文化のなかに「自我」の意識を取り込んだ形式ではなかったかというのがわたしの見立てである。詩は、西洋にしても日本にしても、もともとは「うた」であった。言うまでもないことだが、詩という形式は、文字表現のまえに声の表現としてなされてきた歴史がある。古来そこでは、言葉は声のなかに溶け込み、個人の自我という観念はうまれにくい状況であった。川田順造は、「思えば、どの民族でも、詩あるいは歌は、定型性と即興性、集合的にうけつがれた形式と個人の自由な新しい表現との、せめぎあいのうちに存在してきたといえるだろう。形式は自由を制約するが、しかし神や死者や社会へのことばの伝達に力を与える。元来ことばは百パーセント声であり、声でしかなかったものが、文字を発明したりとりいれたりした社会では、文字が何かことばの重要な一部でもあるかのような錯覚さえ与えるようになった。そして、本来の声の領分への侵入と勢力の拡大が、時間の中で聴覚によって感知される、音のまとまりとその反復（つまりリズム）を、空間に固定され視覚によって確認される文字を通しての音の単位に変え、詩の定型性の観念をつよめたのではないかと思う。」（『コトバ・

言葉・ことば』青土社・2004年刊　p. 171-172）と述べる。

　近代以前，上代，中古，中世から詩とは歌われること，伝えられることであった。日本の詩が個人的な営みとなったのはここ，わずか150〜200年のことでしかない。平安時代和歌などもその本質は「自然との往還」であったことが，大岡信によって語られている[8]。透谷は，日本の古来からの，こうした詩の性質を体で感じていたのかもしれない。近代の詩は，透谷をしてまだ黎明を脱することができず，近代と前近代をはらみながら藤村へと受け継がれたのである。

## 島崎藤村（1872〜1943）の詩

　島崎藤村は，『若菜集』『一葉舟』『夏草』『洛梅集』の4冊の詩集を出した後，小説にその表現の場を移した，詩人・作家である。彼のなした仕事は，前時代の価値観を揺るがせ，あるいは次の時代に西洋文化を根付かせることであった，と言ってもよいかもしれない。すなわち，「言文一致」の文体の確立，それにともなう自我の概念や自然への概念を変化させたことが挙げられる。

　詩作品「初恋」や「椰子の実」などに見られるように，人口に膾炙した彼の詩ではあるが，小説ほどには詩人・研究家の間での詩の位置は確立されていないように思われる。なぜなら，詩における藤村の活動は，透谷と同じく前近代を超えることができなかったからである。ここに藤村の葛藤の跡が見られる。

　藤村は，著書『千曲川のスケッチ』の最後，「「千曲川スケッチ」奥書」[9]でこう語っている。

「私は明治の新しい文学と，言文一致の発達とを切り離しては考えられないもので，いろいろの先輩が歩いてきた道を考えても，そこへ持って行くのが一番の近道だと思う。我々の書くものが，古い文章の約束や言い廻しその他から，解き放たれて，今日の言文一致にまで達した事実は，決してあとから考えるほど無造作なものでない。」

続けて,

「何と云っても徳川時代に俳諧や浄瑠璃の作者があらわれて縦横に平談俗語を駆使し,言葉の世界に新しい光を投げ入れたこと。それからあの国学者[10]が万葉,古事記などを探求して,それまで暗いところにあった古い言葉の世界を今一度明るみへ持ち出したこと。この二つの大きな仕事と共に,明治年代に入って言文一致の創設とその発達に力を添えた人々の骨折と云うものは,文学の根柢に横たわる基礎工事であったと私には思われる。」

と表明している。藤村が明治15年あたりからの新体詩運動や言文一致の進展を文学史的にきちんと意識していたことは注目すべきことである。

### 明星

浮べる雲と身をなして
あしたの空に出でざれば
などしるらめや明星の
光の色のくれなゐを

朝の潮(うしお)と身をなして
流れて海に出でざれば
などしるらめや明星の
清(す)みて哀(かな)しききらめきを

なにかこひしき暁星(あかぼし)の
空(むな)しき天(あま)の戸を出でて
深くも遠きほとりより
人の世近(きた)く来るとは

潮の朝のあさみどり
水底(みなそこ)深き白石を
星の光に透(す)かし見て
朝の齢(よわい)を数ふべし

野の鳥ぞ啼く山河も
　ゆふべの夢をさめいでて
　細く棚引くしののめの
　姿をうつす朝ぼらけ

　　　　　　（詩集『若菜集』明治30年刊――『藤村詩抄』岩波文庫より）

　七五調，四行，六連，全二四行の詩。形式こそ透谷からそれほど変わりはない詩形である。藤村の詩のいちばんの特徴は，感覚のあかるさだろうか。これは，詩作品「初恋」にしてもほかの作品にしても同じことが言える。この作品も，朝の景色，海の音，空の色，鳥の声等，全感覚を呼び覚まされるような，一読してその清新な景色に読む者も晴れ晴れとした気持になる。加えて「浮かべる雲」（第一行目），「あしたの空に」（第二行目），「朝の潮」（第五行目），「潮の朝」（第十三行目），「朝の齢を」（第十六行目）等，あ行の言葉の多用，それによる語感の新鮮さ。だがそれだけでなく，「清みて哀しききらめきを」（第八行目）とか，「空しき天の戸を出でて」（第十行目）など，景色の奥にぽつんと彩られた，さりげない負の情感がある。これこそ藤村の自我の表現と推察されようか。藤村の詩の，もう一つの秘密，魅力の要因だろう。

　当時の詩人たち，河井酔茗や蒲原有明らには，藤村の詩は新鮮に映った。吉田精一は『藤村詩抄』の解説のなかで，「（藤村の詩は）当時隆盛だった擬古派の詩のように，ことばに綺羅をかざり，形式の勝った種類のものではなく，あまりある情感を内に秘めて，つつましやかに嗟歎する所から生まれる内攻的な美しさであった。表現，発想の上で，西洋の詩，とくにイギリス浪漫派の詩人やエリザベス王朝の名家に藉りるとともに，東洋の伝統的文学，唐詩や『古今集』以下の歌文，西行，芭蕉，蕪村および近松の浄瑠璃などに姿をとり，大胆な東西混融の総合的色調を作りあげたのである。」と，その特徴を述べている。

　吉田精一が言及している，イギリス浪漫派，つまりワーズワースやコールリッジら詩はどのようなものだったか。

### 水仙

谷また丘のうえ高く漂う雲のごと，
われひとりさ迷い行けば，
折しも見出でたる一群の
黄金色に輝く水仙の花，
湖のほとり，木立の下に，
微風に翻えりつつ，はた，躍りつつ。

天の河に輝きまたたく
星のごとくに打ちつづき，
彼らは入り江の岸に沿うて，
はてしなき一列となりてのびぬ。
人目にはいる百千の花は，
たのしげに躍りに頭をふる。

ほとりなる波は躍れど，
嬉しさは花こそまされ。
かくも快よき仲間の間には，
詩人の心も自ら浮き立つ。
われ飽かず見入りぬ——されど，
そはわれに富みをもたらせしことには気付かざりし。

心うつろに，或いは物思いに沈みて，
われ長椅子に横たわるとき，
独り居の喜びなる胸の内に，
水仙の花，屡々，ひらめく。
わが心は喜びに満ちあふれ，
水仙とともにおどる。

（『ワーズワース詩集』田部重治訳　岩波文庫）

　自然を賛美し，人間の感情を解放することを肯定した，西洋ロマン主義に分類されるワーズワースは，水仙の花の群落を見た時の感動をこのように表現した。

　自我の発露がいかに人間の生理に適っているか，という点でも藤村はワーズワースの影響を受けたと言っていいと思う。また藤村は，人を愛すること

を苦悩した人間として，詩を，「あらたな創造」のなかに活かそうとした。それが最初の詩集『若菜集』である。前述の詩「明星」において藤村は，

　潮の朝のあさみどり
　　水底深き白石を
　　星の光に透かし見て
　　朝の齢を数ふべし

　野の鳥ぞ啼く山河も
　　ゆふべの夢をさめいでて
　　細く棚引くしののめの
　　姿をうつす朝ぼらけ

と表現したが，このなかには明治女学校時代の教え子，佐藤輔子の面影を認めないわけにはいかない。「水底深き白石」とは何の喩か，「ゆふべの夢」とはどういう由来の夢か（まだ「象徴」という概念が西洋から入ってきていない時代ではあったが）。その感覚（視覚）表現として藤村はワーズワスの詩の意匠を（意識的でないにせよ）借り，恋愛感情としての自我をその詩に盛ったのである。

　その時代に対する影響でもあるけれど，藤村に対しても，森鴎外他の『於母影』は重要な訳詩集であった。『於母影』のなかの，ゲーテ作「ミニヨンの歌」[11]をまず提示してみよう。

### ミニヨンの歌
　　　其の一

「レモン」の木は花さきくらき林の中に
　こがね色したる柑子は枝もたわゝにみのり
　青く晴れし空よりしづやかに風吹き
「ミルテ」の木はしづかに「ラウレル」の木は高く
　くもにそびえて立てる國をしるやかなたへ
　君と共にゆかまし

其の二

高きはしらの上にやすくすわれる屋根は
そらたかくそばだちひろき間もせまき間も
皆ひかりかがやきて人がたしたる石は
ゑみつゝおのれを見てあないとほしき子よと
なぐさむるなつかしき家をしるやかなたへ
君と共にゆかまし

　　　其の三

立ちわたる霧のうちに驢馬は道をたづねて
いなゝきつゝ　さまよひひろきほらの中には
もゝ年經たる龍の所えがほにすまひ
岩より岩をつたひしら波のゆきかへる
かのなつかしき山の道をしるやかなたへ
君と共にゆかまし

　　　　（『日本の詩101年』雑誌「新潮」臨時増刊号より引用　1990年新潮社刊）

次に藤村の「初恋」を提示してみよう。

### 初恋

まだあげ初(そ)めし前髪の
林檎のもとに見えしとき
前にさしたる花櫛(はなぐし)の
花ある君と思ひけり

やさしく白き手をのべて
林檎をわれにあたへしは
薄　紅(うすくれない)の秋の実に
人こひ初(はじ)めしはじめなり

わがこゝろなきためいきの

# 詩における西洋の感覚受容の歴史と問題点

　その髪の毛にかゝるとき
　たのしき恋の盃(さかずき)を
　君が情に酌(なさけ)みしかな

　林檎畑の樹(こ)の下に
　おのづからなる細道は
　誰が踏(た)みそめしかたみぞと
　問ひたまふこそこひしけれ

　　　　　　　　　（『藤村詩抄』島崎藤村自選　岩波文庫）

　藤村のこの詩とゲーテの「ミニヨンの歌」を重ねあわせると，その雰囲気の似ていることが感じられるだろう。とくに，最初の「レモンの樹」と「林檎畑の木々」という背景，最後の「道」のイメージの類似は偶然とは思えない。ただ「初恋」に描写される「細道」は，これも作品「明星」と同じように，これからの行く末を暗示する「道」としての象徴的な意味をもっていたと解されるが，藤村自身は気づいていたのだろうか。

　藤村の，ワーズワスからの影響は，ほかにも『若菜集』に収録された「おえふ」「おきぬ」「おさよ」「おくめ」「おつた」「おきく」といった，女性をモチーフとした作品に認められるが，ここではそれらを比較することが目的ではないので言及はしない。

　まだあげ初(そ)めし前髪の
　林檎のもとに見えしとき
　前にさしたる花櫛(はなぐし)の
　花ある君と思ひけり

　いまでは有名すぎるこの詩（歌）のなかの，七五調の内在律を謳いながら，明るい自我の高揚が実は苦悩に通じることも，近代的な自我にめざめた証明作品である。視覚から触覚に移る，この作品の白眉ともいえる次の場面は，過去からの時間をもうひとつまたいでいることがわかるだろう。

　わがこゝろなきためいきの

その髪の毛にかゝるとき
　　たのしき恋の盃(さかずき)を
　　君が情(なさけ)に酌みしかな

　こうして,「たのしき恋の盃」を互いに確かめ合いながら,近代的自我と苦悩を抱えた二人の恋人は,歩んできた「細道」の「踏みそめしかたみ」を確認するのである。これはゲーテの『若きウエルテルの悩み』のなかの,ウエルテルとシャルロッテの恋物語を思わせるものであり,フィクションであるなら藤村自身の立場を反映していると解釈できなくもない。

　ともあれ藤村の文学上の問題は,詩の定型性,つまり透谷が抱えていた前近代を受け継ぎつつどう新たな詩形を創造するかというところにあった。しかしながら藤村自身も,透谷が抱えていた前近代と近代西洋の文学の相克,隘路から逃れることができなかった。このことは藤村自身も「実際私が小諸に行って,饑え渇いた旅人のように山を望んだ朝から,あの白雪の残った遠い山々——浅間,牙歯のような山続き,陰影の多い谷々,古い崩壊の跡,それから淡い煙のような山巓の雲の群,すべてそれらのものが朝の光を帯びて私の眼に映った時から,私はもう以前の自分ではないような気がしました。何となく私の内部には別のものが始まったような気がしました。

　これは後になってからの自分の回顧であるが,それほどわたしも新しい渇望を感じていた。自分の第四詩集を出した頃,わたしはもっと事物を正しく見ることを学ぼうと思い立った。」と述べている。「新しい渇望」「もっと事物を正しく見ること」,いうなれば藤村が詩でなしてきた表現は,藤村の考える「正し」い,正確な表現とはなりえないこと,近代詩の表現方法に限界を感じていることを告白しているのである。なるほど,明治30年の「若菜集」から,明治31年の『一葉舟』,同年の『夏草』,そして最後の詩集である,明治34年の『落梅集』と見ると,たったの四年間での詩の変化は乏しく,意地悪く見るなら『若菜集』の自己模倣であろう。状況的には,藤村は明治31年に生まれ故郷に近い,木曽福島の友人の家に滞在したり,田山花袋と親交したりしている。また翌32年には信州小諸で英語の教師をして,『千曲川のスケッチ』に見られるようにここでの農民たちの生活やその風物

に惹かれたことを書いている。

　これらの生活的条件から藤村が，限界を感じて詩から逃れたのか，あるいは散文のほうに自己の表現を賭けたのか。言えることは近代詩の抱える，詩人たちの前にたちはだかる問題は，藤村一人では突破できなかったということである。

## 蒲原有明（1876〜1952）

　蒲原有明の詩史的位置づけは難しい。通常の文学史に倣って言えば，透谷，藤村らが格闘した七五調の内在律を進化させ，より複雑な詩的描写を可能にした詩人。また西洋の浪漫主義から移った象徴的な手法を使って詩を書き始めた詩人として評価される。だが彼の功績を研究する詩人・研究者は少ない。まとまった研究書としては，渋澤孝輔の『蒲原有明論：近代詩の宿命と遺産』と松村緑の『蒲原有明論考』，佐藤信宏の『日本象徴詩の研究』（蒲原有明論）くらいだろうか。

　有明は損な存在である。彼は西洋の詩を研究・翻訳などして近代の西洋詩を考え，自分なりに詩の芸術性といったものを考えた。だが高踏的な有明の詩は，三木露風，北原白秋の耽美的（後にはむしろ大衆的）な詩のあいだで孤立し埋もれた形になったのではないか，と思えて仕方がないのである。時代は1904年の日露戦争，1905年の日本海開戦といった大きな事件を経験していた。それに伴うナショナリズムの台頭などがあり，文芸の世界でも自然主義文学が盛り上がりを見せ大衆と結びつく[12]。有明が試みた西洋象徴主義を取り入れ，東洋的な境地をめざした彼の仕事は，当時，高踏的だと批判された。

　鴎外たちの訳詩集『於母影』（1889年）に次いで，1905年には上田敏の訳詩集『海潮音』が出された。これらの訳詩集があと10年早ければ，藤村の詩業も変わっていたことだろう。したがって日本の象徴詩の歴史も変わっていただろうと思われる。

　1902年，有明は第一詩集『草わかば』を刊行するが，その詩は親交もあっ

た藤村の詩を想起させるものである。七五調の，メランコリックな詩情が全篇を覆っている。だが着実に彼の（また日本の）詩は，感情の襞を多くし象徴性を増してきたのだった。

### 牡蠣の殻

牡蠣(かき)の殻(から)なる牡蠣の身の
かくもはてなき海にして
独(ひと)りあやふく限ある
そのおもひこそ悲しけれ

身はこれ盲目(めしひ)すべもなく
巌(いわほ)のかげにねむれども
ねざむるままにおほうみの
潮(しほ)のみちひをおぼゆめり

いかに黎明(あさあけ)あさ汐(しほ)の
色しも清くひたすとて
朽つるのみなる牡蠣の身の
あまりにせまき牡蠣の殻

たとへ夕づついと清き
光は浪の穂に照りて
遠野(とほの)が鴒(はと)の面影に
似たりとてはた何ならむ

痛(いた)ましきかなわだつみの
ふかきしらべのあやしみに
夜もまた昼もたへかねて
愁にとざす殻のやど

されど一度(ひとたび)あらし吹き
海の林のさくる日に
朽つるままなる牡蠣の身の
殻もなどかは砕(くだ)けざるべき

(『蒲原有明詩集』思潮社・現代詩文庫)

「牡蠣(かき)の殻(から)なる牡蠣の身の」と有明は表現した。象徴とは何か。上田敏はヴェルレーヌの「詩法」から，その存在を「陰影（ニュアンス）」であるとした。またそのもとにある「音楽的声調」を強調した。後年の吉本隆明も，有明の試みが，「ポエジーを形成する内発性」の必要から「〈影〉（レプリカ）をもたらすのに有効だとみなした」としている13)。吉本隆明の「レプリカ」（複製）という解釈には，私は釈然としないが，要するに現代詩に通じる「喩」の多義性に近いと解釈するほうが今では自然ではないかと考える。これについて詳細に語る資格はないけれど，指示されるものの対象とそれが生み出す影や匂いといったものが，西洋のシンボリズムであったのではないか。プラトンのイデア論がここにも波及しているのを感じる。有明の「牡蠣の殻」とはたしかに象徴的な表現であり，その奥に「牡蠣の身」である「私」がいると解釈するのが自然だろう。だが詩は，音楽性とニュアンス（陰影）を感じるだけではその作品を十分に鑑賞したとはいえない。有明の詩にある，

　ねざむるままにおほうみの／潮(しほ)のみちひをおぼゆめり

にある，孤独のおくにある感覚表現としての，潮の匂い，空気感，官能性をも感じたい。また，

　たとへ夕づついと清き／光は浪の穂に照りて／遠野(とほの)が鴇(はと)の面影に／似たりとてはた何ならむ

という，「夕づつ」「光」「面影」と畳み掛ける表現は，日本の短歌的な調べに比べてはるかに「陰影」の襞は深く刻まれていると見るべきだろう。ここでも西洋感覚の強調がみられる気がする。さらに上田敏が訳したヴェルレーヌの「落葉」は，有明の詩に大きな影を落としているのがわかる。それを比

べてみよう。

### 落葉　　　　ポオル・ヱルレエヌ

秋の日の
ギオロンの
ためいきの
身にしみて
ひたぶるに
うら悲し。

鐘のおとに
胸ふたぎ
色かへて
涙ぐむ
過ぎ日の
おもひでや。

げにわれは
うらぶれて
こゝかしこ
さだめなく
とび散らふ
落葉(おちば)かな。

（『上田敏全訳詩集』岩波文庫）

　どちらも人口に膾炙した詩であるが，こうして読み比べてみると，構造的に非常によく似ていることに気づくだろう。主体・行為・客観という視点を設置して見ると，有明の「牡蠣の殻」は，

「主体」……牡蠣の殻─牡蠣の身　→（おもひ）悲し
　　　　……身は盲目
「行為」……巌のかげにねむれども─潮のみちひをおぼゆめり
　　　　……朽つる（牡蠣の身）─たへかねて（しらべ）
「客観」……痛ましき─愁にとざす─朽つるまま─砕けざるべき（殻

もなどかは)

一方，ヴェルレーヌの「落葉」は，
　「主体」……　ヴィオロン─ためいき　→（身にしみて）うら悲し
　「行為」……　胸ふたぎ─涙ぐむ　（おもひで）
　「客観」……　うらぶれて─とび散らう　（落葉）

となっている。どちらも人ではない客体に身をかりて象徴的に表現しているのは当然ながら，悲しみの放物線を下降に描きながら終章を迎える点でも，その類似性は納得できるだろう。もちろん有明詩の本意は，ヴェルレーヌに似せることにあるのではない。象徴詩に触れた先人としての自負と憧れが，有明の「牡蠣の殻」を書かせたのである。上田敏は『海潮音』の序文でこう記している。「象徴の用は，これが助を藉りて詩人の観想に類似したる一の心状を読者に与ふるに在りて，必ずしも同一の概念を伝へむと勉むるに非ず。されば静に象徴詩を味ふ者は，自己の感興に応じて，詩人も未だ説き及ばざる言語道断の妙趣を翫賞し得可し。[14]」上田敏の「言語道断の妙趣」とは，説明できない深い味わいのことだろうか。敏の「陰影」と「音楽的声調」をもって，詩を味わってほしいという切なる願いが伝わってくるのである。

　有明の直面した問題とは，象徴主義の移植とともに，韻律と象徴性の関係である。「詩」というものの存在はそのあたりにあるのではないか。西洋の詩的外在律，つまり頭韻や脚韻，あるいはソネットなどの詩形をどうするか。有明はそうした問題を愚直に考えた。

　「結局，人間の芸術は自然の変形であるに外ならない。自然の精髄を捉えて，対象の自然を情緒的に神経的に変形させる。自然を解釈するといえば平俗に聞こえるが，自然を変形させるということは，さう突飛なことでもないのである。その中から極めて魅惑的な風光が現れて来る。芸術の尊重すべきところは，最初にもまた最後にも，自然の力の代わりに芸術家の働いてゐるところ，その変形の秘術でなければならない筈だ。[15]」作品のなかに「詩」を定着させるためには，「自然を情緒的に神経的に変形させる」ことが肝要

だと有明は説くが，そのためには日本的な「抒情」を肯定しなければならなかった。

### 若葉のかげ

薄曇りたる空の日や，日も柔らぎぬ，
木犀の若葉の蔭のかけ椅子に
靠れてあれば物なべておぼめきわたれ，
夢のうちの歌の調と暢びらかに。

独かここに我はしも，ひとりか胸の
浪を趁ふ──常世の島の島が根に
翅やすめむ海の鳥，遠き潮路の
浪枕うつらうつらの我ならむ。

半ひらけるわが心，半閉ぢたる
眼を誘ひ，げに初夏の芍薬の，
薔薇の，罌粟の美し花舞ひてぞ過ぐる，

艶だちてしなゆる色の連弾に
たゆらに浮かぶ幻よ──蒸して匂へる
蘂の星，こは恋の花，吉祥の君。

(『蒲原有明詩集』思潮社・現代詩文庫1013─詩集「有明集」から)

　この，若葉の蔭の椅子にもたれた作者が恋人を夢想する場面の，象徴的な描写をもう少し読み込んでみるなら，七五調のなかで激しく西洋的な音が鳴っていることに気付くだろう。脚韻を踏んだ調べ，そして視覚，聴覚を動員した感覚的な描写。さらに文字表現として難解な語彙──古語や雅語──の頻繁な使用。つまりは詩全体が西洋と東洋の両方の感覚を備えた調和のなさ，どうにも落ち着かなくさせる要素を含んだ作品と言えよう[16)]。なるほど，当時の若者たちからは糾弾を受け，批評家からも不評だった理由がわかる気がする。

　こうした難解さ，晦渋性を感じさせる有明の詩精神の一部は，萩原朔太郎

に受け継がれたが，また現代詩が，有明の位置からさほど移動していないとも感じる。有明の功罪は象徴詩を日本に根付かせようとしたことによって，日本語と西洋の言語・文化の問題をあらわにして見せたことかもしれない。

　これ以降の，とくに明治・大正の詩人たちの稿は別の機会に譲ることになるが，思いついた問題点を掲げておきたい。五七調の呪縛から逃れ得た現在，「詩（ぽえじー）」は様々な定義のされ方をする。その中で確認しておきたいのは，戦後の現代詩はとくに，西洋の思考方法で詩を書いてきたということである。ということは内的リズムを失った日本の詩人たちは，もはや「喩」にしか拠り所がなくなってしまったのか，あるいはそうでないか。もちろんその問題に気付いた詩人は，それに対抗する詩表現を用いたのだった[17]。

## 注

1）外山正一，落合直文らの翻訳詩十四篇と創作詩五篇が収録。
2）湯浅泰雄『身体論――東洋的心身論と現在』（講談社学術文庫）
3）『日本文学史』（小西甚一・岩波書店）
4）ニーチェはそれを「自己観察者」と言っている。――『善悪の彼岸』p. 32 岩波文庫――例えば，われは思うものである。思うところの或るものが一般になければならない。思うとは原因と考えられる一つの存在体の側での一つの活動であり作用である。一つの「われ」なるものが存在する。最後に，思うと呼ばれるものはすでに確立している。
5）明治以前の日本の文字言葉には，「自我」の概念は見当たらない。
6）ウイリアム・コリンズ（1721-59）
7）『北村透谷選集』岩波文庫 p. 287
8）「……（紀貫之は）和歌というものは，「力をもいれずして」天地を感動でゆり動かし，また死者の霊魂をも感激させると言うのです。言い換えると，超自然的な存在をさえ揺り動かす力が，この甚だちっぽけな言葉の構造体にはあるのだと言うのです。」p. 59『日本の詩歌　その骨組みと素肌』岩波現代文庫 2005年刊）
9）新潮文庫 p. 194-195
10）筆者注：本居宣長のことだろう。
11）訳者は，鴎外説と，鴎外の妹，小金井喜美子説とがある。
12）西洋では自然主義への批判は象徴主義と結びついたが，日本では象徴主義は

後期自然主義に吸収されたとされ，分類された。
13)『詩学叙説』思潮社　2006刊　p. 46
14)『海潮音　上田敏訳詩集』新潮文庫
15)『蒲原有明詩集』思潮社・現代詩文庫1013
16) もう一度川田順造の言葉を引用しておきたい。
「母音の数を見ても現代日本語の五つに対して，ヨーロッパ諸語にはそれぞれ一〇以上はあり，加えて英語などゲルマン系の言語では，二重子音，三重子音の音節や子音終わりの音節も多いので，これも正確な算定は難しいのだが，現代日本語とは桁違いの数万規模の種類の音節がある。それに，これはすべてのヨーロッパ語ではないが，強弱アクセントも考慮に入れると，英語の "son" と "sun" のような完全な同音異義語はごく僅かで，駄洒落を言うのにも才能を必要とする。ヨーロッパ諸語の詩法ではごく当たり前の頭韻や脚韻，つまり同音異義語でなくとも語の含む同音を，句の初めや終わりで反復して耳に確かな響きを与えるという技法が，日本語の詩では意味をなさないのもそのためだ。」(『コトバ・言葉・ことば』青土社刊　2004年)
17) 一例として，新国誠一の「コンクリート・ポエトリー」が挙げられるだろう。

## 参考図書

『北村透谷選集』勝本清一郎校訂　岩波文庫　1991年版
『北村透谷』色川大吉　東京大学出版　1994年
『藤村詩抄』島崎藤村自選・岩波文庫　2006年版
『島崎藤村』日本詩人全集1　新潮社　1967年版
『島崎藤村詩集』白鳳社　1976年版
『海潮音・上田敏訳詩集』新潮社　2011年版
『日本文学史』小西甚一　講談社学術文庫　1996年版
『千曲川のスケッチ』島崎藤村　新潮文庫　2011年版
『討議近代詩史』鮎川信夫・吉本隆明・大岡信　思潮社　1980年版
『日本の詩歌　その骨組みと素肌』大岡信　岩波文庫　2005年版
『古代和歌の世界』鈴木日出男　ちくま新書　1999年版
『詩学叙説』吉本隆明　思潮社2006年版
『近代日本人の発想の諸形式』伊藤整　岩波文庫　1987年版
『哲学入門』三木清　岩波新書　1991年版
『コトバ・言葉・ことば』川田順造　青土社　2004年版
『古代ギリシャの思想』山川偉也　講談社学術文庫　1996年版
『詩・ことば・人間』大岡信　講談社学術文庫　1985年版
『古今和歌集』嘉禄本　岩波文庫　1973年版

『身体論』湯浅泰雄　講談社学術文庫　1992年版
『善悪の彼岸』ニーチェ　岩波文庫　1999年版
『ワーズワース詩集』田部重治選訳　1993年版
『イギリス名詩選』平井正穂編　岩波文庫　2010年版
『フランス名詩選』安藤元雄・入沢康夫・渋沢孝輔編　岩波文庫　1998年版
『日本の詩101年』新潮社臨時創刊号　1990年
『マラルメ詩集』鈴木信太郎訳　岩波文庫　1999年版
『日本近代象徴詩の研究』佐藤信宏　翰林書房　2005年
『古代の世界　現代の省察』G.E.R.ロイド著　川田殖他訳　岩波書店　2009年

# 中世前期極彩色写本
## ――ヒベルノ・サクソン写本の系譜――

田 本 健 一

## 1．インシュラー大文字

　装飾について論述するのが本題であるが，先立って，文字についてドロギン（Drogin, 1980, p. 109）の節を略述しておく。430年代のアイルランドでは，ローマのハーフ・アンシャル文字が実用的な小文字（minuscule script）として定着し，質素な写本に書き込まれていた。ケルト人の美的伝統がその文字に影響を及ぼして，純粋にアイルランド風な文字体系が発達した。アイルランドの写字者たちはセリフ（serif）を誇張した文字体系を整えて，6世紀には小文字体が大文字（majuscule）となって定着した。その最たるものはケルズの書（The Book of Kells, 9世紀初頭）である。565年頃には，アイルランドの修道士たちはそのアイリシュ・大文字（Irish Majuscule）をスコットランドや北イングランドに持ち込んで，アングロ・サクソン人の写字者に教えた。アングロ・サクソン人の写字者たちは最初はしっかりと習った。その結果，アイリシュ大文字（Irish Majuscule）とアングロ・サクソン大文字（Anglo-Saxon Majuscule）を一緒にして，インシュラー大文字（Insular Majuscule）と呼ぶようになった。しかしながら，早くも8世紀半ばには，アングロ・サクソン人の写字者たちはもっと均整のとれた，あまり派手でない文字体系を使うようになった。アイルランドの宣教師たちは南下したのに対して，アウグスチヌス（Augustine）の弟子たちは北へと宣教の足を延ばした。彼らがイギリス南部で好んで用いたのはアーティフィシャル・アンシャル文字（Artificial Uncial）であった。7世紀初頭には，アーティフィ

シャル・アンシャル文字を好む写字者とインシュラー大文字を好む写字者がノーサンブリア王国（Northumbria）で混ざることになったが，7世紀半ばまでには，アイルランド起源の文字が，その小文字体とともに，アーティフィシャル・アンシャルの跡を継ぐことになった。9世紀までには，インシュラー大文字体は，アイルランドでもイングランドでも，格式ばっていて実用的でないということで，10世紀中には廃止となってしまった。

## 2．写本の装飾：初期インシュラー系の写本（600年代前半）

ローマ支配下のイギリス社会に生きたキリスト教徒は聖書を持っていたのであろうが，彼らの聖書は何も現在に残っていない。おそらくは，それらはみな，ローマ人の撤退に続く異教のゲルマン人の侵略のため消滅してしまったのだろう。しかし，アイルランドでは聖パトリックが到着するよりも5年ほど早い431年にパラディウス（Palladius）が司教として宣教を始めていた。イギリスでは1〜2世紀遅れてキリスト教が再度萌芽した。

かくして，7世紀〜9世紀のアイルランドやイギリスの修道院の写本室（Scriptorium）では，特に福音書などの転写が盛んに行われるようになった。そのような写本には，ケルズの書（The Book of Kells, 9世紀初頭）のように極彩色の装飾が施されることがよくあった。そのような装飾写本は，中世の別称 "Dark Age" に明かりを灯すことになった。最盛期の中世前期の写本の装飾をヒベルノ・サクソン（Hiberno-Saxon）[1]と呼ぶことがある。アイルランド系を基盤に，ノーサンブリア系やサクソン系の装飾が混在するからである。装飾並びに写本学上の考察にあたって，諸先達の研究を参考にしたが，ケルトの装飾という点では，特に Nordenfalk が *Celtic and Anglo-Saxon Painting* (1977) で明らかにしたこと，そして写本学上の論説に関してはブラウンの *A Palaeographer's View*, selected writings of Julian Brown, ed. Janet Bately, Michelle Brown, Jane Roberts (1993) から多く採用しているという点を先ず断っておく。

## 2.1. アシャー写本

初期インシュラー系（アイルランドとノーサンブリア）の筆記体の一つとして，ノルデンファルク（Nordenfalk, 1977, pp. 11-13）が挙げているのは，600年頃にアイルランドで書かれたとされるアシャー写本（Codex Ussherianus）[2]である。これは福音書で，181枚のパーチメント（おそらくは子牛の皮）から成り，硫酸鉄を添加した虫こぶ溶液からできた黒インクで書かれ，テクストのいたるところに赤い絵の具の装飾がなされている。写真1は，そのフォリオ149であるが，十字架の左側に "explicit secundum lucanum"（ルカの福音書終わる），右側に "incipit secundum marcum"（マルコの福音書始まる）と書かれている。マルコの次にルカとなるのが普通であるが，これは，古いラテン語聖書の順番となっていることを示している。十字架の隅にはセリフ状の文字飾りがあり，周りには茶色の斜線と赤の点を組み合わせた縁取りが三重に描かれ，さらに縁取りの隅には突起状の飾りが見られる。これらはのちの時代の写本装飾の幽かな前兆となっている[3]。

## 2.2. カハホ写本

福音書ではないが，初期インシュラーの写本というより初期アイルランドの写本として，聖コルンバの詩編とも呼ばれるカハホ（The Cathach [kah-hax]）

1. Codex Ussherianus, f. 149.[6]

2. The Cathach, f. 48.[7]

がある[4]。制作年代については諸説あるが，Nordenfalk (1977, p. 14) は625年頃という年代を提起している。とすれば，ノーサンブリアの写字室で，このアイルランドの写本より早く書かれたものはないということになる。写真2は，その写本に書かれた『詩編』$90_{-1}$から$90_{-4}$である。以下のように書かれている：[5]

Qui habitat in adiutorio Altissimi
in protectione Dei caeli commorabitur
dicet Domino susceptor meus es tu
et refugium meum Deus meus sperabo in (eum)
quoniam ipse liberauit me de laqueo uenuntium
et a uerbo aspero
in scapulis suis obumbrauit te
et sub pinnis eius sperabis


　本来110枚あったものが，今では58枚だけ残っている。カハホは現存するアイルランドの『詩編』で最も古いものである。ウルガタ聖書の『詩編』$30_{-10}$から$105_{-13}$までに相当する部分が現存する。文字と装飾を結びつけようとする従来の試みとは全く異なるデザイン上の工夫が初めて見受けられる。写真2では，装飾を施した大文字のqから発して，文字の大きさが徐々に小さくなっていくのが分かる。ディミヌエンド（diminuendo）という手法である。この手法は，後のヒベルノ・サクソン（Hiberno-Saxon）流の本の装飾に絶えず使われる。大文字qは口をあけた動物の頭で終わっている。螺旋やカーブを自由にリズミカルに使っていることは，快活感を思わせる。装飾大文字は，まだ絶えていないケルトのラ・テーヌ・アール（La Tène art）に繋がる。カハホにおいて，本の装飾の技法は古代後期の枠組みから抜け出して，ケルト族独自の表現手段を採るに至ったのである。

## 3. 7世紀後半

　7世紀中頃，新しいタイプの装飾が採り入れられ，写本装飾はさらに一歩前進することとなった。それは，インターレース（interlace）と呼ばれる組み合わせ飾りである。その装飾のモチーフはエジプトから直接入ってきたものと一般的に思われている。コプティック・アート（Coptic art）にそのもっとも発達した形が見られるという事実があっても，それでもって議論が決定的なものとなる訳ではない。ビザンチン・アートやイタリアン・アートにも似たような傾向があった。イギリスでは動物の飾りとインターレースがたくみに結合されたものが，早くも7世紀最初の四半世紀のものとされるサットン・フー（Sutton Hoo）の埋葬物に見られる。インターレースは詰め物装飾であって，縁取りの中の溝に流れ込むように描かれる。

### 3.1. ダーラム写本断片 I

　インシュラー系の本の装飾にインターレースが初めて現れるのはダーラム写本断片 I （The Durham Gospel Fragment I, *c.* 650)[8]のマタイの福音書の最終ページに書かれたコロフォンである。縁取りはDを三つ縦に並べるというかわった形を成していて，新しいタイプの詰め物が装飾にふんだんに使われている（カラー口絵1；本稿では白黒写真は"写真1"のように表記して文中に挿入し，カラー写真については編集の都合上，別途"口絵1"のように表記して参考文献以降にまとめて掲載する）。インターレースは単にモデルを見るだけでは習えるものではない。そのトリックを知る必要がある。下図は[9]比較的単純な模様の作り方を示したものである。模様を書き入れようという部分に，先ずいくつかの中心点を打つ。次に中心点の上下に曲線を入れる。そしてそれらの曲線が中心となるようにリボンを描いて，最後に中心線を取り除く。

　写真3は，ダーラム写本断片 I の folio 2 であり，ここに書かれているのは

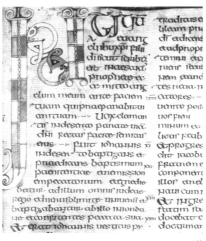

3. The Durham Gospel Fragment I, fol. 2.[12)]

マルコの福音書の始まりである。最初の単語の Initio の前半の三文字 INI は，極めて装飾的なモノグラムを構成し，ページの左側と左上半分を占めている。I の文字には両方とも幅広いリボンが敷き詰められ，中心部にはインターレース模様が流れている。最初の装飾文字 I は，カハホ写本の q の文字のように，動物の頭で終わっている。このモノグラムの左上から右下方にかけて幅広いリボンを敷き詰めた斜線が描かれたであろうと予期されるのであるが，ここで用いられているのは二つの輪であり，それがリボンで連結されている。輪は動物の頭とその胴体で構成されている。カラー口絵１，写真３ともに，直線には定規が，輪にはコンパスが使用されていたと思われる。写本上部はディミヌデンドの構図になっていることにも着目しておかなければならない。ブラウン（Brown, 1993, p. 224）は，マルコの福音書のディミヌエンドは，カハホ写本の名残であると述べている。ブラウン（1993, pp. 110, 224）によると，ダーラム写本断片 I は，明らかにノーサンブリア写本であるが，ノーサンブリアがまだ写本描写においてほぼ完全にアイルランドに頼っていた時代の産物であるとも述べている。また，ノルデンファルク（Nordenfalk, 1977, p. 28）は Lindisfarne を出所としている。写真３には，以

下のように書かれている：[10]

Initi(ti)um euangelii ihsu xpisti filii dei
sicut scribtum est in aesaia prophetę
ecce mitto angelum meum ante faciem tuam qui praeparabit uiam tuam
Uox clamantis in deserto parate uiam domini rectas facite semitas eius
Fuit iohannis in deserto baptizans et praedicans baptismum paenitentiae
et remissionem peccatorum
et egrediebatur ad illum omnis iudeae regio et hierusolimitę uniuersi
et baptizabantur ab illo in iordane (flumine) et confitentes peccata sua

## 3.2. ダローの書

　ダーラム写本断片Ⅰは，カハホ写本からかなり進歩したものではあるが，ヒベルノ・ノーサンブリア（Hiberno-Northumbrian）写本の豪華装飾へのプレリュードに過ぎない。偉大なる時代が始まるのは，完全に保存された福音書の最古のものであるダローの書（The Book of Durrow, c. 680）[13]からである。

### 3.2.1. 制作年代と制作地に関する議論の変遷

　ダローの書（カラー口絵2〜8）の制作年代と制作地に関して，様々な議論がなされてきた。ラシュワース福音書でさえ，16・17世紀の学者はイギリスで，しかもビードによって書かれたと思っていた。それを覆したのは，チャールズ・オゥコナ（Charles O'Conor, Tom. I (1814), pp. ccxxxvii–ccxli）であり，ラシュワース福音書はアイルランド写本群の中に納まった。しかし，オゥコナは，ダローの書とケルズの書を間違ってリストに並べた。ダローの書をケルズの書だと思っていたのである。本当のケルズの書はあまりにも遅く再発見されたので，オゥコナ自身コメントできなかったのであるが，ケルズの書の現代的解説はウェストウッド（J. O. Westwood, 1843-5, pp. 58-61）に始まるのであり，それらはすべてオゥコナのインシュラー古文書版に基づいているのである。今から80年位前でさえ，古文書学者たちはまだケルズの書の年代をリンディスファーン福音書の前に設定しており，7・8世紀のアングロサクソン写本とアイルランド写本を区別するという問題は依然として重大なことであった[14]。"インシュラー"という用語でアイルランドとアン

グロ・サクソンの字体を包含して大陸の同時代の字体と区別しようとする方向に道を開いたのは，トゥラウベ（Ludwig Traube, 1920, pp. 95-100）であった。それが，リンジー（Lindsay, 1910）を経てロウ（Lowe）の *CLA*（*Codices Latini Antiquiores*, 1935）におけるインシュラー写本の記述へと繋がっていく。

　長いインターバルの後で，サリン（Salin, 1904, pp. 341-7）は，ダローの書，リンディスファーン福音書，そしてケルズの書の年代順を正した：ダロー（*c.* 600），リンディスファーン（*c.* 700），ケルズ（*c.* 800）がその順番である。ツィマーマン（Zimmermann, 1916, pp. 21-37, 231-310）は，それら三つの写本をより早い世代のアイリシュ写本に由来するものとした。しかし，そのより早い世代の写本というものは現存しない。ダローの書をアイリシュ写本で700年頃に時代を設定し，イギリスのリンディスファーン写本とアイリシュのケルズの書は8世紀初めに書かれたものであるとした。ツィマーマン（1916）は，さらに，ダローの後継はなかったのに対して，ケルズの書は明らかに後代のすべてのアイルランド写本の原型となっているとした。

　クラファム（Clapham, 1934, pp. 43-57）は，ヒベルノ・サクソン様式の主な構成要素は，アイルランド起源ではなく，ノーサンブリアでアイルランド人によって合成された，ということを初めて提案した。1932年，バーキット（Birkitt, 1935, pp. 33-7）はすでに以下のように述べている：『アイルランドで施されたケルト模様が描かれたこのほぼ純粋にノーサンブリア流のテクストの存在は，何らかの答えを必要とする問題を提示している』。ロウ（1935, pp. xiv-xv）はその言及を取り上げて，ダローの書について，以下のように述べた：『私は今認める。ダローの書は，今ダブリンに保存されている初期アイルランドの写本群とは別な写本であるように思われてならない。そして，徐々に私の中に疑問が湧き上がってきた。おそらく，その秩序だった文字と，バランスがとれて穏健な装飾はイギリスの手腕による，と説明できるように思われる』。バーキットのテクストに関する発言と，ダローの書の後継はアイルランドにはないが，イギリスのエヒターナッハ福音書（Echternach Gospels, *c.* 690）[15]に影響を及ぼしたというツィマーマンの意見に支持されて，ロウは，『ダローの書はノーサンブリアでアイリッシュ風に訓

練された手で書かれた』と結び，制作年代を8世紀と設定した。ダローの書のコロフォンは，聖コルンバに帰するもので，手本（exempler）があって，それから書き写されたものだと説明した。他方，ケルズの書に対しては，依然としてアイリッシュ起源を認めて，おそらくはケルズという所で書かれたとしている。ケルズの書の年代としては8～9世紀と設定している[16]。

その間，マセ（Massai, 1947）[17]は，ダローの書，エヒターナッハ福音書，リンデイスファーン福音書，ダーラム福音書，そしてケルズの書は全てリンデイスファーンの写字室で書かれたものであるとして，ケルズの書の年代を8世紀末とした。最終的に，ノルデンファルクに至って，ダローの書の年代は7世紀に修正され，ケルズの書がリンディスファーンに属するという説は無視された。

### 3.2.2. 写本芸術家たちの意気込み

ほぼ一夜にして，ダローの書という基本的に反古典主義的なスタイルが完成間近になったとき，芸術家たちの意思はあまりにも確固たるものであったので，彼らの勢力範囲の中にいかなる外国のモデルが入ってこようとも，彼らはそれを根底から変えることができた。その様式はあまりにも深く根ざしていたので，少なくともアイルランドでは，それは3世紀以上続くこととなった[18]。インシュラー写字者たちは，全く躊躇せずに文字から装飾へと切り替え，あるいは装飾を純粋にそのためにだけ使った。オリエントの写本からも分かるように，カーペット・ページはインシュラー写字室の考案物ではない。がしかし，インシュラー写本のいくつかにおいては，写本の豪華さを増すために使われるその熱気は，この種の"自由な"装飾に対する生まれながらの好みを前提としている。それはカーペット・ページだけではない。ケルズの書においては，ほとんど全ての装飾を施したページが『あたかも香の雲の中にあるように装飾でおおわれている』[19]。

### 3.2.3. クロス・カーペット・ページ

カラー口絵2, 3, 4, 5はダローの書のクロス・カーペット・ページである。カラー口絵2の特徴は，他のカーペット・ページに見られないクロスが描かれていることである。縦に二重に書かれ，中央に位置している。枠の中

におさめられた黄色のリボンが印象的である。クロスが描かれたものとしては，ダローの書のこのクロス・カーペット・ページが最初である[20]。カラー口絵3のカーペット・ページは円や螺旋をモチーフとして，ケルト模様をフレームの内側に大胆に，流動的に描いている。カラー口絵4では，インターレースの中央部を太い内枠と，さらに外枠で囲んでおり，様々な形のインターレースがケルト模様を成している。カラー口絵2，3と違って色彩は鮮やかで，明るい。カラー口絵5に至っては，中央に丸いメダリオンを設定し，そのメダリオンの中央のクロスを円形のインターレースが取り巻いている。メダリオンを囲んでいる枠は上下2段組みで左右は各一重であり，すべて動物のインターレース模様で埋め尽くされている。

### 3.2.4. 聖人のシンボル画

　カラー口絵6は，聖マタイのシンボル，"人"である。マタイの福音書の最初のページと向き合うように配置されている。体を覆っているのは，様々なモザイクガラス状のはめ込み模様のチェックパターンであり，両腕はすっぽりと隠されている。着衣のすぐ上に幅広い顔が描かれ，両足は平行に横向きで，右側に歩行しているように見える。一定のスタイルに従ってはいるものの，その人物には写実的な特徴が全く見られないわけではない。体の傾いている輪郭は修道士のマントを暗示し，額からまっすぐに耳の後ろに垂れた髪は，アイリッシュ・トンシャーを思わせる。そのことは，ケルトの聖人画の他の例からも分かる。一重の太枠の中には黄色，赤，緑の幅広いリボンが網細工をなし，逆巻く波の印象を与え，強力な運動効果を醸し出している。

　カラー口絵7は，聖ヨハネのシンボル，"ライオン"である。通例聖ヨハネの象徴は"鷲"であるが，ダローの書の場合，ジェローム以前の順番に従って"ライオン"となっている。動物は横顔で右に歩行している。その尻尾は背中の上にカーブを描いて巻き上げられている。毛皮は赤と緑の菱形模様をなしている。尻や肩の関節に描かれた螺旋状のデザインは，ピクトのシンボル・ストーンに彫刻された四足動物[27]に似ている。頭部の毛は剃られ，開いた口は吠えていることを示すものと思われる。足並みは歩行しているようである。一重の太枠は赤，黄，緑のリボンで組まれたインターレースで飾

られている。

## 3.2.5. タティアノスのディアテッサーロンとの関係

　カーペット・ページといえば，タティアノス（Tatianos, 120-173）のディアテッサーロン（Diatessaron, "Through four"）写本に言及しないわけにはいかない。タティアノスはシリアの神学者で，ディアテッサーロンと呼ばれる四福音書を編纂した。それは，四福音書を統合して物語にしたものであり，数世紀に亘ってシリア教会の聖書・神学の語彙に貢献した。そのギリシア語及びラテン語版は福音書のテクストに影響を及ぼしたとされている。その影響はヒベルノ・サクソンの写本装飾にも及んだ。特に，クロス・カーペット・ページがそうであり，そして聖人のシンボルの描写もそうである。聖人のシンボルの描写の場合は，ダローの書というよりは，それより10年位後のエヒターナッハ福音書への影響の方が大きいものと思われる。前節で述べたように，ライオンの場合は，ピクトのシンボル・ストーンの彫刻に似せたようである。タティアノスのディアテッサーロンのコピーがどのようにしてキリスト教世界の最北の地に届いたのか，確固たる証拠はない。考えられることは，アルクルフ（Arculf）というフランク族の司教が680年頃聖地巡礼から帰る途中，アイオナ島沖で船が難破し，アイオナの修道院長アダムナン（Adamnan）に助けられたという。そのときアルクルフがディアテッサーロンのコピーを持っていて，アイオナの修道士たちの目に触れることとなったのではないか，とノルデンファルクは推論する。とすれば，ダローの書に突然現れたカーペット・ページの存在も福音著者のシンボルの存在も，アルクルフのアイオナ島への漂着と偶然一致することになる。そのことによって，インシュラー写本装飾の方向付けがなされたということにもなる[28]。

## 3.2.6. マタイの福音書，最初のページ，モノグラム，文字装飾，ディミヌエンドの変遷

　カラー口絵8は，ダローの書，マタイの福音，最初のページである[29]。最初の単語 Initium の初めの二文字である I と N はモノグラムを構成している。I と N の左のストロークを結合させている。そうしてできた垂直なストロークは，二重の幹をなし，テクスト画面左端いっぱいに描かれている。それに

4. マルコの福音書,最初のページの比較図[30]

続くそれぞれの文字列において,ヒベルノ・サクソンの写本装飾のディミヌエンドの様式に従って,頭文字や装飾を施した大文字から徐々に小さくなっている。写真4は,マルコの福音書の初めのページを図解したものである。a はダーラム写本断片 I (the Durham Gospel Fragment I, *c.* 650), b はダローの書 (the Book of Durrow, *c.* 680), c はリンディスファーン福音書 (the Lindisfarne Gospels, *c.* 720), d は聖チャド福音書 (the Gospels of Saint Chad, 8世紀初め), e はケルズの書 (the Book of Kells, 9世紀初頭) である。ディミヌエンドの手法がいかに堅持されつつ,時代とともに変遷しているか窺い知ることができる。それとともに,装飾がますます豪華になってきたこともよく分かる。言うまでもなく,ディミヌエンドの手法は,カハホ (the Cathach, 625年頃) に遡る。

### 3.3. エヒターナッハ福音書

聖人のシンボルを各福音書のテクストに先立って書き入れるということはエヒターナッハ福音書 (the Echternach Gospels, *c.* 690)[31] に受け継がれ,ますます精緻な描写となる。カラー口絵9は聖マタイのシンボル"人"であるが,"IMAGO HOMINIS"(人の画)とラテン語で書かれている。両手を胸ま

で上げて左右対称的なポーズをとっている。ダローの書のマタイ像とは全く別なものであり，タティアノスのディアテッサーロンに似ている。カラー口絵10は "IMAGO LEONIS"（ライオンの画）と書かれているように，聖マルコのシンボル "ライオン" を描いたものである。ダローの書のライオンの画は，右に歩行しているということを伝えているが，エヒターナッハ福音書の場合は躍動感がさらに強調され，飛び跳ねようとしている様子がよく分かる。カラー口絵11は，"IMAGO AQUILAE"（鷲の画）とあるように，聖ヨハネのシンボル "鷲" である。翼を低くしてしゃがんでいるポーズは，これから飛び立とうとしているようだ。鉤状のとがった嘴と鋭い爪は力強さを感じさせる。鷲の画の主だった丸みのある部分は，コンパスを使用したように思われ，その周りの枠組みは定規を使用したに違いない。

　カラー口絵12は，ヨハネの福音書の初めのページである。"In principio erat uerbum/ et uerbum erat apud D*eu*m/ et D*eu*s erat uerbum"[34]と書かれている。ダーラム福音書断片 I（写真3）もそうであるが，エヒターナッハ福音書もダブル・コラムで書かれている。ダローの書のモノグラム（カラー口絵8）と比べて，エヒターナッハ福音書のモノグラムは，より豪華で複雑になっているのが分かる。I と N のモノグラムは，ダローの書と構成上よく似ているが，より洗練されている。文字枠内に交互に敷き詰められた黄色と茶色のインターレース模様は，輝かしさを醸し出している。続く PRIN のモノグラムはディミヌエンドの手法に従って小さくなっているが，ページ上部の中央に位置して十分な大きさを保ち，その入り組んだモノグラムの中でさえ P と N の大きさが違っている。モノグラム PRIN でさえディミヌエンドに従っている。立体的に見える。CIPIO では，C と I，P と I のモノグラムと O が結びついている。そして ERAT U*E*RB*U*M が同じサイズで続く。黒インクで太めのしっかりとした字体で書かれ，それぞれの文字の中に塗られた黄色の絵の具は黒い文字を引き立たせている。

　エヒターナッハ福音書は，『聖ウィリブロードの福音書』(the Gospel of Saint Willibrord) とも呼ばれている。聖ウィリブロード (*c*. 658–739) とは，ノーサンブリア生まれの宣教師で，フリジアで伝道活動に専念した。フリジ

アへの伝道活動に赴いたのは690年とされており，その出発の際贈呈されたのが今日『聖ウィリブロードの福音書』と呼ばれるものであった。その制作年は690年頃，制作地はノーサンブリアのリンディスファーン修道院であるとされている[37]。ダーラム写本断片Ⅰ（Durham, Cathedral Library, A. II, 10），ダローの書（Dublin, Trinity College Library, 57），そしてリンディスファーン福音書（London, British Library, Cotton MS. Nero D. IV）のようなインシュラー写本，またはヒベルノ・サクソン写本と同じ場所で書かれたのである。聖ウィリブロードは，ルクセンブルグのエヒターナッハ修道院にその福音書を持って行って，そこで修道院生活を始めた。『エヒターナッハ福音書』という名称はそこからくる。

## 4．終わりに

本稿で論じた写本は，ヒベルノ・サクソンと呼ばれる写本群の前半に属するものと考えられる。リンディスファーン福音書をここに入れるかどうか難しい問題である。先ず，年代に関して諸説があり，20年ほど前までは698年という説が有力であった。現にノルデンファルクは698年以前という早い年代を設定している[38]。他方，写本を書いたエアドフリス（Eadfirth）がリンディスファーンの司教であったのが698年から721年ということで，720年頃を制作年代とする説が有力になってきている。2000年6月8〜14日の *Guardian Weekly* 誌にMichelle Brownは「リンディスファーン福音書の制作年代は698年ではなく720年頃である」という見解を載せている。また，テクストから判断して，ワーズワス/ホワイトは，イタリア起源のウルガタ写本群の中からイタロ・ノーサンブリアン（Italo-Northumbrian family）と呼ばれる写本グループを設定した[39]。そうすると，アミアティヌス写本（Codex Amiatinus, 716）と同一のグループに入るということになるが，これまで検討してきた初期のインシュラー写本から受け継いだインターレース，カーペット・ページ，聖人のシンボル画，ディミヌエンドの手法などの存在はどう説明できるのか。本稿はインシュラーないしはヒベルノ・サクソン流の写

本装飾の研究として位置づけられるべきである。明らかに 8 世紀以降の有名な極彩色福音書として，他に，『カンタベリーの金の写本』(Codex Aureus of Canterbury, *c.* 750)[40]，『ラシュワース福音書』(the Rushworth Gospels, 800年頃)[41]，『ケルズの書』(The Book of Kells, 9 世紀初頭) などがある。これらを論ずるには多くの紙面を要するので，本稿では割愛する。

## 注

1) Hiberno- は"アイルランドの"を意味する連結形。
2) The Codex Ussherianus Primus ; Dublin, Trinity College Library, MS 55, 600年頃。
3) Nordenfalk (1977), p. 13.
4) Dublin, Royal Irish Academy, s.n.; 625年。
5) 1．いと高きもののもとにある隠れ場に住む人，全能者の陰にやどる人は 2．主に言うであろう，「わが避け所，わが城，わが信頼しまつるわが神」と。3．主はあなたをかりゅうどのわなと，恐ろしい疫病から助け出されるからである。4．主はその羽をもって，あなたをおおわれる。あなたはその翼の下に避ける所を得るであろう。(聖書の日本語訳は，日本聖書協会編『聖書』(1954–1955) による)。
6) Copied from Brown (1993), Illustration no. 13.
7) Copied from Nordenfalk (1977), p. 12.
8) Durham Cathedral Library, A. II. 10.
9) Bain (1977), p. 30.
10) 1．神の子イエス・キリストの福音のはじめ。2．預言者イザヤの書に，「見よ，わたしは使いをあなたの先につかわし，あなたの道を整えさせるであろう。3．荒野で呼ばわる者の声がする，『主の道を備えよ，その道筋をまっすぐにせよ』と書いてあるように，4．バプテスマのヨハネが荒野に現れて，罪のゆるしを得させる悔改めのバプテスマを宣べ伝えていた。5．そこで，ユダヤ全土とエルサレムの全住民とが，彼のもとにぞくぞくと出て行って，自分の罪を告白し，ヨルダン川でヨハネからバプテスマを受けた。
11) Copied from Nordenfalk (1977), p. 33.
12) Copied from Brown (1993), Illustration no. 18.
13) Dublin, Trinity College Library, 57.
14) Brown (1993), 99.
15) ウィリブロードの福音書 (The Gospels of Saint Willibrord) ともいう。Paris, Bibliothèque Nationale, Lat. 9389.
16) *CLA* 2, 273番と274番。

17) pp. 29–110, 120–3, 126–7, 128–34, 137–9, 210.
18) Nordenfalk (1977), p. 15.
19) *Ibid.* p. 16.
20) *Ibid.* p. 19.
21) Copied from Nordenfalk (1977), p. 35.
22) Copied from Nordenfalk (1977), p. 36.
23) Copied from Nordenfalk (1977), p. 42.
24) Nordenfalk (1977), p. 46.
25) *Ibid.* p. 38.
26) *Ibid.* p. 44.
27) Dores, Invernesshire.
28) Nordenfalk (1977), p. 22.
29) Copied from Nordenfalk (1977), p. 41. マルコ1-1から1-6まで。転写並びに訳については，写真3の説明参照。
30) Copied from Nordenfalk (1997), p. 18.
31) Paris, Bibliothèque Nationale, Lat. 9389.
32) Copied from Nordenfalk (1977), p. 50.
33) Copied from Nordenfalk (1977), p. 51.
34) ヨハネ1-1：はじめに言があった。言は神と共にあった。言は神であった。
35) Copied from Nordenfalk (1977), p. 54.
36) Copied from Nordenfalk (1977), p. 55.
37) Brown (1993), pp. 101, 106. Nordenfalk (1977), p. 28.
38) Nordenfalk (1977), p. 28.
39) Kendrick *et al.* (1960), p. 32. Wordsworth and White (1889 [–1954]), pp. 705–10.
40) Stockholm, Kungliga Biblioteket, A. 135. The Stockholm Codex Aureus ともいう。カンタベリで書かれた。その装飾は，インシュラー系とイタリア系が混在する。
41) Tamoto (2013), p. xxv. 作成者の名に因んで『マクレゴル福音書』（The Macregol Gospels）ともいう。アイルランドのバー（Birr）で書かれた。

**参考文献**

Backhouse, Janet, *The Lindisfarne Gospels* (Oxford: Phaidon, 1981)
Bain, George, *Celtic Art, the Methods of Construction* (London: Constable, 1977)
*The Book of Kells*, reproductions from the manuscript in Trinity College, Dublin, with a study of the manuscript by Françoise Henry (New York: Alfred a. Knopf, 1974)
Birkitt, Francis Crawford, 'Kells, Durrow and Lindisfarne', *Antiquity* 9, (Gloucester: Antiquity Publications, 1935)

Brown, Julian, *A Palaeographer's View*, selected writings of Julian Brown, ed. Janet Bately, Michelle Brown, Jane Roberts (London: Harvey Miller Publishers, 1993)

Clapham, A. W., 'Notes on the Origins of Hiberno-Saxon Art', *Antiquity* 8 (Gloucester: Antiquity Publications, 1934)

Drogin, Marc, *Medieval Calligraphy: Its History and Technique* (New York: Dover Publications, Inc., 1980)

Euw, Anton von, *Liber viventium Fabriensis: das karolingiische Memorialbuch von Pfäefers in seiner liturgie- und kunst- geschichtlichen Bedeutung* (Berne: Francke Verlag, 1989)

Fischer, Bonifatius, *Lateinische Bibel-handschriften im frühen Mittelalter* (Freiburg im Br.: Verlag Herder, 1985)

Kendrick, T. D. *et al.*, *Evangeliorum Quattuor Codex Lindisfarnensis* 2 vols. (Oltun et Lausanna Helvetiae : Urs Graf, 1956–60)

Lindsay, Wallace Martin, *Early Irish Minuscule Script* (Oxford, 1910)

Lowe, E. A., *Codices Latini Antiquiores*, Part II, second edition (Oxford: at the Clarendon Press, 1972; first edition, 1935)

Masai, François, *Essai sur les Origines de la Miniature dite Irlandaise*, Les Publications de Scriptorium, vol. 1 (Bruxelles: Éditions "Érasme", 1947)

Meehan, Bernard, *The Book of Kells* (London: Thames and Hudson, 1994)

Nordenfalk, Carl, *Celtic and Anglo-Saxon Painting; Book Illumination in the British Isles 600–800* (New York: George Braziller, 1977)

O'Conor, Charles, *Rerum Hibernicarum Scriptores Veteres*, 4 tom. (London: T. Tayne, 1814–26).

Salin, Bernhard, *Die altgermanische Thierornamentik* (Stokholm, 1904)

『聖書』 "The Bible" (Tokyo: Japan Bible Society, 1954–1955)

Tamoto, Kenichi, *The Macregol Gospels or the Rushworth Gospels*, edition of the Latin text with the Old English interlinear gloss transcribed from Oxford Bodleian Library, MS Auctarium D. 2. 19. (Amsterdam/Philadelphia: John Benjamins Publishing Company, 2013)

Traube, Rudwig, *Vorlesungen und Abhandlungen*, III (München: Beck, 1909–1920)

Webster, Leslie and Janet Backhouse, *The Making of England, Anglo-saxon Art and Culture, A.D. 600–900* (London: British Museum Press, 1991)

Westwood, John Obadiah, *Palaeographia Sacra Pictoria*, being a series of illustrations of the ancient versions of the bible, copied from illuminated MSS, executed between the fourth and sixteenth centuries (London, 1843–5)

Wordsworth, Iohannes and Henrico Iuliano White, *Nouum Testamentum Domini nostri Iesu Christi latine: secundum editionem Sancti Hieronymi* (Oxonii: E Typographeo

Clarendoniano, 1889 [–1954])

Zimmermann, E. Heinrich, *Vorkarolingische Miniaturen* (Berlin: Selbstverlag des deutschen Vereins für Kunstwissenschaft (E. V.), 1916)

中世前期極彩色写本　　　　　　　　　　　　　　73

口絵 1. The Durham Gospel Fragment I, fol. 3v.[11]

口絵 2. The Book of Durrow, carpet page
with doublearmed cross, f. 1v.[21]

口絵 3. The Book of Durrow, the upper half of the carpet page with scroll work, f. 3v.[22]

口絵 4. The Book of Durrow, the upper half of the carpet page with inlaid panels, f. 125v.[23]

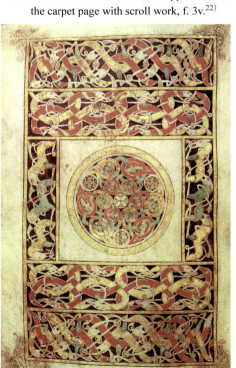

口絵 5. The Book of Durrow, carpet page with animal Inter lace, f. 192v.[24]

口絵 6. The Book of Durrow, the Man, Symbol of Matthew, f. 21v.[25]

中世前期極彩色写本

口絵 7. The Book of Durrow, the Lion,
Symbol of John, f. 191v.[26)]

口絵 8. The Book of Durrow, the beginning of
the Gospel of Saint Mark, f. 86.

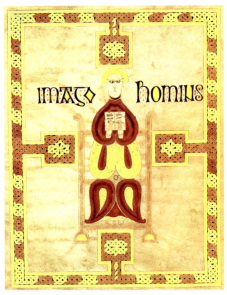

口絵 9. The Echternach Gospels, the man, symbol of Matthew, f. 18v.[32]

口絵 10. The Echternach Gospels, the Lion, symbol of Mark, f. 75v.[33]

口絵 11. The Echternach Gospels, the eagle, Symbol of John, f. 176v.[35]

口絵 12. The Echternach Gospels, the beginning of the Gospel of Saint John, f. 177.[36]

# クレイグ先生逸聞拾遺

葛 谷　　登

## はじめに

　夏目漱石の『永日小品』という作品の中に「クレイグ先生」という文章がある。この作品は1909年（明治42年）に書かれている[1]。この「クレイグ先生」と主人公のクレイグ（William James Craig）については平川祐弘先生の微に入り細に入りのご高論がある[2]。わたくしは平川先生のご研究を通してクレイグについて数えきれないほど多くのことを学ばせていただいた。また，平川先生がご高著『夏目漱石』の中で取り上げられた[3]棚橋克弥氏の文章[4]からも沢山学ぶことが出来た。
　平川先生や棚橋氏が引いておられる文章の一部も読ませていただくことが出来たけれども，同じ文章から得られる印象は些かなりとも異なっていた。平川先生や棚橋氏の持っておられるような豊かな英文学の素養はわたくしにはない。圧倒的な知識の差が印象の違いに反映していることは間違いないことであるだろう。
　ただそれだけではないように思われてならない。平川先生は「クレイグ先生ふたたび」の中で，「ルーカスの随筆にあって漱石の小品にないのは，そうしたキリスト教への言及である。」[5]と述べられる。漱石はヨーロッパのキリスト教世界の中にクレイグを置いて見ていないようなのである。これは独り漱石に限られるようなことがらではないのではないであろうか。明治以降の決して少なくはない近代日本の知識人がキリスト教とは距離を保ちながら，或いはキリスト教には背を向けながら，ヨーロッパの文化や文明に接触

し，キリスト教を介さぬままこれらを受容して行ったのでないであろうか。

例えば，そのような一人に森鷗外が思い浮かぶ。鷗外は49歳のとき，1911年（明治44年）に『妄想』という作品を書いている。自らの半生を傍観者のような視点から語る口調の作品である。その一節にこうある。

> 冷澹には見てゐたが，自分は辻に立つてゐて，度々帽を脱いだ。昔の人にも今の人にも，敬意を表すべき人が大勢あつたのである。
> 帽は脱いだが，辻を離れてどの人かの跡に附いて行かうとは思はなかつた。多くの師には逢つたが，一人の主には逢はなかつたのである（傍点，筆者注。以下，特に注記しない限り，同じ）[6]。

鷗外は古今東西の沢山の「敬意を表すべき人」に出会った。しかし，敬意が帰依に変わり，全人格を捧げるような人には会わなかった。キリスト教が共同体の支柱になっていたヨーロッパ世界の中に身を置きながらも，キリスト教が彼の内的世界において支柱となるようなことはついぞなかったということであろうか。異邦人は気がついてみたら最後まで異邦人であり続けたのである。

鷗外はまたこうも述べる。

> そんなら自我が無くなるといふことに就いて，平氣であるかといふに，さうではない。その自我といふものが有る間に，それをどんな物だとはつきり考へても見ずに，知らずに，それを無くしてしまふのが口惜しい。残念である。漢學者の謂ふ醉生夢死といふやうな生涯を送つてしまふのが残念である。それを口惜しい，残念だと思ふと同時に，痛切に心の空虚を感ずる。なんともかとも言はれない寂しさを覺える。
> ……さういふ時にこれまで人に聞いたり本で讀んだりした佛教や基督教の思想の斷片が，次第もなく心に浮んで來ては，直ぐに消えてしまふ。なんの慰藉をも與へずに消えてしまふ。さういふ時にこれまで學んだ自然科學のあらゆる事實やあらゆる推理を繰り返して見て，どこかに慰藉になるやうな物はないかと搜す。併しこれも徒勞であつた[7]。

死によって自我は無と化す。生存する間は有であるところの自我とは何で

あるのか，その本体を突き止めたいのであるが，突き止められそうにもない。そこに苦しみが生ずる。しかし，彼は東洋に根づいた仏教からも，また西洋に花開いた観のあるキリスト教からもわが心に響く答えを得るに至らなかった。彼はヨーロッパのほぼ中央部に位置するドイツに滞在するかたがた，キリスト教と正面から向き合い，これと汗みどろに格闘するという体験があったのであろうか。

鷗外に見られるようなことは東洋から西洋に眼を転じて行った明治以降の近代日本の知識人にとってさのみ例外的な出来事ではなかったであろう。明治以降の日本は「脱亜入欧」の路線をまっしぐらに走り，支配される側の「遅れた」アジアから抜け出て支配する側の「先進の」ヨーロッパの一員に加わろうと躍起であった。そのためには国家を近代化せねばならなかった。この場合，「近代化」（modernization）は実質的に「西欧化」（westernization）——ここで詳論は控えるが，大まかに「近代化」とは万人平等の政治原理と実定法的秩序原理の実現，「西欧化」とは西欧における特定の時点と場所での「近代化」の現象形態の再現の試みとでも捉えておきたい——と等しかった。しかし，日本は外的制度面での西欧化は急いだものの，内的制度面での西欧化は選択的であり，外的制度面でのそれとは様相を異にした。

1889年（明治22年）に制定された明治憲法が「神聖ニシテ侵スヘカラス」と定めた天皇の存在が，万人平等を前提とする近代的世俗社会のエートスとしても期待され得るキリスト教の受容に負の作用を及ぼしたと考えられるからである。

明治以降の日本の知識人がヨーロッパの文化と芸術をこよなく愛しながらも，キリスト教に対して心を開くことには熟慮を要したのは明治に入っても帝国憲法の制定までは公式には邪宗門であり続けたキリスト教に対するところの，知識人としての明哲保身の自己規制によるものであったのであろうか。果たして大日本帝国憲法の重しがなくなった今もその慣性の力は働き続けているのではないか。

平川先生が抄訳しておられる[8]『大英伝記辞典』（*Dictionary of National Biography*）「附録」（Supplement 1901–1911）に掲載されたシドニー・リー

E. V. Lucas, *Reading, Writing and Remembering—A Literary Record*, Methuen, 1932 Second Edition, p. 56

(Sidney Lee)[9]によって書かれた 'CRAIG, WILLIAM JAMES (1843-1906)' の項目[10]の冒頭には次のようにある。

> editor of Shakespeare, born on 6 Nov. 1843 at Camus juxta Bann, Known also as Macosquin, co. Derry, was second son of George Craig (1800–1888), who was then curate of that place and from 1853 till his retirement in 1880 was rector of Aghanloo in the same county. Craig's mother was Mary Catherine Sandys (1803–1879), daughter of Charles Brett of Belfast and of Charleville, co. Down.[11]

平川先生が抄訳しておられるように[12]，クレイグはアイルランド聖公会司祭ジョージ・クレイグ（George Craig）の次男として誕生した[13]。母はダウン州（co. Down）のチャールズ・ブレット（Charles Brett）の令嬢メアリー・キャサリン・サンディーズ（Mary Catherine Sandys）であった[14]。母親の名前がその父親にまで遡って書かれているのは彼女がデリー州の名家の出身であることを物語るものであろうか。

　いずれにせよ，クレイグは神の御言葉を宣べ伝え神に仕える伝道者の家庭に生まれ育ったのである。ジョージ・クレイグとメアリー夫妻は夜昼息子ウィリアムのために神に敬虔な祈りを捧げたことであろう。他方，ウィリアムは第一に神を畏れ敬い，第二に隣人を己れの如く愛するよう人に教えるかたがた，自らそれを実践する司祭の父とその同労者の母の背中を見て育ったことであろう。

　クレイグにとってキリスト教は生きて行くうえでの尊い教えであるというより，彼の生活の中に深く浸透し生活と分かち難いほどに一体化したものではないであろうか。とりわけ，幼少期の生活の在り方はその後の人格形成の上で土台となるものであろう。キリスト教的なヨーロッパの中でも一層キリスト教的な世界の一つとしての，神への献身者の家庭でクレイグが育ったことの意味はいささか重かろう。わたくしはそのようなことに思いを致してクレイグについての逸聞を拾い上げてみることが出来ればと願う。

# 1

　クレイグが1906年12月12日水曜日に63歳で天に召された後，その逝去を惜しむ文章がいくつか書かれた。第1は平川先生が示しておられるように[15]，1906年12月18日火曜日に発行された『タイムズ』(*The Times*) 第38206号の「死亡記事」(*OBITUARY*) 欄の2番めに載った 'MR. W. J. CRAIG.' という文章である[16]。書き手は平川先生が示しておられるように[17]，シドニー・リー（Sidney Lee）である。第2は1906年12月22日土曜日発行の『スペクテイター』(*The Spectator*) 第4095号の「投書」(Letters to the Editor）欄に載った 'THE LATE W. J. CRAIG.' という文章である[18]。書き手は下院（House of Commons）議員のグウィン（Stephen Gwynn）である。第 3 は平川先生が示しておられるように[19]，1907年版の『ドイツ・シェイクスピア協会年鑑』（*Jahrbuch der Deutschen Shakespeare-Geselschaft*）第43巻の「訃報」（Nekrologe）の 2 番目に載っている 'William James Craig.' という文章である[20]。書き手は Elizabeth Lee である。第 4 は平川先生が示しておられるように[21]，棚橋克弥氏によって紹介翻訳されたところの1907年に世に出た 'A Funeral' という文章である[22]。書き手はエドワード・ヴェラル・ルーカス（Edward Verrall Lucas）である。

　それではこれらの文章の書き手であるシドニー・リー以外のグウィン，エリザベス・リー，ルーカスはどのような人物であったのか，順を逐って見て行きたい。

　スティーブン・グウィンには2004年版の『大英伝記辞典』にキング（Carla King）によって書かれた 'Gwynn, Stephen Lucius (1864–1950)'[23] という項目がある。それによれば，グウィンは作家にして政治家であった。彼の父親ジョン・グウィン（John Gwynn, 1827–1950）は聖書学者であり，アイルランド聖公会の聖職者でもあった。彼の母親ルーシー・ジョセフィーヌ（Lucy Josephine, 1840–1907）はアイルランドの「ナショナリスト」のウィリアム・オブライエン（William Smith O'Brien）[24]の娘であった。グウィンはこの両親に与えられた 6 人の息子と 2 人の娘のうちの長子であった。

　彼は1889年にジェイムズ・グウィン師（The Revd James Gwynn）の娘で従姉妹のメアリー・ルイーザ（Mary Louisa）と結婚する。彼女は後にカトリックになった。彼と彼女の間に 2 人の息子と 2 人の娘が与えられた。その 2 人の息子の 1 人はイエズス会の司祭になっている。グウィンの父とメアリーの父はいずれもプロテスタントの牧師である。その牧師の娘である妻メアリーがカトリックになり，その令息 Aubrey がカトリック司祭になったことの意味はアイルランドという場に置いて考えてみるとき，とりわけ大きいものがあるであろう。

　彼は作家として活躍し，アイルランド文学の復興に接し，アイルランド文

芸協会 (the Irish Literary Society) の幹事 (secretary) を務めた。彼はアイルランドとイングランドの題材を取り上げてこれを歴史的に掘り下げた。やがて政界に入り, 1906年11月の補欠選挙でGalway City区の議席を獲得し, 1918年まで「ナショナリスト」の立場で活動した。1919年以降はもっぱら文筆活動に従事した。彼は作家として眩い光彩を放ったわけではなかったが, 当時のアイルランドにおいてヒューマニズムと寛容を尊ぶ側に位置した点では異彩を放った[25]。

これによれば, アイルランド聖公会の教職者の子として生まれ育った点がグウィンとクレイグは共通していると思われる。また, グウィンがクレイグを偲んで文章を書いたときに彼が下院議員に当選したほぼ直後と言える時期に当たったことが分かる。

次に, エリザベス・リーに移りたい。彼女については2004年版の『大英伝記辞典』にGillian Fenwickによって書かれた'Lee, Elizabeth (1857/8-1920)'[26]という項目がある。それによれば, 彼女は伝記作家にして翻訳家であり, 『タイムズ』にクレイグの訃報記事を書いたシドニー・リーの姉にあたる。ロンドンのクィーンズ・カレッジ (Queen's College) に学んでいる。少数者としての女性文学者であった彼女の活動には弟シドニー・リーのシェイクスピア研究, 彼の人脈及び『大英人名辞典』編集作業への彼の参加が緊密に関係している。実際, シドニー・リーが『大英人名辞典』の編集に従事するようになると, エリザベス・リーは多数の人物の伝記を作成している。後に, 彼女は『大英人名辞典』の正式な編集者として採用されている。9人の男性のスタッフの中に1人の女性が入ったことは当時としては目立ったことであろう。彼女は30年の間, 弟のシドニー・リーと協合し合いながら働いた。彼女は生涯結婚することはなかった。彼女はシドニー・リーほどにはシェイクスピア研究には関わらなかったのではないであろうか[27]。

このFenwickの文章を読む限り, エリザベス・リーとドイツ・シェイクスピア協会との関わりをはっきり示すものはなさそうである。ただ, 彼女はかつて言語と教育方法の研究のためにフランスとドイツを旅しており, 「フランスとドイツの文学と歴史の翻訳家」 (a translator of French and German literature and history)[28]でもあったので，その辺りでドイツの協会との接点が生じたのであろうか。よく分からない。

　3番めにルーカスについて見ることにする。ルーカスについては2004年版の『大英伝記辞典』にE. V. Knoxによって書かれKatharine Chubbuckによって修訂された'Lucas, Edward Verrall (1868–1938)'[29]という項目がある。平川先生もこれを材料の1つにしてルーカスについて「E・V・ルーカスという人」[30]という文章の中で紹介しておられる。それによれば、「ルーカスは保険代理人の次男として生れ，16歳でブライトンの本屋の小僧となった。その後サセックスの地方新聞の編輯に加わったこともある。24歳の時，伯父から200ポンドの贈与を受け，それをきっかけにロンドンへ出てケア教授の講義を傍聴した。……このルーカスは夥しい数の雑文を書いた人で，旅行案内やら画家案内までものしている。……ロンドンに出たルーカスは，1893年からロンドンの有力な夕刊紙『グローブ』に関係し，後には『パンチ』にもしばしば寄稿した。1924年，メシューエンが亡くなるとその後を継いでメシューエン出版社の会長となった。」[31]ということである。

　以下，平川先生が取り上げられなかったことがらを『大英人名辞典』の解説に依拠して書き連ねてみたい。両親ともクェーカーであったが，父親は金銭面でルーズであったのでルーカスは就職するまでに9つの学校を通わさせられることになった。ルーカスは少年期に古典教育を受けられなかったことを嘆いた。しかし，ジョセフ・リスターと縁続きにある母親は文学好きのルーカスの味方であった。1893年に入社したところの新聞社の「グローブ」は勤務時間が緩やかであったため，大英図書館に通いそこで読書することが可能であった。またクェーカーの信仰組織の「キリスト友会」(the Society of Friends) は20代前半であったルーカスに随筆で名高いラム (Charles Lamb) についての本の執筆を依頼した。これは彼が信仰面と識見面で信頼の置ける人物であると「キリスト友会」が認めたうえでのことではないであろうか。また，彼は20代始めに，父が米国軍人であるエリザベス・ガートルード (Elizabeth Gertrude) という女性と結婚した。ルーカスはJ・M・バリー (Barrie) の友人で作家であった彼女に協力して児童書を世に出した。

更にまた，彼は風刺文（parody）をも書いてユーモア作家としても認められた。彼は自分を成功に結びつけたラムのことを生涯忘れることなく，ラムの墓地の維持管理のために出費を惜しまなかったようである[32]。

　ルーカスとクレイグの関係についても平川先生は「E. V. ルーカスという人」という文章の中で触れておられる。それによれば，「日本人留学生夏目金之助にクレイグを紹介してくれたのはこのケア教授だが，ルーカスにクレイグを紹介してくれたのも同じ人であったらしい。」[33]とある。先述のように，ルーカスはかつてユニヴァーシティ・カレッジでのケアの講義に出席しており[34]，そのときルーカスの文学的才能がケアの目に留まったのであろうか。

　また，平川先生は「ルーカスがそのラムの著作集を編んだ時，注釈をつけるのに『もろ手を差し伸べて自分を助けてくれた』のがクレイグであった。そのことは『読むこと，書くこと，思い出すこと』にも出ているが……」[35]と述べておられる。実際，『読むこと，書くこと，思い出すこと』（*Reading, Writing and Remembering*）によれば，クレイグはルーカスがラムの著作を編纂するに際して唯一の助け手ではなかったけれども，ルーカスはクレイグの善意から最大限の恩恵を享受したと推測することが許されるように思われる[36]。

　以上，ユダヤ系でシェイクスピア研究者のシドニー・リー，伝記作者で翻訳家の姉のエリザベス・リー，作家で政治家のアイルランド人のグウィン，随筆家で伝記作者のフレンド派のルーカスの相貌について見てみた。いずれ劣らぬ個性派揃いの面々であると言えるのではないか。


## 2

　それでは次に四者の文章を通してクレイグの英文学者としての側面ではなく，一人間としての側面を見てみたい。四者の文章はいずれもクレイグへの情愛のこもった個性あふれる文章である。

　第1は彼が良き教師であったことである。シドニー・リーの文章では平川

先生訳によれば,「彼はただ単に若い人に能率的に教える教師だけでなく,それ以上のなにものかであった。彼は自分の教え子の中に親愛の感情を呼びおこしたが,その感情は後年しばしば堅固な友情へと発展していったのである。」[37)]とある。英語英文学の教授を務めた Aberystwyth のユニヴァーシティ・カレッジ（University College）では国会議員の T. E. Elis や S. T. Evans が彼の学生であった[38)]。また平川先生が訳しておられるように,「後にハットフィールドでヒュー・セシル卿の私教師となったが,彼は同卿と生涯の終りまで親しい関係を結び続けた。」[39)]ということである。平川先生によれば,ヒュー・セシル卿の父はロバート・セシル・ソールズベリー侯爵であり,彼は「1886年以来,イギリスの保守党を率いて政権の座にあり,15年来首相として大英帝国をリードしてきた人である。」[40)]ということである。クレイグはこれらの良家の子弟への教育を通して彼等と強固で永続的な信頼関係を築いたようである。教師と学生との関係が終了した後にも人間関係が継続したということであれば,クレイグの教師としての感化力の強さのほどが想起され得よう。

グウィンの『スペクテイター』の文章ではどうであろうか。

> 愛すべき特異さはすべてのもののうちで最も稀有なるもの,ある意味では殆どかけがえのないもののようである。というのもクレイグの特色の本質は彼の該博な知識ではなく,彼の個性であったからである。しかし学者はまれに見る才能を持ち合わせた彼がほんのわずかな業績しか残していないことを嘆く。というのも,彼のエリザベス朝文学,いやまことにすべてのイギリス文学に関する知識は余人の追随を許さぬものがあったからである。また彼は筋の通った批評の能力を欠いてはいたが,すべての文学ジャンルの最良の作品を鑑賞する力を有し,それは真髄を極めたと言ってよいほどのものであった[41)]。

クレイグは類稀な英文学上の素養はあったのだけれども,それらに正比例する形での業績を残すことはなかった。研究者の悲嘆の声が聞こえる所以であった。

このことは彼が教師として成功したことによって証明される。彼が陸軍のコーチをしていた頃，年若い紳士が例えばホーリー・スマートの作品のほか本を読む考えのないまま彼のもとにやって来たものだが，1,2年過ぎて彼のもとを去る頃には感化の末にまっとうな文学への嗜好と悪しき文学への軽視の念が具わった。しかし，幾度となく起きたこのような奇跡は彼の熱心さ，誠実さ及び彼の並はずれた範囲の読書によるものだけではなかった。彼の個性もまた与かったのである[42]。

教師として評価された背景には彼の熱意，正直さ，読書量に加えて彼の際立った性格があったようである。

それではエリザベス・リーの『シェイクスピア年鑑』の文章ではどうであろうか。

> 彼はわたくしのような取るに足りない学生を幾人となく力づけてやる気を起こさせ研究を開始させ，或いはそれを継続させた。そのような励ましがなければこれらの研究は決して光明を見ることはなかったであろう。彼のこの世での仕事が完了した今や，英文学を愛する者と学ぶ者のすべてが彼に引き比べるとますます見劣りがするものとなる[43]。

クレイグは五里霧中の道を不安な心で進む若い研究者を励まし続けた。内側から強められた彼らは研究の実を結ぶに至ったのである。

しかし，教師としてのクレイグの評価については平川先生によれば異論があった[44]。ただ，クレイグがグウィンの述べるように個性豊かな人物であれば，教える対象の学生側の反応もそれぞれの性格に応じて共鳴と反発の振れ幅が大きかったことが想像される。いずれにせよ，エリザベス・リーの文章に述べられるように，年少の動揺してやまない学徒を最後まで激励し続けることは熱意と誠意なくしては難しいことのように思われ，その熱意と誠意はクレイグが教師として評価される一つの根拠となるのではないであろうか。

第2は彼が惜しみなく与える人であったことである。シドニー・リーの文章ではどうであろうか。平川先生の訳によれば，以下のようにある。

> 他人の役に立つことを喜ぶ性分で，自分の該博な知識を利用したい人には誰

にでも惜しみなく提供した[45]。

　クレイグは他の研究者に自家薬籠中の膨大な量の知識を提供することをためらうことがなかったようである。
　グウィンの文章ではどうであろうか。

　　しかしもしクレイグが助けを求めようとするようなことがあるとすれば，その10倍助けを人に与える備えが出来ているということである。しかも少なからぬ，また無名でなくはない学者たちは，存分に使うことが出来るように彼らに開放された学識の宝物倉から幾度となく益せられたのである[46]。

　ここではクレイグが特に研究の第一線にいる学者に知識の供与に吝かでなかったことが述べられている。名立たる専門家の要求に適合するほどの高度の知識をクレイグが有していたことが窺われる。それのみならず，自分の研究の競争相手とも解される研究者に無条件で情報を提供したということはクレイグがおよそ世間的な名声に恬淡としていたことを物語るものではないか。
　それではエリザベス・リーの文章ではどうであろうか。

　　彼はバーンズ，ワーズワース，コールリッジ，シェリー及びラムの作品と同じくらいに，ダンバー及び15世紀のスコットランドの詩人に造詣が深かった。彼の学問上の蘊蓄とその見事な眼識は絶えず他者の用に供するものであり，また彼の助力への謝辞は序文等の形で印刷されており，それらのリストを作るとなれば長きに亘るものとなるであろう[47]。

　クレイグによる他の研究者への手厚い支援は，彼への感謝を表わした多くの文章の中に言及されているようである。このことは少なからぬ研究者が彼に助言や指導を求めたこと，またそれに対する彼の応答が適切なものであったことを裏書きするものではないであろうか。
　それでは更にルーカスの文章ではどうであろうか。平川先生の訳によれば，以下のようにある。

その人自身の名で世間に示すに足りるような業績はそれほどない。しかし物惜しみしない気質だったから，絶えず他人の仕事の手助けをしてやっていた。だからその人の該博な学識の成果は世間のあちこちに広く流布し，多数の，どちらかといえばその人とはさほど近づきでもなかった人々の名声を高めるのにも結構役立ったのである[48]。

クレイグは人に求められる以前に自ら進んで人を手助けしたようである。このことは彼が自分の研究を一時休止して他者の研究を手伝ったことを意味するのではないであろうか。そのことにより彼とはさほど親しくない者までが共同研究者としてクレイグの名を列ねることなく，自分一個の名前で業績を上げることが出来たのではないかと推測することも許されよう。

第3は彼が正義を追い求める高潔な士であったことである。

シドニー・リーの文章ではどうであろうか。平川先生の訳によれば，以下のようにある。

　　他人の弱点にたいしては寛容で，健康だったころは非常に陽気なすばらしい仲間で，つきあって彼くらい楽しい人はいなかった。……彼の親しい友人は，彼と同じような趣味をわかちあう人々だったが，しかし彼は誰とでもくつろいで交わった。……彼は寛大で謙虚な魂の持主であったから，卑しさと思いあがり以外は他人を難詰することはなかった[49]。

クレイグは人の弱み（foibles）に付け込むことをよしとせずこれを包容する一方で，他者に品性の下劣さ（meanness）や自惚れの心（self-conceit）を認めると，これらを容赦することなく非難したようである。

グウィンの文章ではどうであろうか。

　　彼と知り合いになったこの20年間のすべてにわたり，彼は絶えず人の無作法で無思慮の態度に弱らされた。彼の若い頃であるならば，このことはしばしば喧嘩の形を取った。わたくしは彼が実際に喧嘩するのを見たことは1度もないけれども，しばしば彼が喧嘩しそうになるのをやめさせたことがある。……彼ほど自分のことに無頓着な人はいなかったけれども，自分が侮辱であると考えたものに対しては誰よりもこれに憤慨しようとするのだった[50]。

クレイグは配慮に欠いた他者の態度に対してこれを不問に付すようなことは出来なかった。彼はこれに対して肉体をもって抗議しようとした。いわゆる見て見ぬふりは出来なかったのである。正義の実現のためには些かも怯むことはなかったのであろう。
　それでは次にルーカスの文章ではどうであろうか。平川先生訳によれば，以下のようになる。

>　研究における組織立った方法の欠如と，行き当りばったりでそれでいて限りなく惜しみない気前のよさだけが，その人のアイルランド気質というわけではない。その人は良く言えば義侠心，悪く言えば大の癇癪持ちであった。1度，グレート・ポートランド街の小さな煙草屋の店頭で，その人が煙草屋の主人の無礼きわまる態度に慣り，1発喰らわして懲しめてやる，とカウンターを跳び越さんばかりになったことがあり，私が一生懸命押しとどめたものである。それも相手がその人に対して無礼を働いたというのではなくて，私に対して無礼を働いたとその人が勝手に思いこんだからであった。……その人はふだんは親切で鷹揚だが，一旦不正を耳にして憤慨するとなると，真紅になって怒るという風があった。卑劣な事を聞くと激昂して，そうした時は一晩中，「一体そんな事が本当にあっていいのかね？」と問いかけては，またしても怒り心頭に発するという風であった[51]。

　クレイグは無躾な態度（rudeness）や不正義（injustice）等に対して寛容ではあり得なかったようである。彼はこれらに対しては徹底して抗議しようとした。時には腕力に訴えることも辞さなかった。義憤が心の中を去来してやまないのであったろう。
　第4は彼がイングランドの人ではなく，アイルランドの人であったことである。このことについては特にグウィンの文章が詳しい。

>　彼は自分自身の事柄に関して人に気にかけて欲しかった。他方，彼自身，常に友人のことでは手助けする用意が出来ていた。こういうわけで彼は人類の中で最も人づき合いのよい人間なのであった。彼は言わば養子縁組によってロンドン人となり，長年大英博物館の閲覧室とサヴェッジ・クラブ——彼がよく通った場所のうちの2つを挙げてみた——ではよく馴染んでいたのであるが，彼は心優しい或いは素朴なアイルランドの郷土の人々に囲まれてアイ

ルランドの山や湖に対するほうが一層くつろぎを感じた。彼は伝統的な「ユニオニズム」の立場に立ったにもかかわらず，わたくしが知っているどの人間にも負けないほど，真の意味で且つ紛うかたなくアイルランド人であり，自分の郷土を誇っていた[52]。

ここに出て来る「ユニオニズム」(Unionism) とは O.E.D. によれば，"c. Loyalty to or advocacy of the principles, views, or programme of the Unionist party of Great Britain and Ireland; the political tenets characteristic of a Unionist"[53] ということである。さらに，'Unionist' について同じく O.E.D. を見てみると，"c. *British Politics*. A member of the political party which advocated or supported maintainance of the parliamentary Union between Great Britain and Ireland, an opponent of Home Rule."[54] とある。つまり「ユニオニスト」とは英国とアイルランドの結合の維持を唱える人々のことを指すわけである。

リチャード・キレーン著，鈴木良平訳『図説アイルランドの歴史』(彩流社) に附された「アイルランド史略年表」には，「1800年　英，アイルランドの『併合法』の成立　翌年にアイルランドは英国に併合される（日本の朝鮮併合に先立つこと110年前であった）」[55] とある。クレイグが生まれて2年後の1845年には「ジャガイモの不作による大飢饉」[56] が発生し，その3年後の1848年に「『青年アイルランド党』の蜂起」[57] が起きている。そしてクレイグが世を去った8年後の1914年に「『自治法』の成立」[58] を見ている。つまり，クレイグが地上に生を享けていた頃はちょうど英国に併合されたアイルランドが独立を求めて英国と闘っていた時期に重なる。

クレイグはこの時期に英国からの独立を求めることをせず，英国とアイルランドの結合の維持を主張したことになる。ロンドンにいてイングランドとアイルランドの両方の情況を見ることの出来る位置を確保しつつ，近代においてイングランドに苦汁を飲まされたアイルランドの歴史を知る彼が「ユニオニスト」の立場を取ったことの意味は大きい。というのも，「…輝ける『民主主義』と高い『生産力』に『繁栄』するこのイギリスの背後に，1801年に強制併合された，無権利と貧困に喘ぐイギリスの『第一番目の植民地』アイルランドがあり，『至福千年の王国』を象徴するイギリスの大都会の裏

町に，貧困に打ち拉がれたアイルランドからの膨大な数にのぼる流浪の民があった。」[59]とあるように，イギリスにはヴィクトリア朝の富を創出する貧しいアイルランド人が労働者として引き寄せられていたからである。クレイグはロンドンに居住するアイルランド人が低賃金労働者として辛酸をなめさせられている現実を目の当たりにしていたことであろう[60]。

　当時のロンドンのイギリス人は当ロンドンに住むアイルランド人の貧困を彼らの個人的資質や勤労意欲に帰したのであろうか。クレイグはよもやそうではあるまい。漠然とながらもそれがイギリスによるアイルランドの植民地化が深く関係していることはさまざまな体験を通して感じ取ったことであろう。クレイグは多事多難の郷土アイルランドに思いを馳せざるを得なかったはずである。シェイクスピアというイギリス文学中，最もイギリス文学的な作家を研究対象としながらも，クレイグはアイルランドの人々と風物をこよなく愛し続けたように思われてならない[61]。

　それにもかかわらず，彼は何故「ユニオニスト」の立場を取ったのであろうか。クレイグは Macosquin に生まれ，父は彼が10歳くらいのときに Aghanloo のパリッシュ（教会区）に移っている。二つの場所はいずれもデリー州（co. Derry）に属する[62]。デリー州はアイルランド北部に位置する。J. L. マックラッケン「北アイルランド（1921–66）」（堀越智訳）によれば，「北アイルランドのプロテスタントの大部分は，自治に激しく反対した。……ダブリン議会の下では常に少数派で，宗教も生活様式も，経済上の利害も危険にさらされると彼らは信じていた。」[63]とあるように，北アイルランドのプロテスタントの大勢は「ユニオニスト」に与していたようである。このような動きがクレイグの生きていた時代に既にあったとすれば，アイルランド北部出身のクレイグはこの流れから自由ではあり得なかったはずである。

　以上から，クレイグは良き教師であり，惜しみなく持ち物を人に分け与える寛大な人物であり，不正義に立ち向かう廉直の士であり，郷土をこよなく愛するアイルランド人であったことが窺われるであろう。

　このうち彼が寛大な人物であったこと及び廉直の士であったと察せられることについてはそれぞれ新約聖書の文語訳「使徒行傳」20章35節の「興ふ

るは受くるよりも幸福なり。」（欽定訳では，"It is more blessed to give than to receive."）という言葉と「コリント前書」13章6節の「不義を喜ばずして，眞理の喜ぶところを喜び，」（欽定訳では，"Rejoiceth not in iniquity, but rejoiceth in the truth;" ―主語は 'Charity'）という言葉をわたくしは想い起こす。いずれも新約聖書の中でよく知られた言葉である。

　クレイグは教会での説教を通して，また家庭でのしつけを通してこの聖書中の言葉を幾度となく教えられたことであろう。しかし，クレイグがこれらの言葉を実践するに至ったのは，この言葉を講壇の高みから説くだけでなく，これらを謙遜の内に身をもって行なった両親ジョージ・クレイグ（George Craig）とメアリー・キャサリン・サンディーズ（Mary Catherine Sandys）の裏表のない信仰者の背中を見て育ったからではないであろうか。クレイグは両親の信仰を遺産のようにして受け継いだことになる。

　ヨーロッパはキリスト教文化の花開いた地である。1年間の生活はキリスト教の教会暦に従って律せられて行く。プロテスタントの信徒は生活の規範を第一に聖書に仰ぐ。聖書は珠玉の言葉の宝庫である。この宝庫からそーっと宝物の1つを取り出すときにその重さを初めて知らされる。クレイグの両親はその重い宝を背負って人生の最後に至るまで走り続けたのであろう。クレイグもまたそれに倣ったのではないか。首尾一貫して聖書の言葉に従って生きる両親の変わらぬ信仰の姿勢が幼少期にクレイグの心の中に知らず知らず移植され，青年期に形をなして行ったと思いたいのである。

## 3

　わたくしはルーカスの 'A Funeral' の原文を読んだとき，言に知れぬ深い感動を禁じ得なかった。前出の平川先生の「葬式」という訳及び棚橋氏の「友を送る」という訳に助けを仰ぎながらこのことについて考えてみたい。

　クレイグは聖公会の信徒である。従って彼の葬儀は聖公会の教職者が聖公会の方式に従って執り行なったことであろう。聖公会であるならば，儀式は祈祷書[64]によって行なわれるはずである。

祈祷書には「埋葬式」[65]の項目がある。平川先生は炯眼にもルーカスの文章の1節が祈祷書の文句と関連のあることを見抜いておられる[66]。

"In the midst of death we are in life, just as in the midst of life we are in death;"[67] という文の後半の "in the midst of life we are in death" は祈祷書の1節である[68]。1895年に出た『日本聖公會　祈祷書』にはその前後の部分まで含めると、「婦より生れし者は其の日少くして患難おほし。其來ること花の如くにして散り・其馳ること影の如くにして止らず　我ら生の半途にも死に臨む。我らの罪を怒り給ふことは眞に義し。」[69]となる。従ってこの文は、「『我ら生の半途にも死に臨む』が如く，我ら死の半途にも生に臨む。」というようにも訳し得るのではないであろうか。

祈祷書ではこの前の部分で，「コリント前書」15章20節から58節まで読まれることになっている[70]。ルーカスは文章の終わりから2番めの段落の最後の部分でこの聖書の箇所を前提にして、"For such a cessation, at any rate, say what one will of immortality, is part of the sting of death, part of the victory of the grave, which St. Paul denied with such magnificent irony."[71] と述べる。

この箇所は「コリント前書」15章の中の54節から57節が関係するであろう。欽定訳では、"So when this corruptible shall have put on incorruption, and this mortal shall have put on immortality, then shall be brought to pass the saying that is written, Death is swallowed up in victory. O death, where *is* thy sting? O grave, where *is* thy victory? The sting of death *is* sin, and the strength of sin *is* the law. But thanks *be* to God, which giveth us the victory through our Load Jesus Christ." となる。

ルーカスは棺が地に埋められる直前に聖書の言葉が朗読されたのを聞いて、今や何一つ応答のない稀代のシェイクスピア研究家の遺体の前に 'melancholy' な気分を禁じえなかったのであろう[72]。あれほど活動的であったクレイグの活動が停止したことは聖パウロが壮麗なるアイロニーを駆使して葬り去ったはずの死や黄泉の力が今尚厳然と支配していることを物語るものではないのか。暗澹たる思いに襲われる。

最後の段落は、"And then we filed out into the churchyard, which is a new and very large one, although the church is old, and at a snail's pace, led by the clergyman, we crept along, a little black company, for, I suppose, nearly a quarter of a mile, under the cold grey sky."[73] という文章で始まる。

ここで 'the churchyard, which is a new and very large one'，すなわち「新しくそして広い墓地」という意味の語句に注目したい。というのも、「マタイ傳」27章59節から60節に、「ヨセフ屍體をとりて淨き亞麻布につつみ，岩にほりたる己が新しき墓に納め，墓の入口に大なる石を轉しおきて去りぬ。」（欽定訳では、"And when Joseph had taken the body, he wrapped it in a clean linen cloth, and laid it in his own new tomb, which he had hewn out in the rock: and he rolled a great stone to the door of the sepulchre, and departed."）とあるからである。

福音書において「新しい墓」と言えば、イエスの遺体が葬られた場所のことである。とすれば、クレイグが埋葬される「新しくて大変広いものであるところの墓地」（The churchyard, which is a new and very large one）はイエスの遺体が葬られた場所を暗示しないであろうか。

そして、ルーカスは最後近くで、"And there our old friend was committed to the earth, amid the contending shouts of the football players,"[74] と述べる。喚声をあげてサッカーの試合に興じる少年たちの姿に祈祷書の中の "In the midst of life we are in death:" という一節があてはまるであろう。他方、今まさに「大地に委ねられ」(committed to the earth)ようとするクレイグには "In the midst of death we are in life" というルーカスの言葉が贈られるのである。クレイグは死の只中にありながらも、或る者から生命へと呼ばれているのである。

ルーカスはクレイグの埋葬の最後の瞬間に彼が復活の生命の中に生かされていることを感得したのである。それは論理的な思考の積み重ねによるものではない。キリスト教信仰の核心中の核心と言うべき復活の信仰を親友クレイグとの地上での訣別を通してわがものとしたのではないか。

ルーカスの文章は、"and then we all clapped our hats on our heads with firmness (as he would have wished us to do long before), and returned to the town to drink tea in an ancient hostelry, and exchange memories, quaint, and humorous, and touching, and beautiful, of the dead."[75]と続いて終わる。

　この中の 'memories, quaint, and humorous, and touching, and beautiful, of the dead' という語は絶妙なリズムでつながっている。そこにはルーカスのクレイグへの暖かな思いが自然に滲み出ているように響く。

　しかし,それにはとどまらない。というのもルーカスは最後の最後に 'the dead',すなわち死者という語をもって来る。これはこの文章の題名の 'A Funeral' に対応させようというものであろう。この 'A Funeral' は 'the Resurrection' に,また 'the dead' は 'the living' に変換出来るものではないであろうか。

　クレイグは死んだのではなく,今尚復活の時の到来を待って或る者の生命にあって生かされているのである。フレンド派であったルーカスに相応わしく或る者は最後の最後に直接ルーカスに語りかけたのではないであろうか。少なくともルーカスにはそう思えた。復活の信仰に裏打ちされた希望を胸に秘めて彼は参列の士と共にクレイグの思い出話を満喫することが出来たのだろう。

## おわりに

　2004年版の『大英人物辞典』第13巻の, 'Craig, William James (1843-1906)' の項目は Arthur Sherbo が担当している。その最後の段落のところで,"He died, a confirmed bachelor, in a nursing home at 12 Beaumont Street, London, on 12 December 1906 and was buried in Reigate churchyard."[76]と述べてある。彼は 'a confirmed bachelor'[77],すなわち「根っからの独身主義者」として1906年12月12日に亡くなったということであろう。

　1912年初版の同辞典「附録」のシドニー・リーによる記述では,"He died, unmarried, in a nursing home in London, after an operation, on 12 Dec. 1906, and was buried in Reigate churchyard."[78]と述べてある。クレイグは 'unmarried',つまり「結婚しないまま」亡くなったというわけである。こちらは事実を淡々と述べるにすぎない。

　人がその人生の最後まで独りであり続けるのには事情がある。選び取って

自覚的に独身で一生を通す人がいる。これは宗教者の場合によく見られるであろう。仏教では僧侶や尼僧が想起される。大乗仏教といえども，日本以外の地域では僧侶は地上での伴侶を得ないのではないか。またキリスト教ではカトリックの司祭，修道士，修道女が思い浮かぶ。道を求める，或いは神に仕えるとき，そこに自分のすべてを捧げるために独身を持するのである。

果たして選び取ったとは言えぬまま独身で生涯を終える人がいる。結婚することを欲し続けながら，気がついてみれば白頭を掻く場合である。仕事に没頭するあまり，結婚することが眼中にない人もいる。いずれの場合も自覚的，主体的に結婚せぬことを選び取ったとは言えぬであろう。

ルーカスの'A Funeral'の文章の中に興味深い文句があった。"Since we knew this, and also that he was a bachelor and almost alone,"[79] とある。'a bachelor and almost alone'，すなわち「独身者でほとんど独り」とは奇妙な同語反復的な言い方ではないであろうか。

漱石の文章にも興味深い記述があった。「先生は消極的の手に金の指輪を嵌めてゐた。」[80] とある。左手に指輪をしていたのであろう。しかも金の指輪というのだから，貴重なものであるだろう。漱石の「クレイグ先生」という文章はシドニー・リー，エリザベス・リー，グウィン，ルーカスの文章と関連するところが多いのだけれども，指輪についての言及は漱石以外にはいない。

クレイグは若い日に神の前に将来を誓い合った人がいたのであろうか。そしてその人が或る事情でクレイグのもとから姿を消したのであろうか。しかしそれでもなおクレイグは神の前で交わした約束の言葉に生きる限り忠実に誠実にあり続けようとしたのではあるまいか。「いつだか分るものか，死ぬ迄遣る丈の事さ」[81] という辞書編纂の仕事を独りぼっちでやり続けようとする言葉の中にすべてが隠されているように思う。

注

1 ) 小宮豐隆「『小品集』解説」『漱石全集』第 8 巻，岩波書店，1966年，516頁。「クレイグ先生」は『大阪朝日新聞』3 月10日（水），11日（木），12日（金）の 3 日にわたり，（上），（中），（下）に分けて掲載されていることを愛知大学豊橋図書館所蔵になるマイクロフィルム『朝日新聞』［大阪版］明治42年 3 月

の分である No. 226によって確認することが出来た。『永日小品』(25) と題して「變化」が3月9日号に掲載されている。3月10日号は「創刊滿三十年」の記念特集号である。「クレイグ先生」には『永日小品』という題は冠せられていない。当初,「クレイグ先生」は『大阪朝日新聞』の創刊30年を記念して書かれ,後に『永日小品』の中に加えられたと考えることは出来ないであろうか(わたくしは明治42年1月と2月の『朝日新聞〈復刻版〉明治編』190, 191〔日本図書センター,2000年〕〔愛知大学名古屋図書館所蔵〕を併せて見てみたところ,東京版の『朝日新聞』には『永日小品』の作品をすべて発見することが出来なかった)。

2) 平川祐弘『夏目漱石――非西洋の苦闘』(講談社学術文庫,1991年)の中の第1部「クレイグ先生と藤野先生――漱石と魯迅,その外国体験の明暗」と第4部「クレイグ先生ふたたび――漱石の小品とルーカスの随筆」などが参照すべき重要なクレイグ研究として想起される。

3) 同書,408頁。

4) 棚橋克弥「『クレイグ先生』異聞」『静岡大学　教育学部研究報告』「人文・社会科学篇」第35号,1984年,129-134頁。また,「クレイグ先生と二人の弟子――漱石とルーカス」『図書』第431号,岩波書店,1985年7月,30-33頁。

5) 平川前掲書,430頁。

6) 森鷗外『森　鷗外全集』第2巻,筑摩書房,1971年,133頁。

7) 同書,127-128頁。

8) 平川前掲書,57-59頁。

9) 平川先生によれば,リーは「高名な伝記作家で批評家」(同書,60頁)であり,「オックスフォードを出てから『大英伝記辞典』の編輯部に入り,後にはその監修者の地位にまで上った人」(63頁)であり,「血統はユダヤ系という点はクレイグと違っていたが,クレイグと同じようにエリザベス朝の人々に興味を持ち,彼自身シェイクスピア学者であり,『大英伝記辞典』のシェイクスピアの項目も彼が書いている。」(63頁)ということである。

2004年版『大英伝記辞典』第33巻には Alan Bell と Katherine Duncan-Jones によってリーについて長文の解説が書かれている (113-120頁)。それは『大英伝記辞典』(The *Dictionary of National Biography*) と「シェイクスピア研究」(Shakespeare scholarship) 及び「晩年」(Later career) の三つの部分により構成される。

10) *Dictionary of National Biography*, Supplement, January 1901—December 1911, vol. I, Oxford University Press, 1912 first edition, 1920 reprint, pp. 434-435.

11) *Ibid.*, p. 434.

12) 平川前掲書,57頁。

13) ジョージ・クレイグがアイルランド聖公会所属の教職者であったことは日本

聖公会司祭垣内茂先生並びにアイルランド聖公会本部図書館勤務のスーザン・フッド（Susan Hood）博士のご尽力により知ることが出来た（拙稿「『藤野先生』と藤野厳九郎（２）」「追記２」『愛知大学　文學論叢』第147輯，2013年，22–26頁）。

但し，アイルランド聖公会の事情は複雑である。盛節子「アイルランドのキリスト教」によれば，「英国宗教改革はアイルランドにおいては，同時に断行された植民地化によって少数のプロテスタント支配層と多数のカトリック被支配層という構図を明瞭にする。特に名誉革命体制下において，アイルランド聖公会（チャーチ・オブ・アイルランド）を国教会とする（1691–1869）」（『岩波キリスト教辞典』，6頁）ことになった。そして1801年にアイルランドはイギリスに併合された（三省堂『世界史年表』新装増補版，132頁）。これにより，「イギリス教会とアイルランド教会が合併し，合同の国教会となった。」（堀越智『アイルランド民族運動の歴史』三省堂，1979年，67頁）というわけなのである。併合に抗してアイルランド側は独立や自治獲得への動きに出た。事態を重く見た自由党のグラッドストンは1869年にアイルランド国教会廃止法を制立させて行った（山本正「イギリス史におけるアイルランド」川北稔編『イギリス史』山川出版社，1998年，447頁）のである。

14) 前掲『大英伝記辞典』「附録」第１巻，434頁。
15) 平川前掲書，59頁。
16) 愛知大学豊橋図書館所蔵『タイムズ』（*The Times*）の Microfilming Corporation of America 作成になるマイクロ・フィルムの中に1906年12月18日号が含まれていた。（X16669, NOVEMBER thru DECEMBER, 1906）。記事はその11頁に載っていた。新聞１部の価格は３ペニーであった。わたくしは2013年の10月に入るか入らない頃，1906年12月18日前後１か月ほどの『タイムズ』のマイクロ・フィルムをあたってみた。他の訃報と比べてみてクレイグの記事は相当多くのスペースを割いていたように記憶する。
17) 平川前掲書，59–60頁。"The Times, 18 Dec., 1906, by present writer;" *Op. cit.*, p. 435.
18) *The Spectator, A Weekly Review of Politics, Literature, Theology, and Art*, vol. 97, 1906, p. 1040（早稲田大学図書館所蔵）。
19) 平川前掲書，59頁。
20) *Jahrbuch der Deutschen Shakespeare Gesellschaft* im Auftrage des Vorstandes, Herausgeben von Alois Brandl und Wolfgang Keller, Dreiundvierzigster Jahrgang, mit Zwei Bildern, Berlin-Schöneberg, Langenscheidtsche Verlagsbuchhandlung, (Prof. G. Langenscheidt), Band 43, 1907, pp. 234–235（名古屋大学図書館所蔵）。なお，同書には1906年のシェイクスピア研究の目録の中にクレイグの業績が二つ（2766番，2791番）が挙げられている（444–445頁）。

21）平川前掲書，407-409頁。
22）E. V. Lucas, *Character and Comedy*, London, Methuen, December 1907, Third Edition, pp. 14-19.
23）*Oxford Dictionary of National Biography*, vol. 24, ed. by H. C. G. Matthew and Brian Harrison, Oxford University Press, 2004, pp. 365-366.
24）1933年版のO.E.D.第7巻の'N'の項にある'Nationalist'の語義"1.b"の箇所には，"*spec*. One who advocates the claims of Ireland to be an independent nation." (p. 32) と記してあり，最も古い用例として1869年の *Daily News* 5月20日号の中の文を挙げている。要するに，「ナショナリスト」とはアイルランド独立派のことを指している。また，オブライエンは代表的な「ナショナリスト」の一人であり，2004年版の『大英伝記辞典』第41巻に大きく取り上げられている（391-395頁）。
25）2004年版の『大英伝記辞典』第24巻の366頁にはグウィンの政界での経歴が詳述されているが，アイルランドの近現代史の基本的な知識を持ち合わせぬわたくしには杳として分からなかった。アイルランドの独立をめぐっての意見の差異が重要な問題として存在し続けたのであろうか。

　　また同書の366頁の最後の段落には，"Although he was not ultimately a major literary figure, he nevertheless stood for a humanism and tolerance that were qualities relatively rare in the Ireland of his day;"とある。家庭において妻のカトリックへの転向と息子のカトリック司祭としての歩みを受け容れたことからもそのことは充分に窺われるであろう。
26）*Op. cit.*, vol. 33, pp. 60-61.
27）同書の61頁にはエリザベス・リーが手がけた翻訳が紹介されている。その中にJean Jules Jusserandの作品を翻訳した *The English Novel in the Time of Shakespeare* というものがある。或いはこれが内容的に見てシェイクスピアに関係するものなのであろうか。
28）同書，60頁。彼女は1907年から12年まで英語協会（English Association）の幹事（secretary）を務め，『仏独両国の中学における文学の教授』(*The Teaching of Literature in French and German Secondary School*) という小冊子を同協会から1907年に出している（同頁）。
29）*Oxford Dictionary of National Biography*, vol. 34, 2004, pp. 673-674.
30）平川前掲書，421-424頁。
31）平川前掲書，421-423頁。
32）*Op. cit.*, vol. 34, pp. 673-674. 本文では触れなかったが，ルーカスの父は住宅金融組合（building society）の代理人でもあった。もとは羊毛の商人であった。母親の父はパン屋（後に穀物商）であった。マイケル・マレット「急進派と非国教会　1600年～1750年」によれば，「最初期のクウェイカーは，……セクト

特有の社会的背景を持っていた。彼らは勤勉な農場労働者，職人，小規模な小売商といった，伝統的な『中間層(ミドリング・ソート)』で，ジェントリ階級の人はほとんどいなかった。」(S. ギリー／W. J. シールズ『イギリス宗教史』〔指昭博・並河葉子監訳〕法政大学出版局，2014年，249頁)とあるから，ルーカスの両親は初期のクウェイカーの社会的階層に属すると言い得るのではないであろうか。

33) 平川前掲書，421頁。
34) 前掲『大英伝記辞典』第34巻，673頁の "His literary skill convinced an uncle to donate £200 for him to go to London to attend the lectures of W. P. Ker at University College, where Lucas read assiduously ...." という記述が参考になるのではないか。
35) 平川前掲書，422頁。平川先生が421頁に挙げておられるルーカスの『読むこと，書くこと，思い出すこと』には，"But the new material I was able to bring to light should, I think, count for merit; and I may say here that but for the help of the Shakespearian scholar, W. J. Craig, given with both hands, my notes could not have been what they are." (E. V. Lucas, *Reading, Writing and Remembering, A Literary Record*, Methuen, second edition, 1932, p. 135, 下線は筆者。特に注記しない限り，以下同じ) とある。

更に同書には，"One other of the young acquaintances of Elia it was my lot to meet, also an old lady: Mrs. Elizabeth Coe of Widford, whom W. J. Craig, the Shakespearean scholar, and I visited one afternoon when there was still just time, and whose recollections I incorporated in my Life of Lamb." (*Ibid.*, p. 128) とある。これによれば，クレイグはルーカスの聴き取り調査にまで同行してラムの伝記の作成に協力している。

36) "Craig was not my only support when I was editing Lamb, although he was the one of whose kindness I took most advantage. William Archer was very helpful too, especially with theatrical history, and Stephen Gwynn, Craig's friend and fellow countryman, provided me with a number of translations from the Latin." *Ibid.*, p. 139.
37) 平川前掲書60頁。シドニー・リーの『タイムズ』の原文は，"He was something more than an efficient teacher of young men. He kindled in his pupils a feeling of affection, which often developed into firm friendship in after years." The Times, 1906, December 18, p. 11. (愛知大学豊橋図書館所蔵マイクロフィルム X16669番 NOVEMBER thru DECEMBER 1906)。
38) "For a time he was professor of English language and literature at University College, Aberystwith, where the late Mr. T. E. Ellis, M. P., and Mr. S. T. Evans, M. P., were among his students." *Ibid.*, p. 11. 前者はThomas Edward Ellis, 後者はSamuel Thomas Evansを指すと思われる。おのおの2004年版の『大英伝記辞典』第18巻の256–257頁，750–751頁に記述がある。
39) 平川前掲書，60頁。"Subsequently he was tutor at Hatfield to Lord Hugh Cecil,

with whom he maintained friendly relations to the end of his life." *Ibid.*, p. 11. Cecil については，2004年版の『大英伝記辞典』第10巻の731-732頁に記述がある。
40）平川前掲書，64頁。
41）"Lovable eccentricity seems of all things the rarest, and in a sense the hardest, to be spared; for the essence of Craig's distinction was not his vast knowledge, but his personality. Yet scholars will deplore that with so rare an equipment he has left so little work, for his knowledge of Elizabethan literature, and indeed of all English literature, was hard to rival; and without the faculty of articulate criticism, he had an appreciation of the best work in all literary kinds which reached almost to genius." *The Spectator, A weekly Review of Politics, Literature, Theology and Art,* vol. 97, 1906, p. 1040（早稲田大学図書館所蔵）。
42）"A proof of this lay in his success as a teacher. In the days when he was an Army coach, young gentlemen used to come to him without an idea of reading beyond the works, say, of Hawley Smart, and depart after a year or two imbued with a taste for sound literature, and a contempt for bad. But it was not only his enthusiasm, his sincerity, and his enormous range of reading that so often effected this miracle: it was his personality." *Ibid.*, p. 1040.

グウィンの文中の 'Hawley Smart' は2004年版『大英伝記辞典』第50巻973頁に出て来る Henry Hawley Smart（1833-1893）のことではないかと思われる。Thomas Seccombe によって書かれ James Lunt によって修訂された 'Smart, Henry Hawley' によれば，彼は陸軍将校，小説家であった。軍人としてクリミア戦争に従軍し，その後セポイの反乱下のインドで従軍した。次にカナダに移った。軍籍離脱後，プロの小説家として独立した。題材は彼の個人的な経験に依拠しており，作品は文学性よりも娯楽性に富んでいたようである（同書，同頁）。

軍関係の人間の子弟はスマートが軍人出身であり，作品も読み物として面白いということで彼の作品に向かったのではないであろうか。グレイグはこれでは正統的な文学の素養が培われないと懸念して恐らくは余暇の時間に読むであろう書物について指導したのではないかと思われる。
43）"He inspired and encouraged many a humble student like my self to undertake or continue work that would otherwise never have seen the light. All lovers and students of English Literature are the poorer, now that his worldly task is done." *Jahrbuch der Deutschen Shakespeare-Gesellschaft*, Berlin-Schöneberg, Band 43, 1907, p. 235.
44）平川前掲書400頁によれば，日英協会のアンドリュー・ワット氏がクレイグについて独自の調査をしたということである。同書の記すところに基づくと，ワット氏の調査の結果，クレイグの教師としての力量に問題があって University College での教職を辞したことが判明したそうである（403頁）。しかし平川先生は「……シドニー・リーの記述が真実を語っていなかったわけでは

けっしてない。現にワット氏もそのような好ましい教育効果の上った例……をあげている。」(404頁)とも述べ、教師としてのクレイグの評価が分かれることを示唆しておられる。

　わたくしはクレイグが教師として個性豊かであったが故に学生の評価が分かれたのではないかと推測してみたくなる。現に魯迅の小品「藤野先生」の主人公藤野厳九郎もまた格別ユニークな人柄であっただけに魯迅におけるほどに他の多くの学生への感化力はなかったようだからである。

45)　平川前掲書, 62頁。『タイムズ』の原文は, "Never happier than when rendering service to others, he placed his stores of learning with self-denying liberality at the disposal of all comers." *Op. cit.*, p. 11. 敢えて拙訳を試みたい。この箇所は,「他人に奉仕するときほど幸せなときはなかった。彼は蓄えられた学識を自己否定的な寛大さをもって訪れる者すべてに開放したのである。」というほどに訳すことは出来ないであろうか。

46)　"But if Craig was ready to ask help, he was ten times more ready to give it, and not a few, and those not obscure scholars, have profited again and again by a treasure-house of learning thrown prodigally open to them." *Op. cit.*, p. 1040.

47)　"He was as much at home with Dunbar and the Scottish poets of the fifteenth century as with the work of Burns, Wordsworth, Coleridge, Shelly and Lamb. His stores of learning and his fine taste were always at the service of others, and the acknowledgements of his assistance printed in prefaces etc. would form a long list." *Op. cit.*, p. 235.

　ここには "the Scottish poets" と複数形になっている。クレイグの専門はシェイクスピア文学であろう。彼の郷里はアイルランドであるから, 彼がアイルランド文学に造詣の深いことは理解され得るが, スコットランドの文学にまで明るかったということは彼の問題関心が地理的に英文学のほぼ全域をおおっていたことを窺わせるものであろう。

48)　平川前掲書, 411頁。棚橋克弥氏の訳文では『静岡大学教育学部研究報告』「人文社会科学篇」第35号, 1984年, 131頁。ルーカスの 'A Funeral' の原文は, "To his own name there is not much to show; but such was his liberality that he was continually helping others, and the fruits of his erudition are widely scattered, and have gone to increase many a comparative stranger's reputation." *Op. cit.*, p. 15.

　平川先生訳の「絶えず」に対応する原文の 'continually' という語は興味深い。というのもこれは動詞 'continue' の派生語であるだけに動的なイメージを喚起するように思われるからである。また, 平川先生訳の「学識」に対応する原文の 'erudition' という語は形容詞 'erudite' という語の派生語であり, 'erudite' そのものの語義は C.O.D. の第6版によれば, '(Of person or writings) learned;' (p. 352) である。高度な学問的知識を示すところの一種の雅語なのであろうか。

更にまた，平川先生訳の「どちらかといえばその人とはさほど近づきでもなかった人々」に対応する原文の 'comparative stranger' という語の前半部の 'comparative' という語の用法が注目される。C.O.D. 第6版（1976年）には 'comparative' の語義として, 'Of or involving comparison; estimated by comparison; perceptible by comparison' (p. 205) の3つが挙げられている。この場合は第3のものが該当すると思われる。とすれば，ここでは 'comparative stranger' というのは，あかの他人と知人との間であかの他人の側に位置する人であり，要するに知らなくはない人のことを指し，彼が相手のことを少しでも知っていたならば援助を惜しまなかったことを修辞的に示すものであろう。

49) 平川前掲書，62頁。『タイムズ』の原文は, "Tolerant of others' foibles, he was when in good health the most buoyant and genial of companions.......His closest friends were men sharing his own tastes. But he was at home with everybody.......The soul of magnanimity and modesty himself, he only reprobated in others meanness or self-conceit." *Op. cit*., p. 11.

平川先生訳「難詰する」に対応する語は 'reprobated' である。'reprobate' の語義は C.O.D. 第6版では "Express or feel disapproval of, censure; (of God) cast off, exclude from salvation;" (p. 953) となっている。神と人との間のことをも示すものである以上，これは相当激烈に反対の意を表わす言葉ではないであろうか。

50) "All the twenty years that I knew him he was constantly invalided by some imprudence, which in his younger days often took the form of battle. I never saw him actually fight, but I have often restrained him from doing so.......; and though no man was ever less self-conscious, none was more ready to resent what he considered insolence." Stephen Gwynn, *Op. cit*., p. 1040.

51) 平川前掲書，412-413頁。棚橋氏訳文では前掲『教育学部研究報告』（人文・社会科学篇）第35号，131-132頁。ルーカスの 'A Funeral' の原文は, "Lack of method and a haphazard and unlimited generosity were not his only Irish qualities. He had a quick, <u>chivalrous temper</u>, too, and I remember the difficulty I once had in restraining him from leaping the counter of a small tobacconist's in Great Portland Street, to give the man a good dressing for an imagined rudeness — not to himself, but to me.......Normally kindly and tolerant, <u>his indignation on hearing of injustice was red hot</u>. He burned at a story of meanness. It would haunt him all the evening. "Can ut(sic) really be true?" he would ask, and burst forth again into flame." *Op. cit*., pp. 16-17.

52) "He expected sympathy for his own affairs; he was always ready with it for his friends; and this made him the most clubbable of mankind. A Londoner by adoption, familiar for long years in the British Museum reading-room and the Savage Club (to name two of his chief haunts), he was yet more on an Irish mountain or lake among

Irish country people, gentle or simple; and with all his traditional Unionism, he was as truly and unmistakably Irish, and as proud of his country, as any man I ever knew." Stephen Gwynn, *Op. cit.*, p. 1040.

53) *The Oxford English Dictionary*, vol. 11, 1933, 'U.', p. 234.
54) *Ibid.*, p. 234.
55) 鈴木良平「アイルランド史略年表」リチャード・キレーン『図説アイルランドの歴史』(鈴木良平訳) 彩流社, 2000年, 1頁。
56) 同年表, 同頁。
57) 同年表, 同頁。
58) 同年表, 2頁。
59) 本多三郎「19世紀中葉イギリスにおけるアイルランド人貧民」堀越智編『アイルランドナショナリズムの歴史的研究』論創社, 1981年, 40頁。
60) 本多同論文には,「大都市に集中するアイルランド人の大半はまさに貧民として存在していたのであった。」(同書, 65頁) とあり, 具体的に「二 イングランド大都市のアイルランド人貧民」(2) ロンドン」では,「セント・オレイブ, ホワイトチャプル, セント・ジャイルズ, ホウルバンでは住民の10％以上がアイルランド人である。……シティをとり囲む中心地域では比率は極めて高くなっている。……ロンドンにおいても, 厳寒期に大量の失業者が発生し, その大半がアイルランド人であった。なぜなら, 港湾関係, 建設関係の屋外労働に多数のアイルランド人が雇用されていて, かれらは厳寒期に解雇されたのである。」(60–61頁) とあるように, ロンドンでのアイルランド人の実状が記される。
61) 漱石の「クレイグ先生」はアイルランド人クレイグの様子をありありと浮き彫りにする。「先生は愛蘭土の人で言葉が頗る分らない。少し焦き込んで來ると, 東京者が薩摩人と喧嘩をした時位に六づかしくなる。それで大變疎忽しい非常な焦き込み屋なんだから, 自分は事が面倒になると, 運を天に任せて先生の顔丈け見てゐた。」(「クレイグ先生」(上) 『大阪朝日新聞』明治42年3月10日水曜日, 1頁〔愛知大学豊橋図書館所蔵マイクロフィルム『朝日新聞』〔大阪版〕〔朝日新聞大阪本社〕No. 226 明治42年3月分〕), また「ある時窓から首を出して遙かの下界を忙しさうに通る人を見下しながら, 君あんなに人間が通るが, あの内で詩の分るものは百人に一人もゐない。可愛相なものだ。一體英吉利人は詩を解する事のできない國民でね。其處へ行くと愛蘭土人は江らいものだ。はるかに高尚だ。」(「クレイグ先生」(中) 同新聞同年3月11日木曜日, 1頁〔同マイクロフィルム〕) などが挙げられるであろう。
62) 前掲『大英伝記辞典』「附録」第1巻, 434頁。
63) T. W. ムーディ, F. X. マーチン編著『アイルランドの風土と歴史』(堀越智監訳) 論創社, 1982年, 347頁。

64）祈祷書については，森紀旦編『聖公会の礼拝と祈祷書』（聖公会出版，1989年）に教えられることが多かった。例えば，第1編「聖公会の礼拝」第1章「礼拝と式文」「1，聖公会の礼拝——現状と最近の動向」（塚田理）には「このように，英国教会の特徴は，他の諸教会が一致の絆として，教義とか，教皇権，あるいは聖書や信条に求めたのに対して，英国教会は『祈祷書』にそれを求めたと言っても過言ではない。」（4頁）とあるように，祈祷書は聖公会としての一致の重要な拠りどころであるようである。というのも，英国教会，そしてその流れをくむ全世界の聖公会は，神学や聖書解釈，あるいは信仰生活上の慣行の多様性を最大限に許容しながら，統一された祈祷書の使用による合同礼拝によって一致を保つことが出来た」（5頁）ということだからである。

65）『日本聖公會　祈禱書』（日本聖公会出版社，1895年初版，1907年15版）に「埋葬式」（263–278頁）の項目があった。

　　尚，同書は日本聖公会管区事務所に保管されている。わたくしは他の年代の祈祷書も併せて2013年11月9日での愛知大学言語学談話会主催の第38回「公開講座『言語』2013　後期プログラム」の一環として行なわれた「クレイグ先生逸聞拾遺」という題名の報告のために日本聖公会文書保管委員常任委員諫山禎一郎氏のご厚意により複数回にわたって閲覧する機会を許された。

　　聖公会の教会員ではないわたくしに快く寛大にこのような機会を提供してくださった諫山禎一郎氏に深く感謝するものである。

66）平川前掲書，430頁。わたくしは平川先生のご本を拝見して初めてルーカスの文章が祈祷書と深い関係があることを知らされた。随分前のことであるが，高校時代の友人高橋良治君の令室あい子さん（一宮聖光教会信徒）から聖公会では祈祷書が信仰生活において重要な位置を占めるものであるという内容のことを教えていただいたことがある。そのときはそれ以上，こちらからお尋ねすることはなかったが，平川先生の文章を拝見したとき，咄嗟にそのことが心に蘇った。そこで聖公会の祈祷書について少し学ばせていただくことが出来た次第である。平川先生には満腔の謝意を捧げるものである。

67）Lucas, *Op. cit*., p. 14.

68）ロンドンのEyre and Spottiswoodeから出版された *The book of Common Prayer* には23番目に 'The Order for the Burial of the Dead' という項目があり（pp. 381–390），途中小字で "when they come to the Grave, while the Corpse is made ready to be laid into the earth, the Priest shall say, or the Priest and Clerks shall sing:"（p. 387）とあり，その直後に "Man that is born of a woman hath but a short time to live, and is full of misery. He cometh up, and is cut down, like a flower; he fleeth as it were a shadow, and never continueth in one stay. In the midst of life we are in death: of whom may we seek for succour, but of thee, O Lord, who for our sins art justly. displeased?"（*Ibid*., p. 387）とある。ルーカスの文章の中に引用された言葉は棺を土中に埋める直前

に唱えられるものであるようだ。

　尚，同祈祷書は1986年1月に出版された英国教会の正式の祈祷書であることを日本聖公会司祭垣内茂先生にご教示いただいた。この式文はクレイグの埋葬時のものとほぼ同じものではないかとのことであった。垣内先生は1966年末から1969年初頭まで英国教会において司祭として働かれ，埋葬式の司式も担当されたとうかがう。ご高教に記して感謝す。

69) 前掲『日本聖公會　祈禱書』，273頁。
70) "*Then shall follow the Lesson taken out of the fifteenth Chapter of the former Epistle of Saint Paul to the Corinthians.*" *Op. cit.*, p. 384.
71) Lucas, *Op. cit.*, pp. 18–19.
72) "and I found myself meditating, too, as the profoundly impressive service rolled on, how melancholy it was that all that storied brain, with its thousands of exquisite phrases and its perhaps unrivalled knowledge of Shakespearean philology, should have ceased to be." Lucas, *Op. cit.*, p. 18. 'melancholy' という語については形容詞の語義として C.O.D. の第6版は，"(Of person) sad, gloomy; (Of thing) saddening, depressing; (Of words etc.) expressing sadness." (p. 680) を挙げる。これは鬱屈した気分が出口のないまま心の中に重く滞る状態を指しているのであろうか。
73) Lucas, *Op. cit.*, p. 19.
74) *Ibid.*, p. 19.
75) *Ibid.*, p. 19.
76) *Oxford Dictionary of National Biography*, vol. 13, 2004, p. 961.
77) P.O.D. 第8版の 'confirmed' の項には，"firmly settled in some habit or condition" (p. 175) と語義が記され，'*confirmed bachelor*' が用例として挙げられている（同頁）。
78) 前掲『大英伝記辞典』「附録」第1巻，435頁。
79) Lucas, *Op. cit.*, p. 18.
80) 前掲「クレイグ先生」（上）『大阪朝日新聞』明治42年3月10日，1頁（愛知大学豊橋図書館所蔵マイクロフィルム『朝日新聞』［大阪版］）。
81) 同「クレイグ先生」（下）『大阪朝日新聞』明治42年3月12日，1頁（同マイクロフィルム）。

〔付記〕クレイグの写真の掲載に関しては英国の老舗の出版社にご勤務の方のご助言に従い，また愛知大学法学部教授のハミルトン先生に相談した後，Methuen の著作権部門に照会したところ，Methuen は今日ルーカスの作品について権利を保有していないとの回答を得た。また青木榮一弁護士に写真に関する著作権及び肖像権に関する法的問題についてご教示いただいた。総合的に見て写真の掲載に法的な問題はないとの結論を得た。助力を賜わった方々に謝意を表したい。

上記の文をハミルトン先生のご教示に基づいて以下の英文に直してみた。ハミルトン先生には記して感謝するものである。

### Acknowledgements

After taking the advice of a friend who had worked for an old and famous publishing house in Britain, and after consulting with Prof. John Hamilton who belongs to the Faculty of Law at Aichi University, I made contact with Methuen to ask them for permission to use the photograph of Mr. Craig in Lucas's book. The legal department at Methuen replied that they had no rights regarding Lucas's works. So I asked the lawyer Eiichi Aoki for his opinion on the copyright and right of portrait. He said it is legally clear of right problems to include Mr. Craig's photo in my article. Finally I concluded that the inclusion of Mr. Craig's photograph in my article would not be a problem.

Last but not least, I express my deep thankfulness for those who helped me with graciousness.

〔追記〕校正後にクレイグについて他に，藤井淑禎（1976年），林連祥（1982年），林叢（1984年），武田光史（1999年），西槙偉（2007年），仁平道明（2008年）各氏の論考があることを知ることが出来た。これらの諸論考から大いに学ばせていただいた。中でも藤井氏「〈クレイグ〉の発見――明治三十七年の漱石」（『國文學――解釈と教材の研究』（學燈社，第21巻4号），武田氏「夏目金之助論ロンドン留学時の研究――クレイグ先生」（『岡山大学教育学部研究集録』第111号）並びに仁平氏「ロンドンの漱石，帰ってきた漱石――『渡航日記』・クレイグ・オックスフォード」（『国文學――解釈と教材の研究』學燈社，第53巻9号）は漱石の「クレイグ先生」との関係で具体的な材料を挙げて書かれており，啓発された（～未見だが，倫敦漱石記念館館長垣松郁生氏の研究があるようである）。また，単行本として江藤淳『漱石とその時代（第二部）』（新潮選書，1970年），角野喜六『漱石のロンドン』（荒竹出版，1982年），出口保夫『ロンドンの夏目漱石』河出書房新社，1982年），稲垣瑞穂『夏目漱石と倫敦留学』（吾妻書房，1990年改訂新版）がある。これらからも大いに学ばせていただいた。本文の中で言及することが出来ず，不明の極みである。記して感謝する。

　このうち稲垣氏の著書には「……愛知大学教授清水一嘉氏は，昭和五十七年八月三十日朝日新聞夕刊に，『漱石ゆかりのクレイグ先生』と題し，クレイグ先生の肖像を発表されたのである。」（84頁）という記述があった。そこで朝日新聞の縮刷版を取り出してみると，1982年8月号第734号の1043頁（夕刊5頁）に少壮気鋭の風のある清水先生の顔写真入りで同タイトルの文章の中央左あたりにルーカスの *Reading, Writing and Remembering* の中のクレイグの写真が載っていたのである。夙に清水先生はこの写真に着目され新聞紙上に示されて，「ただひと

つ漱石が書いていないのは，美しくすみ切った先生の目である。これこそ，生涯を独身で通し，文学をこよなく愛し，シェイクスピア字典の作成に浮世を忘れた『奇人』の目である。」（同頁）と述べておられていたのである。愛知大学名誉教授清水一嘉先生の若き日のご炯眼に敬服するとともに自らの無知を恥じ入るばかりである。管見の及ばぬところ，或いはなお関係の論考が多々あるかと思われる。ご教示を冀うものである。

また松尾太郎『近代イギリス国際経済史研究』（法政大学出版局，1973年）は英国の近代的発展の陰に喘いだアイルランドの歴史を経済史的な視点から説き及んでおり，クレイグの置かれた状況の息苦しさを社会思想史の文脈の中で理解する手がかりとして参照すべき重要な文献であると思われるので一言触れさせていただく。

クレイグが生まれ育った英国のキリスト教会の歴史は複雑を極め，わたくしの貧しい知識をもってしては歯が立たなかった。最初から最後まで日本聖公会司祭垣内茂先生にご教示を仰ぐ形になった。先生はわたくしの初歩的な質問にそのつど丁寧に詳しくご教示くださった。垣内先生に満腔の謝意を表したく思う。

(2015年四旬節 3 月 6 日)

# 中国の師範大学における日本語教育

小 池 保 利

## はじめに

　日本語教師と聞くと「日本人ならだれでもできるのではないか」とよく言われる。海外で日本語教師になると言うと，「観光がてらの仕事だから楽しいだろう」「多くの女子学生に囲まれて羨ましい」「中国は物価が安いからかなり貯金ができるのではないか」とよく言われる。

　しかし，実際に海外で日本語教育の現場に立つと，一般の方が言うようなことは幻想にすぎないということが分かる。以前 NHK でプロジェクト X という番組があったが，海外での日本語教育の現場もまさにそのとおりである。

　筆者の中国での日本語教育の経験は次の通りである。

　　2003 年 9 月～2004 年 7 月　　北京郵電大学
　　2007 年 8 月～2009 年 7 月　　温州医学院（浙江省）
　　2009 年 8 月～2011 年 7 月　　瀋陽師範大学
　　2011 年 8 月～2012 年 7 月　　遼寧師範大学（大連）
　　2012 年 8 月～2013 年 7 月　　北京聯合大学

　本稿を通して，日本語教師を目指す方たちのために自分の経験やノウハウを伝えることができればと思っている。

## 1．日本語教師の生活

### (1) 衣

　中国では，授業のときの教師の服装は背広にネクタイである必要はない。襟のあるシャツと長ズボンであればいい。筆者は，瀋陽でも大連でもセーターにジーパンで授業をしたことがある。ほとんど普段の服装と変わりない。ただし，Tシャツや体操服は好ましくない。

　瀋陽でも大連でも，夏は日本とほとんど変わらない。しかし，9月になると半袖では肌寒く感じる。スカートの人もタイツやレギンスを重ね穿きするようになる。

　瀋陽の冬は零下30度になる。綿入りのコートを着る。下着も裏起毛のシャツを着，毛布のようなズボン下をはく。マフラー，手袋はもちろん足首を温めるレッグウォーマーや使い捨てカイロも欠かせない。スカートとレギンスを重ね穿きする場合，レギンスは裏起毛になっていたり綿入りになっていたりする。

　大連の冬はあまり雪が降らない。風が強いので体感温度は低く感じる。愛知県平野部の真冬と同じくらいである。それでもやはり，厚着をする。

　日本では体を鍛えるために薄着を奨励するが，中国ではとにかく冬は厚着をする。これは日中の文化の違いなのかもしれない。

　服は大学近くのスーパーや露天で買う。露天で買う場合，安いけれども，縫い目がほころびていることがあるので，縫い目，ボタン，ファスナーなどはしっかりチェックする必要がある。

### (2) 食

　中国の大学は全寮制で，外国人教師も学内の宿舎で生活するケースが多い。そのため，学内には何箇所も食堂がある。

　瀋陽師範大学では身分証明書を兼ねた食堂のプリペードカードを発行してもらった。このカードがあれば，教師食堂では昼食だけであるが，1食1.5元（1元＝14円）で食べられる。朝と夜は学生食堂を利用した。1食が5～10

元であった。学内の食堂は政府の補助があるので安く食べられる。

　遼寧師範大学では，食堂のカードは発行してもらわなかった。現金払いができる食堂を利用したり，大学の近くの屋台で食べたりした。やはり，1食10元以内で食べられる。朝食は自分でサンドイッチとコーヒーを作ってすませることが多かった。また，夕食には学生を呼んで，自分の手料理をふるまうこともあった。

　瀋陽でも大連でも，月に数回，日本語教師や留学生，教え子と一緒に会食することがあった。日本人教師との食事は割り勘，留学生や教え子との食事は筆者がおごった。

　中国の東北料理は味付けが濃く，油っこいものが多い。1人前の量も多いので注意しなければならない。また，慣れない人が屋台で食べると下痢を起こすことがあるので，屋台での飲食は避けた方がいい。生水は絶対に飲まないこと。下痢の原因になる。

　食材はスーパーのほか，大学に近くの自由市場で買った。特に，大連の市場は農産物だけでなく，海産物もあり，見て回るだけでもけっこう楽しめる。

### (3)　住

　外国人教師の宿舎は学内にある。教室まで歩いて10分。2LDKでシャワー，トイレ付。ベッド，テレビ，冷蔵庫，洗濯機など生活に必要なものはすべてセットされている。家賃，光熱費，固定電話の市内通話，インターネットの接続は無料である。冬（11月～3月）は蒸気暖房が入る。

　瀋陽師範大学では，長期の休み中に部屋の補修をするので荷物を箱に入れて片付けてから帰国しなければならなかった。遼寧師範大学では冬休みが終わったあと，大学側の事情で隣の部屋に引っ越さなくてはならなかった。

### (4)　行——交通・通信

　瀋陽でも大連でも交通は主にバスを使った。瀋陽・大連の場合，バスの料金は1元。交通カードを使うと0.9元になる。

タクシーはあまり使わなかった。タクシーは瀋陽・大連ともに初乗りは8元であった。中国ではその都市の労働者の平均賃金はタクシー初乗り料金の500倍だと言われている。したがって，瀋陽・大連の労働者の平均賃金は4000元ということになる。

　瀋陽の地下鉄は，1区間3元からで距離に応じて料金が異なる。大連の地下鉄は，筆者が滞在中は建設中であった。

　瀋陽師範大学も遼寧師範大学も学内に郵便局がある。中国からの航空便で日本まで手紙を送ると2週間かかる。料金は封書1通5元である。

　日本から時々資料を送ってもらうことがあった。航空便でやはり2週間かかる。日本からの郵便は大学の宿舎まで届く。瀋陽師範大学では宿舎の管理人が預かって渡してくれる。遼寧師範大学では部屋まで届けてくれた。

　携帯電話は自費であった。筆者の場合，あまり電話をかけないので3ヶ月で100元くらいであった。携帯電話のメールは無料であるが，通話の場合，電話をかけた側も受けた側も料金が発生する。スマートフォンも普及しているが，筆者は使わなかった。

(5) 病院・理容

　中国の大学には外国人教師用の団体保険がある。大学が手続きを取ってくれる。自費で通院した場合でも，日本の病院の3割負担程度の医療費で済む。

　病院では，まず受付で病歴（ノート式のカルテ）を買い，診察料を支払う。診察・治療後に医師が症状や薬をカルテに記入し，本人に返してくれる。カルテは患者本人が保管し，次に病院に行くときに必ず持っていかなければならない。診察が終わると，医師から支払伝票を受け取り，窓口でお金を支払った後，病院内の薬局で薬をもらうシステムになっている。

　中国の病院では，お金は2度に分けて払う，カルテは自分で保管する，診察室にも土足で入ることなどが日本の病院と違うところである。

　散髪は学内にある。中国では美容院と理容院は同じで，男性・女性両方とも利用する。日本では赤・青・白の3色のポールであるが，中国では白と黒

のチェックのポールが目印である。料金は，男性のカットが10元からである。筆者は帰国前に中国で散髪をすることにしていた。

## (6) 在留届・在外投票

　3ヶ月以上，海外に滞在する日本人は大使館か領事館に在留届を出さなくてはならない。直接窓口に行ってもいいし，郵送，FAX，メールでも受け付けている。日本に帰国して中国に戻らない場合や他の国や中国国内の他の地域に引っ越すときには転出届を出すことになる。これも窓口のほか郵送，FAX，メールでも受け付けている。

　在外投票の申請手続きは，郵送，FAX，メールでは受け付けていないので，直接窓口に行かなくてはならない。日本国内に住民票がないこと，書類に必要事項をすべて正確に記入しなければならない。本籍を記入する欄があり，番地まで書かなくてはならない。日本国内に最後に住民票があった住所と本籍が違う場合は，大変である。そのために，本籍もしっかり手帳などにメモしておくことが必要である。

　在外投票の申請手続きが終わるまで2ヶ月くらいかかる。また，国政選挙の投票だけで知事や市町村長，地方議会の投票はできない。投票は大使館・領事館で行うほか，郵送でもできる。

## (7) 中国語学習

　日本語教師は日本語で授業を行うので中国語を使う必要はない。ただし，中国語を知っていれば，学生の日本語会話や作文の誤りの原因がよく分かる。日本語を教えるときも，中国語の特徴を捉えて教えれば効果的である。また日本語科以外の学生とも交流できる。

　筆者は日本の大学・大学院で中国語を習った。瀋陽でも大連でも週1回90分，1ヶ月100元で日本語科の学生に中国語を教えてもらった。

## 2. 日本語教育のこと

### (1) 中国の大学生

　中国の大学生は，素直，まじめ，熱心である。儒教の精神が生きているので年長者を敬う。教師も学生たちから大切にされる。たとえば，一緒にバスに乗ったときには席を譲ってくれる。学生が食事に誘った時にはおごってもらえる。学生から個人的にプレゼントをもらうこともある。特に，9月10日の「教師の日」には花や果物などのプレゼントが頂ける。日本では儒教は古臭くて時代遅れのものという印象があるが，今の日本人がなくしてしまったものを持っている。

　学習態度も熱心な学生が多い。特に，遼寧師範大学では，授業開始5分前には学生全員が教室に集まっている。前回の宿題や練習問題を返すように指示すると，授業が始まるまでに配ってくれる。授業の最初にする練習問題を配布すると，授業が始まる前から，問題を解いている。休憩時間や授業後に授業内容や問題集の分からないところを質問に来る学生がいる。他の授業で発表する日本語の原稿を直して欲しいと持ってくる学生もいる。疲れていたり，忙しかったりするが，熱心な学生たちの要望にはそのつど応えた。

　授業は5分の休憩を挟んで45分授業を2回繰り返す。90分授業の途中で5分休憩が入る。日本の大学のように教師が少し遅れて行ったり，授業の最初に授業内容と関係ない話をすることは学生たちが許さない。教師にとっても学生にとっても1回1回の授業が真剣勝負である。

　学生数は1クラス20数名。男女比は90％が女子学生である。

### (2) 瀋陽師範大学

　瀋陽師範大学で担当した授業は次の通りである。
　　2009年8〜12月（初年度前期）　　4年生論文作文，3年生日本事情
　　2010年2〜7月（初年度後期）　　　4年生卒業論文指導，3年生作文，
　　　　　　　　　　　　　　　　　　2年生作文
　　2010年8〜12月（次年度前期）　　3年生作文，3年生日本文学史

2011年2〜7月（次年度後期）　3年生日本詩歌鑑賞, 2年生作文

(A)　論文作文の授業

　4年生の論文作文は，閆雪雯，魯暢編『大学日語写作』（吉林人民出版社）を教科書として使った。これは瀋陽師範大学の先生方が編集したもので，大学指定の教科書である。

　論文作文は，卒業論文を書くための基礎となる授業である。主な内容は，論文のテーマ設定，構想，構成，論文独特の表現法などを教えた。宿題として練習問題も課した。一部の学生は，他の学生の解答をそのまま写す者がいた。このような学生は書き直させ，再提出させた。4年生なので，就職活動や卒業アルバムの写真撮影などで何回か授業が欠けた。4年生は4クラスあり，約100名の作文を添削するのが大変だった。

　この授業は，平常点と課題の作文で評価した。

(B)　作文の授業

　3年生と2年生の作文も，閆雪雯，魯暢編『大学日語写作』（吉林人民出版社）を教科書として使った。

　2年生の作文は，基礎的事項として句読点の使い方，話し言葉と書き言葉の違い，文体，文章の表記などを，作文の実践として自己紹介，身近な話題を取り扱った。瀋陽市日本語弁論大会のための作文も書かせた。2011年4月，次年度後期に男子学生1人が弁論大会に出場した。初年度後期の2年生は3クラス約80名，次年度後期の2年生は4クラス約80名であった。

　3年生の作文は，説明文，感想文，紀行文，手紙文，1分間スピーチなどの指導をした。瀋陽市日本語弁論大会のための作文も書かせた。

　瀋陽市日本語弁論大会には，初年度は女子学生4名が参加し，2位と3位に入った。次年度は男子学生1名と女子学生2名が参加し，3年生の女子学生が1位になった。特に，1位になった学生は半年前から作文を書き始め，教師の添削も受けていた。

　大学では特にこの弁論大会を重視していて，2人の日本人教師だけでなく，日本人留学生や数名の中国人日本語教師も代表の学生の指導にあたった。大学の名誉をかけた1大イベントである。

また、作文の授業では日本語能力試験1級のための練習問題として、漢字、語彙、文法、敬語の問題を毎週授業の始めに行った。試験が終わってから学生に聞くと、「先生が授業中に出した問題は全然出なかった」とさんざん文句を言われた。ある男子学生だけが「先生に質問して教えてもらったところが試験に出ました」と言ってくれたので救われた。

　さらに、初年度の3年生には俳句作品を作らせ、文化祭で会場に展示した。

　作文の授業は、平常点、課題の作文、試験で評価した。

### (C)　日本事情の授業

　3年生の日本事情の授業は、主に日本の地理について教えた。教材は自分で作成した。日本の気候、地形、各地の産業などを教えた。授業の始めにテーマを決めて日本語の単語や四字熟語を紹介した。このときは真剣に聞いていた学生たちも日本地理の話になるととたんに聞かなくなる。特に午後、この授業のあるクラスでは、授業の途中の休憩時間になると教室で居眠りを始める。ある時、休憩を終え授業を始めようとして、「开始上课你们醒醒吧。（授業を始めます。起きてください。）」と言うと、今まで起きていた学生までみんな寝てしまった。日本語能力試験1級に役立ちそうな話は聞いているが、そうでなかったら寝てしまう。実に即物的である。

　授業中に3，4回小テストをした。テスト中に資料を見たり、他の学生の解答を見たりする学生が続出した。「小池先生の問題が難しすぎるから他の人の答を見てもしかたがない」というのが学生たちの言い分である。

　1年間、北海道教育大学に留学した学生は、「日本事情の地理の授業が役に立った。日本人に話したら、よく知っているねと言われた」と話してくれた。こうした学生の報告を聞くと、しっかり授業を聞いていた学生もいたのだと慰められた。

　この授業は、平常点と小テストで評価した。

### (D)　日本文学史の授業

　日本文学史の授業は、李先瑞編著『日本文学簡史』（南開大学出版社）を教科書として使用した。上代（奈良時代）から近世（江戸時代）までの日本

文学の流れを解説した。時代背景，文学理念，作者と作品名などを覚えさせた。また，授業の始めに漢詩や論語の一節の書き下し文を紹介し，音読させた。日本の古典文学は中国文学の基礎の上に成り立っていることを紹介した。さらに，授業中，練習問題をやらせた。練習問題の内容は，人名と作品名に読み仮名をつける，作者と作品を結びつける，解説にあてはまる文学用語を答えるというものである。

試験はすべて練習問題の中から出題したが，不合格者が続出した。平常点を高めにして何とか全員合格させた。日本語科主任になぜ試験の不合格者が多いのか聞かれた。すべて授業中の練習問題の中から出題したが，勉強不足の学生はできなかったと答えるしかなかった。日本の大学では，おそらくこのようなことは聞かれないだろうが，中国では試験の不合格者が多いと聞かれることがある。

⑸　日本詩歌鑑賞の授業

次年度前期に日本文学史の授業を実施した。後期は，それを踏まえて日本詩歌鑑賞の授業をすることになった。前期の授業が総論，後期の授業が各論である。日本の中学生が使う『国語便覧』（浜島書店）の和歌と俳諧に関する部分をコピーして教科書とした。

授業を始めようとすると，学生たちが前期で学習したことを全部忘れていた。もう一度要点を説明してから具体的に詩歌を読んで解説したので時間が少し無駄になってしまった。

授業で指導した内容は，万葉集，古今集，新古今集，源実朝，西行，百人一首，松尾芭蕉，与謝蕪村，小林一茶である。百人一首については分担を決め1人4首ずつ調べて発表してもらい，その内容をレポートとして出してもらうことにした。中国で出版された百人一首の解説本を2種類準備した。一生懸命調べてきた学生がいる反面，解説本をコピーしただけの学生もいた。1回の授業で5，6人の学生が発表した。1人1人の発表を聞き，その内容について教師が質問したり，補足したりした。

発表しない学生はただ聞いているだけなので，他の授業の自習をする学生もいた。他の学生の発表を聞くことは，時間の無駄だと思っているらしい。

また，この授業では現代日本語の敬語と文語文法の練習問題も宿題として提出させた。これは4年生で受験する日本語専業8級試験の範囲になる。この練習問題は学生たちが真剣に取り組んだ。やはり，テストに関係するものだと真剣になるらしい。後日，ある学生から聞いた話によると，クラスの半数の学生が8級試験に合格したそうである。宿題の練習問題が役に立ったと言ってくれた。

　この授業は，出欠，課題の提出状況，口頭発表，レポートを総合して評価した。さらに，学生たちには短歌，俳句の作品を作らせた。

(F) 卒業論文指導

　中国の大学では，4年生になってやっと卒業論文（以下，卒論とする）がスタートする。本格的に書き出すのは4年生後期になってからである。この時期は企業での実習と期間が重なっているので学生たちはなかなか卒論に集中できない。

　卒論は，日本語で1万字（原稿用紙25枚分）書かなければならない。テーマは，日本語，日本文学，日本文化，日本社会に関することである。最後に日本語での答弁（口頭試問のこと。以下，答弁とする）がある。

　初年度，筆者は女子学生4人を担当した。1人は北海道教育大学に留学していた学生で，日本の小中学生の塾・習い事についての論文である。グラフなどを使っていて分かりやすい。日本でいろいろと指導を受けてきたので，少しアドバイスする程度で済んだ。あとの3人は前期に筆者の授業を受けた学生である。4月上旬，3人の学生に2回論文指導をした。インターネットからそのまま引用した箇所が多く，日本語として意味不明の箇所もあった。直すように指導したけれども，直さないで答弁にのぞんだ者もいた。

　卒論の答弁は，5月下旬に行われる。学生は10数名のグループに分かれて教室に入る。教師3名と記録係として3年生の学生が2名いる。学生は1人10分程度で自分の論文の内容を説明する。それに対して教師は3つほど質問をし，学生はそれに答える。その時，他の学生も教室内で聞いている。ほとんどの学生は1回の答弁で合格する。筆者の担当した4人は合格した。不合格だった学生は追試の答弁があり，教師は簡単な質問をして学生に答えさ

せることになっている。つまり1回目の答弁で不合格になっても，2回目の答弁で確実に合格させ，卒業させるのである。これも日中の違いの1つである。

次年度になると，筆者が担当する学生はいなかったが，卒論の日本語のチェックを依頼された。中には，筆者のところに「先生，どんなテーマがいいですか？」と相談に来る者もいる。何とかテーマを設定し，日本人教師控え室にある参考文献を貸し出した。修論のテーマを同じように相談に来た学生がいた。さすがにこれは「自分で考えなさい。」と言って追い返した。

メールで卒論の日本語を直して欲しいと申し出た学生は80名のうち1名だけであった。この学生についてはすぐに直した。答弁の2，3日前に直して欲しいと言ってくる学生が数名いた。中には答弁前日に言ってくる学生もいて閉口した。

筆者は2年とも答弁，追試の答弁を担当した。短時間で数人分の卒論を読み，質問を考えるのは大変であった。

この節の最後に，修士論文の日本語チェックについて述べてみよう。初年度，次年度ともに2名ずつ指導教官から依頼された。3月下旬，お互いにスケジュールを合わせて筆者の宿舎に来てもらった。1人の修士論文を直すのに1日がかりである。筆者がチェックした修士論文は全員合格した。

(G) 大学院受験講座

次年度前期に大学院を受験する4年生のために，日本近現代文学の授業を実施した。希望者は女子学生が5人である。教科書は1人の学生が準備してきたのでそれをコピーして使うことになった。中国で出版されたもので，日本語で書かれている。書名，著者名，出版社名はわからない。正式科目ではないので，余分に給料は出ない。全くのボランティアである。日本語科主任に口頭でその旨伝えると，許可は簡単に下りた。人数が少ないので日本人教師の控え室を使うこととなった。週1回90分，お互いのスケジュールを合わせて時間を設定した。明治から平成までの文学思想の流れ，小説，詩歌，戯曲，評論などと，その作者について説明した。

しかし，この講座を受講した学生は全員大学院の受験をやめてしまった。

結局，この講座を受講しなかった学生が大学院に進学した。

### (H) 交流会のこと

初年度後期と次年度前期に交流会を行った。「日本語科の1年生と上級生，日本人留学生と日本語で話そう」という主旨である。これも日本語科主任に趣旨を説明するとすぐ許可してくれた。次年度になると交流会担当の中国人教師を1人付けてくれた。

週1回90分，空いた教室を使い，ゲームや日本語の歌，自由会話を楽しんだ。1年生が慣れないうちは3年生が通訳してくれた。日本人留学生も毎回手伝ってくれた。

初年度は不定期で数回しかできなかったが，次年度は定期的に毎週できるようになった。

次年度後期はスケジュールが合わなかったため，交流会はできなかった。交流会に参加した学生たちは，「交流会はよかった。後期も続けて欲しい」と言った。しかし，交流会は途中で立ち消えになってしまった。

次年度後期には日本語科以外の学生が4人，日本語を教えて欲しいということで筆者に連絡してきた。週2回，夜90分ずつ教えることになった。忙しかったけれども，ボランティアで引き受けた。ひらがな，カタカナを教えた後，インターネットのNHKワールド日本語講座を使った。中国語で文法などの解説があるので，教える側としても学ぶ側としても楽である。学生たちは興味を持ってくれたけれども，筆者が大連の遼寧師範大学に変わることになったのでこの講座も終わってしまった。

### (I) 瀋陽日本人教師会（現瀋陽日本語教師会）

瀋陽には瀋陽日本人教師会があった。会員は日本人のみで20名程度，年会費は100元である。入会は任意，会員のほとんどは日本語教師であるが，中には他の分野の先生もいた。

主な仕事は，毎年4月に行われる瀋陽市日本語弁論大会の準備・運営と5月に行われる瀋陽市文化祭の準備・運営，年に1度の研修旅行，年に2度の機関誌発行である。そのほか，会の資料室の運営，月1回の研修（研究発表）である。筆者が瀋陽にいたときには月1回の研修はほとんど行われな

かった。したがって，仕事の内容はほとんど雑用で給料も出ない。特定の教師に仕事が集中し，本来の教育活動に支障をきたす状況であった。

この会は，2014年から瀋陽日本語教師会と名称が変更され，中国人教師も入会している。現在，月1回，日本語教育関連の研修会を行っている。

(3) 遼寧師範大学

大連の遼寧師範大学では，次の授業を担当した。
　　2011年8〜12月（前期）　海華学院4年生日本語講読，
　　　　　　　　　　　　　　3年生日本語作文，2年生日本歴史
　　2012年2〜7月（後期）　2年生日本語作文

(A) 海華学院のこと

遼寧師範大学海華学院は，入学試験の成績はあまり高くないが，学習意欲のある学生が学んでいる。海華学院の授業料は高い。授業内容は遼寧師範大学と変わりない。日本では考えられないが，同じ大学の中に国立大学と私立大学があるという感じである。2011年度は4年生のみで，3年生以下は瀋陽の海華学院に在籍している。瀋陽の海華学院は，遼寧師範大学と関係がない。したがって，筆者が教えた学生は最後の海華学院の学生である。1クラス20数名で3クラスあり，3人の日本人教師で1クラスずつ担当した。期末試験は統一したもので，筆者が作った。

遼寧省内から来ている学生はレベルが低く，日本人教師との会話もうまくできない。4年生でもカタカナが分からない学生がいた。山東省から来ている学生はかなりできる者もいて，日本語能力検定1級に合格して日本に留学する者もいる。

授業は企業実習の関係で10月までであるが，9月中旬から企業実習に行って授業に出ない学生や理由もなく長期欠席する学生が約半数いた。中には宿題さえ出していれば授業に出なくてもいいと思っている学生までいた。欠席の多い学生は特別な課題を出して期末試験の受験を認めた。

教科書は胡振平他著『現代日本語・第6冊』（上海外語教育出版社）を使った。これは遼寧師範大学の指定の教科書である。主な内容は，本多勝一

の文章，谷崎潤一郎『陰翳礼賛』，川端康成『伊豆の踊り子』，島尾敏雄『田舎ぶり』などである。授業の方法は，学生に教科書を読ませ，あとは教師が板書して説明した。学生たちのレベルは，教師の質問の内容を理解するのも難しいというのが実態である。試験前の週の授業は総復習として試験のポイントを教えた。筆者の試験科目については全員合格した。

### (B) 日本語作文の授業

　遼寧師範大学の日本語科は，1学年が日本語教育科1クラスと国際貿易科3クラスの2つのコースに分かれていて，1クラスは20数名である。授業は，5分の休憩を挟んで45分授業を2回繰り返す。

　前期は，3年生国際貿易科2クラスの日本語作文を担当した。他の2クラスは他の日本人教師2名で1クラスずつ担当した。教科書は，一橋大学留学生センター著『留学生のためのストラテジーを使って学ぶ文章の読み方』（スリーエーネットワーク）をコピーして使った。これは，他の日本人教師が以前から使っていたもので，作文の教科書ではなく，読解の教科書である。筆者はもっと他に教えたいことがあったけれども，3人で授業内容を合わせなければならないので，仕方なかった。授業は教科書にしたがって，文章の読解，要約，意見，感想などを書かせた。

　時々，教科書を使わずに自己紹介とその応用，一分間スピーチとその応用について話をした。これは筆者が以前作った教材である。学生たちには，こちらの方が好評であった。成績は平常点のみで，出欠，作文の課題で評価した。

　後期は，2年生の作文で，日本語教育科と国際貿易科それぞれ1クラスずつ担当した。あとの2クラスはもう1人の日本人の先生が担当した。教科書は，大学指定の教科書・胡伝乃編著『日語写作』（北京大学出版社）である。しかし，授業ではこの教科書はほとんど使わず，拙著『日本語法授業報告とテキスト』（豊橋技術科学大学）をコピーして使った。

　学生に書かせた作文のテーマは，自己紹介，私のふるさと，私の家族，私の趣味など身近なものを選んだ。自己紹介の応用，1分間スピーチとその応用についても指導した。1行詩の連作や俳句作りの指導もし，作品集を学生

たちに配ったので喜ばれた。

　また，毎時間，授業の始めに練習問題をやらせた。漢字検定2級レベルの漢字，四字熟語の練習問題である。更に作文の宿題と日本語能力試験1級の語彙，文法，敬語の練習問題も課した。

　学生たちからは，「練習問題がすごく役に立った」「これで日本語能力試験1級に合格する自信がつきました」と言われた。

　後期の授業も，成績は平常点のみなので，出欠，作文の課題で評価した。

(C)　**日本歴史の授業**

　2年生の日本歴史の授業は前期に実施した。選択科目であるが，2年生の学生全員が履修したので大教室で120人に授業をした。出欠は，毎時間のレポートや練習問題の提出状況で確認した。

　教科書は日本から持っていったもので『Story 日本の歴史』(山川出版社)の先史時代から平安時代までをコピーして配布した。

　中国の学生は，近現代の歴史は詳しく学ぶけれども，古代から近世までの歴史はあまり学ばない。しかし，古代の歴史は日中友好の歴史でもある。歴史を丹念に紐解いていくと千年以上の友好の歴史が続いていて，両国の不幸な関係は近代のほんの一時期に過ぎないのがわかる。あえて，古代史を選んだのは，そんなことを中国の学生たちにも知ってもらいたかったからである。

　筆者にとっては，中国で久しぶりに教える科目である。板書だけでなく，中国語の資料を作って配布した。

　成績は平常点のみで，出欠，レポートや練習問題で評価した。

(D)　**卒業論文・修士論文のこと**

　遼寧師範大学で筆者が卒業論文，修士論文を直接指導することはなかった。

　卒業論文については，海華学院の女子学生が1人相談に来たので，アドバイスした。海華学院では，卒業論文のテーマは，あらかじめ決められたテーマの中から自分で選ぶようになっている。自分で自由に決められるわけではない。

修士論文は，指導教官から頼まれて2人の女子学生の論文の日本語をチェックした。瀋陽師範大学の学生よりもレベルが高いので，訂正箇所も少なく，2人の修士論文を1日でチェックできた。

⑸　キャノン杯日本語弁論大会

大連では毎年，キャノン杯日本語弁論大会が行われている。出場資格は大連市内の中学生，高校生，大学生（日本語学科の学生対象の大学1部とそれ以外の学生対象の大学2部がある），一般の日本語を学んでいる方が対象である。瀋陽の弁論大会が瀋陽市とその周辺都市も含めているのに対して，キャノン杯は大連だけで行う。大連にはそれだけ日本語を学んでいる人が多いと言える。

出場者は各学校の日本語学習者の人数で決まる。たとえば，大連外国語学院は学習者が多いので20名出場枠があるのに対して，遼寧師範大学は学習者が少ないので4名しか出場枠がない。瀋陽の弁論大会でも出場者の人数は同様の決め方である。日本とは感覚が違う。また，弁論のテーマは，当日会場で発表されるため，何種類もの弁論を準備しなければならず，あらかじめ書いた作文を発表する瀋陽の弁論大会に比べて負担が重い。

3月23日㈮午後，遼寧師範大学の学内予選があった。2年生と3年生の学生40人が登壇してスピーチをした。会場には日本語学科の学生全員が集まった。筆者も審査員の1人であった。審査項目は，内容，発音，文法，発表態度の4項目で100点満点である。この日は学内1次予選で，12名に絞り込んだ。

それから1ヶ月，毎週木曜日の午後，この12名を指導した。外国語学院副学院長の劉先生，日本語学科長の李先生，日本人教師2人が指導にあたった。4月19日㈭，代表4名を決めた。

4月22日㈰，大学1部，2部，一般の部の予選会があった。予選会場には，弁論をする学生と審査員しか入れない。密室審査でどのような審査が行われているのか，わからない。予選会でも各大学1人は教師の同席を認めて欲しい。結局，遼寧師範大学の4名は残念ながら全員予選落ちであった。遼寧師範大学の学生が出ないので，キャノン杯の本戦は聴きに行かなかった。

中学生・高校生の予選は4月14日(土)の午前中に行われた。審査員は遼寧師範大学の李先生と日本人教師2名である。この日，中学生と高校生約50名の弁論を聞いた。中には作文をそのまま読んでいる学生もいたが，全体的に中学生も高校生もレベルが高いことに筆者は感心した。

## 3．自己紹介の指導

ここで紹介する自己紹介は，筆者が1984年6月に豊橋市青年会議所の講座で学んだ方法を応用したものである。豊橋技術科学大学でも学生たちに講義し，「コンパでの自己紹介で役に立った」と学生に感謝された。中国の大学生にも同じ講義をした。

自己紹介は"声の名刺"である。はっきりと，分かりやすく，1分程度で自己紹介する。そのためには，350字以内で文章を書いて準備するとよい。

### (1) 自己紹介に必要な情報

自己紹介には以下に挙げる情報が必要である。
- ①所属（学校名・会社名など）と名前
- ②十二支・十二星座・血液型
- ③出身地・出身校
- ④住所
- ⑤家族
- ⑥特技・資格・趣味・スポーツ

### (2) 自己紹介に必要な単語

自己紹介に必要な単語を一部列挙すると以下のとおりである。

十二星座

| | | | | | |
|---|---|---|---|---|---|
| 白羊座 | おひつじ座 | 金牛座 | おうし座 | 双子座 | ふたご座 |
| 巨蟹座 | かに座 | 獅子座 | しし座 | 処女座 | おとめ座 |
| 天秤座 | てんびん座 | 天蝎座 | さそり座 | 射手座 | いて座 |

摩羯座　やぎ座　　　水瓶座　みずがめ座　　双魚座　うお座
　　　**属相　　干支＝十二支**

鼠　子　ね（ねずみ）　牛　丑　うし　　　　虎　寅　とら
兎　卯　う（うさぎ）　龙　辰　たつ（①）　蛇　巳　み（へび）
马　午　うま　　　　　羊　未　ひつじ　　　猴　申　さる
鸡　酉　とり　　　　　狗　戌　いぬ　　　　猪　亥　い（いのしし）（②）

（注意）
① 辰年は「たつどし」であって,「りゅうどし」とは言わない。
② 「いのしし」であって,「ぶた」ではない。中国,韓国では「ぶた」である。

　　　**血型　　血液型**
A型　　B型　　AB型　　O型

（注意）
中国語では「血液型」を「血型」と書く。だから「ケツガタ」と言わないように,「ケツエキガタ」と言うように指導する。

　　　**その他**
独生子　　一人っ子

（注意）
中国では,結婚して他の家に住んでいる兄弟姉妹も家族の人数に入れる。

### (3) 自己紹介の例

#### (A) 一般の自己紹介文

　私は○○○です。瀋陽師範大学の2年生で日本語を専攻しています。み（へび）年のさそり座で,血液型はAB型です。

　私は瀋陽の出身で,生まれた時からずっと瀋陽で生活しています。今は家族と離れて大学の寮に住んでいます。

　家族は,両親と私の3人家族です。私は一人っ子です。

　私は明るい性格だと友達によく言われます。だから友達が大勢います。

　私の趣味は,日本の音楽を聴くことです。特にAKB48が好きです。日本の音楽を聴いていると,楽しいうえに日本語のヒアリングの練習にもなり一

石二鳥です。

　好きなスポーツはバスケットボールで，週末はよく友達とバスケットボールをします。

　どうぞ，よろしくお願いします。

(学生の反応) 瀋陽師範大学の2年生も遼寧師範大学の2年生も作文を読むだけで，男子学生に至っては自分の作文の漢字が読めない者もいた。授業での発表まで1週間あるのだから暗記して自己紹介できるようにすべきである。

(B)　自己紹介文の応用　1　日本留学の面接試験

　私は遼寧師範大学2年生の○○○です。今，大学で日本語教育を学んでいます。日本語を学んでいて日本への興味・関心がますます強くなり，ぜひ日本の大学に留学したいと思うようになりました。ですから，今回，私は愛知大学への留学を希望します。愛知大学では，日本の古典文学を学びたいと思っています。

　日本に留学したら本物の日本語に多く触れたいと思います。大学の授業以外にもアニメやドラマを見て日本語を勉強します。こうして日本語のレベルアップをはかります。

　また，私は明るい性格ですので，友達が大勢います。日本に留学したら日本人の友達も大勢できます。私は多くの日本人と交流したいと思います。

　もし日本留学のチャンスがありましたら，新しいことに挑戦したり，日本国内を旅行したりしたいと思っています。

　どうぞよろしくお願いします。

(C)　自己紹介文の応用　2　日系企業での面接の自己PR

　私は瀋陽師範大学の○○○です。大学で4年間，日本語を学んでいます。日本語能力試験1級，ビジネスマナー検定3級，コンピュータの国家試験に合格しました。3年生の時，日本語弁論大会に出場し，入賞しました。

　私は自分の能力と資格をビジネスの世界で生かしたいと思っています。だから，日本語を使う仕事を希望します。将来は，日本の駐在員になりたいと思っています。

私は，明るい性格ですので，周りの雰囲気を明るくすることができます。粘り強い性格で，どんな困難なことがあっても最後までやり遂げる自信があります。また，協調性もあり，他の人の意見もよく聞くことができます。

　もし，御社に就職できたならば，必ずや御社の発展のために尽力いたします。どうぞ，よろしくお願いします。

（学生の反応）日系企業に就職した遼寧師範大学の学生は，この方法が役立ったと言っていた。

### (D) 自己紹介文の応用　3　日本の大学院入試の面接試験での自己PR

　私は遼寧師範大学を卒業した〇〇〇です。大学で4年間，日本語と国際貿易を学びました。日本語能力検定1級とビジネスナマー検定3級に合格しました。

　私は株式に興味を持っています。中国にもストックマーケットができ，毎日，多くの株が取り引きされ，今後ますます株式市場が発展すると思ったからです。だから私は株式論を研究したいのです。入学後は，村上先生の指導の下で国際株式論を研究したいと思います。

　卒業後は，証券会社に就職し，株取引の実務経験を積み，将来，独立して自分の証券会社をつくりたいと思っています。

　どうぞ，よろしくお願いします。


## 4．1分間スピーチの指導

　中国の日本語弁論大会では，作文発表以外に即席スピーチがある。これは，当日テーマが発表され，考える時間は5～15分，発表時間は1～3分である。事前に教師が文章をチェックできる作文発表とは違って，発表する学生の実力がはっきりとわかる。

　筆者は，弁論大会の即席スピーチ対策として，1分間スピーチを指導した。この方法はいろいろと応用できるので，応用例も紹介した。

(1) テーマの設定

　1分間スピーチの指導に当たって，笈川幸司編『笈川日語教科書』（大連理工大学出版社）の28〜29頁に書かれている方法を応用した。笈川氏は「パリとニューヨーク，どちらかに行けるとしたら，どちらに行きたいですか？」というテーマを設定している。筆者は「北海道と沖縄，どちらかに行けるとしたら，どちらに行きたいですか？」というテーマを設定した。ところが，遼寧師範大学の学生たちは「北海道も沖縄もどんな所なのか分からないから，このテーマでは発表できません」と言った。

　そこで別のテーマを設定した。そのテーマは「あなたは週末に海と山のどちらに行きたいですか」というものである。二者択一で学生にとってはスピーチしやすく，片方の意見に偏らないと思われたからである。

(2) 自分の立場を明らかにする

　1分間スピーチでは，まず，結論を言うのが望ましい。それは発表者が最も言いたいことであり，自分の主張である。つまり，自分の立場を明らかにする必要がある。

　海にも山にも行きたいかもしれないけれども，どちらか一方に決めてもらった。

(3) 理由を挙げる

　学生に自分の立場を決めさせたら，その理由を考えさせる。それぞれの立場で挙げられた理由を板書する。具体的には次のようであった。

〔海に行きたい理由〕
①海の近くで生まれ育って，海が好きだから。
　海を見ると心が癒されるから。
②海辺で遊ぶのが好きだから。
　砂でお城などを造りたいから。
　砂浜で西瓜割りやビーチバレーをしたいから。
③釣りが好きだから。

磯で釣りをしたいから。

船に乗って沖で釣りをしたいから。

　〔山に行きたい理由〕

①山の近くで生まれ育って，山が好きだから。

　家族でハイキングに行ったり，学校の遠足で行ったりした思い出があるから。

②山に登ると景色がいいから。

　いい景色を見ながらお弁当を食べるとおいしいから。

　新緑や紅葉など，どの季節でも楽しめるから。

③水着に着替えなくてもいいから。

　水着に着替えるのが面倒だから。

　スタイルに自信がないので，水着になりたくないから。水着になるのが恥ずかしいから。

(4)　1分間スピーチを組み立てる

①まず，結論を述べる。

②次に理由を述べる。1分間で話せる内容を考えると，理由は3つまでである。「1つ目の理由は」「まず」「第1に」，「2つ目の理由は」「次に」「第2に」，「3つ目の理由は」「最後に」「第3に」，「ひとつは」「いまひとつは」などの接続を表す言葉を使うと分かりやすくて効果的である。

③最後に「理由は他にもありますが，主な理由はこの3つです。」「他にも理由はいろいろありますが，しいて言えばこの2つです。」などの結びの言葉も大切である。

(5)　1分間スピーチの例

　(A)　海に行きたい場合

　私は山より海に行くのが好きです。

　理由は3つあります。

　　1つ目の理由は（まず・第1に），私は海の近くで生まれ育ったので，海

が大好きです。海を見ていると心が癒されるからです。時間があればいつまでも海を見ていたいと思います。

2つ目の理由は（次に・第2に），私は泳ぐのが好きだからです。夏の暑い時に海に入って泳ぐと，気持ちいいからです。

3つ目の理由は（最後に・第3に），砂浜でみんなと一緒に遊びたいからです。砂でお城や動物などを造ったり，西瓜割りやビーチバレーをしたいからです。

理由は他にもいろいろありますが，主な理由はこの3つです。

(B) 山に行きたい場合

私は海よりも山に行くのが好きです。

理由は2つあります。

1つ目の理由は（1つは・第1に），私は山の近くで生まれ育って，子供の時から山で遊んでいたからです。家族でハイキングに行ったり，学校の遠足で行ったりした思い出があります。

2つ目の理由は（いま1つは・第2に），山は1年中楽しめるからです。新緑や紅葉など景色もきれいです。特に私は秋の紅葉が大好きです。きれいな景色を見ながらお弁当を食べると，いつもよりおいしいからです。

他にも理由はいろいろありますが，しいて言えばこの2つです。

(学生の反応) 学生たちは各自思い思いのテーマで，1分間スピーチの文章を書き，発表した。主なテーマは，「春と秋とどちらが好きですか」「夏と冬とどちらが好きですか」「犬と猫とどちらをペットにしたいですか」「洋食と和食とどちらが好きですか」「スカートとズボンとどちらが好きですか」などである。

(C) 1分間スピーチの応用　1

〔問〕あなたは，なぜわが社に就職を希望されるのですか

〔答〕理由は2つあります。

1つは，「顧客の立場でものを考える」という御社の経営理念が好きだからです。会社の利益ではなく，顧客の立場になって常に考えることが商取引の基本だと思うからです。顧客の立場でものを考えれば，利益も上がり，将

来の発展は確実でしょう。

　いま1つは，自分の能力を十分発揮して，御社の発展のために貢献したいからです。私は大学で4年間，日本語を学んだので，日本語を使った仕事を希望します。自分の日本語の能力をビジネスの世界で生かし，大きなチャレンジをする中で御社のために力を尽くしたいと思います。

　他にも理由はいろいろありますが，しいて言えばこの2つです。

(学生の反応) 日系企業に就職した遼寧師範大学の学生は，この方法が役立ったと言っていた。

(D) 1分間スピーチの応用　2

〔問〕あなたは，なぜ本学の大学院に入学を希望されるのですか

〔答〕理由は2つあります。

　1つは，この大学院には私の研究テーマに合った講座があるからです。私は中国の大学で4年間日本語と日本語教育を学びました。私は今，日本語のことわざや慣用句に興味を持っています。将来は中国に戻って日本語教師になりたいと思っています。山本先生の日本語教授法研究と言語学研究論の授業を通して，先生のご指導を受けたいと思います。

　いま1つは，この大学院は国際交流が盛んだからです。留学生だけでなく，多くの研究者が毎年海外からいらっしゃいます。日本人学生，各国からの留学生，海外からの研究者と交流する中で，自分の視野を広げたいと思ったからです。

　他にも理由はいろいろありますが，しいて言えばこの2つです。

(E) 1分間スピーチの応用3（日本の大学・大学院に提出する学習・研究計画書）

　私は遼寧師範大学を卒業した〇〇〇です。大学で4年間，日本語と日本語教育について学びました。貴校に留学するにあたって以下の3点を学習・研究計画の中心にしたいと思います。

　今回の留学で私は，俳句について研究をしたいと思います。まず，小池先生の助言の下，国文学関連の科目を履修します。授業に積極的に取り組み，研究手法を学びます。また，他の学生とも切磋琢磨して自らを向上させたい

と思います。

　次に、資料の収集と調査です。中国にない資料を買い揃えたり、コピーして研究材料を集めたいと思います。また、実際に句碑や文学記念館などを訪ねて実地調査もしたいと思います。こうした調査方法を学ぶことで、今後の学習・研究に生かしていきたいと考えています。

　最後に、専門に関係する学会や研究会にも出席したいと思います。内容的に難しい点もあろうかと思いますが、将来必ず自分の研究に役立つものです。また、最新の研究を知ることによって学習・研究の上で大きな刺激になります。

　以上が、私の学習・研究計画の主な内容です。

　どうぞ、よろしくお願いします。

(注意) 中国の大学・大学院の応募書類には「学習計画書」「研究計画書」がない。日本留学を希望する瀋陽師範大学の一部の学生が、前年に日本に留学した学生の「学習計画書」を丸写しして、留学の目的をはっきり書かなかったため留学できなかった。留学の目的をはっきりと書く必要がある。


## 5．日本留学面接試験の指導

　日本に留学する場合、筆記試験だけではなく、日本語による面接試験も受けなくてはならない。以下、面接試験対策として、よく出題される問題とその回答を記す。

**日本留学面接試験での受け答え**
**①あなたはなぜ日本に留学したいのですか？**
　理由は2つあります。
　1つは、日本に留学して本物の日本語を身につけたいからです。大学の授業だけでなく、日本人との交流を通して、また、日本のアニメやドラマなどを見て日本語のレベルアップをはかりたいと思ったからです。
　いま1つは、直接日本の文化に触れてみたいからです。大学でも能と狂言

を研究したいと思います。そのために，いろいろなところを旅行したり，日本の伝統文化を習ったりしたいのです。

　理由は他にもいろいろありますが，しいて言えばこの２つです。


　理由は２つあります。

　１つは，日本人が使う本物の日本語に多く触れたいからです。特に日本語の流行語について研究したいと思います。

　いま１つは，日本で生活する中でさまざまな日本の生活習慣や文化を理解したいからです。そのためには，多くの日本人と交流し，アルバイトなどもしたいと思います。

　理由は他にもいろいろありますが，しいて言えばこの２つです。

（注意）１分間スピーチの応用を参考にすること。

②あなたは日本に留学して何をしたいのですか？

　私が日本に留学してしたいことは２つあります。

　１つは，日本語をしっかり学習してレベルアップをはかりたいと思います。

　いま１つは，多くの日本人と交流して友達をたくさん作りたいと思います。

　ほかにもしたいことはいろいろありますが，主なものはこの２つです。

（注意）１分間スピーチの応用を参考にすること。

③あなたは日本に留学したら，大学の授業以外でどのように日本語を勉強しますか？

・私が日本人に中国語を教え，日本人から日本語を教えてもらいます。

・アルバイトをする時に必要な日本語を教えてもらいます。

・テレビでアニメやドラマを見て日本語を聞く練習をします。

④あなたは留学したら，どのように日本人と交流しますか？

・日本人と一緒にハイキングなどの野外活動をしたいと思っています。

・私が日本人に中国語を教え，日本人から日本語を教えてもらいます。

・日本人が主催するイベントに参加します。

⑤あなたが習いたい日本の伝統文化は何ですか？

　茶道（お茶，茶の湯），華道（お花，生け花），日本舞踊，琴，三味線，和

太鼓など
（注意）
・柔道，剣道，空手などは日本の伝統文化と言えるかどうか，意見が分かれるところである。スポーツではなく，文化的なものを挙げるのが無難である。
・実際に面接をしていたら，野球と答えた人が2，3人いた。野球は日本の伝統文化とは言えないのではないか。
・「茶道」の読みは「さどう」「ちゃどう」の2通りがあるが，「さどう」が一般的である。

⑥あなたが参加したい日本の年中行事は何ですか？
　　お正月，成人式，ひな祭り，端午の節句，七夕，盆踊り，ラジオ体操，運動会，文化祭，大晦日
（注意）大学の行事やその地域のお祭りやイベントを答えるのが望ましい。

⑦あなたは日本に留学した時に，どこへ旅行に行きたいですか？
　　北海道，東京，奈良，京都，大阪，九州，沖縄
（注意）なぜ，そこに行きたいのか，理由も述べるとわかりやすい。

⑧あなたが食べてみたい日本料理は何ですか？
　　すし，さしみ，天ぷら，うどん，そば，
　　うな丼，親子丼，牛丼，すき焼き，しゃぶしゃぶ
（注意）留学する大学のある地域の名物やB1グルメなど売り出し中の料理を挙げるのが望ましい。

⑨あなたのご両親のお仕事は何ですか？
・両親はレストランを経営しています。
・父は警察官で，母は教師です。
（注意）自分の親だから，面接では「お父さん」「お母さん」とは言わない。

⑩あなたは日本留学中，アルバイトをしたいですか？
・日本社会を体験するためにアルバイトをしたいと思います。
・学費やお小遣いを稼ぐためにアルバイトをしたいと思います。
（注意）アルバイトをする目的も述べた方がよい。

⑪**今の日中関係について，どう思いますか？（2012年愛知文教大）**

　今の中日関係は確かによくありません。政治問題によって学生の交流がとだえるのは悲しいことです。学生の交流が盛んになるように相互理解に努力していきたいと思います。
（注意）政治的な問題を挙げて批判的なことは言わない。
（学生の反応）日本語がよくできる学生が，理由があって留学生に選ばれなかったことを担当の中国人教師から聞かされた。おそらく，この問題で政治的発言をして引っかかったのではないかと思われる。

⑫**あなたは今，何に関心がありますか？（2013年長野大学）**
・私は日本の音楽に関心があります。特にポップスが好きです。
・私は日本のアニメに関心があります。特に『ワンピース』が好きです。
（注意）文化的なことを挙げればよい。政治問題は避けた方がよい。
（学生の反応）答えられなかった学生がいた。

⑬**あなたは中国人留学生の代表として日本の総理大臣に会うことになりました。その時，どんなお話をしますか？（2003年北京市日本語スピーチ大会課題）**
・握手してください。
・ここにサインしてください。
・総理の書かれた本を私にプレゼントしてください。
・アルバイトをあまりしなくても大学で勉強できるように留学生の奨学金を増やしてください。
・大学卒業後，私が日本企業に就職できるようにしてください。
（注意）他の大学の学生たちの中には，面接の練習で政治的な意見を言う者もいた。日本の大学の面接試験なのでこれを言っては留学できない。この点はしっかり注意しておいた。
　日本留学面接の場合，面接官が政治，宗教，性的なこと（いわゆる3S）は質問しないように配慮している大学もある。
（学生の反応）難しすぎた。答えるのに苦労していた。

## むすび

　本稿は，前半部分の筆者の体験と後半部分の筆者の日本語教育実践記録とからなっている。前半部分は日本語教師の生活が分かるようになるべく具体的に書いたつもりである。後半部分は筆者の日本語教育実践記録である。具体的な授業の進め方のほかに，多くの例文を挙げた。こうした例文は，そのまま資料として学生に配布できるものである。中国で日本語を教えている教師仲間から筆者の指導法が役立っているという励ましのお言葉もいただいている。筆者のメソッドが今後多くの日本語教育の現場で使われることを期待して筆をおくこととする。

# 外国語としての英語ライティング教育における詩の有用性についての一考察
―― L1リテラシー教育が示唆する可能性 ――[1]

小 坂 敦 子

## はじめに

　詩が活用されている中学校のクラスがある。そのクラスでは生徒たちに、学期の終わりに「学びの振り返り」シートを記入させている。その中の「どのジャンルで作品を書くのが好きですか」という質問に対して、そのクラスで学ぶ中学1，2年生の全員が「自由詩」と答えたという[2]。「なぜそのジャンルで作品を書くのが好きですか」という質問については、「表現に限界がない。自分のあらゆる思いを具体的かつ美しく言葉にできる」、「見たり，聞いたり，感じたりしたことを描写しようという知覚・感覚的なチャレンジが好き」、「自分にとって意味あることを書くことができる」、「素晴らしい時間をもう一度，生きることができる」等の理由が紹介されている[3]。このクラスで学ぶ生徒たちが、詩という表現手段を、まさに自分のものにしていることが伺える一場面でもある。

　「どのジャンルで作品を書くのが好きですか」という質問から分かるように、このクラスでは詩を含めた多岐にわたるジャンルで文を書くことを教えている。このクラスを教えるアトウエル（Nancie Atwell）は、詩を扱うことで、よい文とは何か、批判的に読むとはどういうことなのかといった、詩以外のジャンルの文にも応用できる力を培えるだけでなく、人間的な成長も促せることを報告し、もし教えるジャンルを一つしか選べないとすれば詩を選択するとまで言っている[4]。詩の有用性が認識され、それが詩だけに限定さ

れない形で,活用されているのである。

　いろいろなジャンルの文を書くことに詩が活用されている土台には,当然ながら,詩を読むことがある。このクラスでは授業の最初の10分間で詩を読み,気づいたことを話し,その詩から教えられるポイントを押さえながら毎回の授業が構成されている[5]。ライティング教育が孤立したものではなく,読み書きのつながりの中に位置づけられているのである。フレッチャー(Ralph Fletcher)とポータルピ(JoAnn Portalupi)は,書くことの教え方についての共著『Writing Workshop: The Essential Guide』の一つの章を,「ライティング・ワークショップのなかでの本の使い方」[6]として重視しているように,読み書きは密接に関わっているものである。アトウエルの教え方は,そのつながりを踏まえ,そこで使える効果的なテキストのひとつとして詩を選択していると言える。

　一方,日本における外国語教育の場合,リーディングとライティングが別の科目として設定されることも多く,ライティングのテキストの中に読むことがあっても,模範的な段落構成の例示にとどまることも少なくない。また,ライティングのテキストの中に,詩を登場させそこから,詩以外のジャンルの文を書くことに広がるような教え方は,一般的ではない。つまり,日本での英語ライティング教育において,読み書きのつながりを意識した教え方の中での詩の有用性や活用の検討には,まだ多くの余地があると言える。

　本論ではアメリカでの主に母語でのリテラシー教育の中で詩が活用されている事例から,外国語としての英語教育,特にライティングを中心に,どのように応用できるのかを検討する。「どの詩」を「どのような目的で」「どのように」提示し教えるのかは,学習者によって変えていく必要があるが,本論では英語を特に専門としない初級の学習者に使える詩を中心に,小学生・中学生向きの詩も含めて,ある程度の幅をもたせて紹介する。

## 1. メンター・テキスト

　母語におけるライティングにおいて,筆者が注目しているのはメンター・

テキストという概念であり、ライティングを中心とした外国語としての英語教育に詩を活用することを考える際、メンター・テキストとしての視点は重要であると考える。メンター・テキストとは、文字通り、メンターつまり師匠となるテキストであり、それを使うことによって、ちょうど優れた師匠に教えてもらうように、様々なことを学ぶのである。学習者に書くことを教えられるのは教師一人と考えるのではなく、多くの優れたメンターから学ぶ可能性を拓くことで、学習者がどのように書くのかという選択の幅も広がるのである。

フレッチャーはライティングを教えるためのメンター・テキストの本『*Mentor Author, Mentor Texts*』[7]の中で、メンター・テキストを選ぶ際に、学習者のライティングを成長させるような豊かな可能性のあるテキストを選ぶだけではなく、そこから学べることを、学習者が選択できる余地を残すことの大切さを指摘している[8]。

メンター・テキストの選び方については、吉田新一郎はドルフマン（Lynn R. Dorfman）とカペリ（Rose Cappelli）の共著『*Mentor Text: Teaching Writing through Children's Litelature, K–6*』[9]から、①選ぶ教師自身が好きであること、②教えたい「作家の技」がたくさん使われていること（つまり単にストーリーが面白いとうだけではダメだということ）、③学習者のニーズとカリキュラムのニーズの両方を満たしていることを挙げている[10]。

上記のメンター・テキストについての記述は、特に詩に限定されたものではない。アトウエルは詩から学べることについては、詩の短さと（そこから得られる）豊かさ、そして多様さ[11]に注目している。詩はその短さのゆえに、限られた授業時間の中で、完結したものとして取り上げることが可能であり、その豊かさ、多様さのゆえに多くのことが教えられるのである。詩を活用し、単に味わい鑑賞する「読み手」としてだけでなく、そこから優れた書きかたを学ぶ「書き手」の目からも読めるように教えることで、読み書きのつながりが活かした教え方が可能となる。アトウエルは、書くことについて詩から学べること——例えば言葉の選択、目的意識、書き手の声、読者意識、構成、句読法など——の多くが、詩以外のジャンルを書くときにも生か

されていることを報告している[12]。

　詩の短さ，豊かさ，多様さを，詩以外のジャンルの文章を書くことにも使えるように教えることから，日本における英語ライティングに応用できることは多い。以下，3点に分けて検討していく。

## 2．日本における英語ライティング

　外国語としての英語教育でのライティングを考える際，アトウエルが指摘した詩の「短さ，豊かさ，多様さ」[13]は大きな強みである。外国語の場合，母語よりも読む速度が遅いことを考えると，詩の短さは短時間でひとまとまりのものを読めるというアドバンテージがあり，かつ，詩以外のジャンルに応用できることも教えられるので，授業時間の有効活用となる。加えて，母語でのライティングでは意識されない，外国語を学ぶための思い込みや障壁をとるためのテキストにもなりうるし，外国語を学ぶときに必要な辞書やその他の問題解決ツールの使い方を教えるきっかけにもなる。それらも含めてここでは主に以下の3点から考察する。

### 2-1．英文を書くことへの思い込みや抵抗感を減らす

　まず1点目は，「よい」英文を書くとはどのようなものかという思い込みを崩し，英文を書くことへの抵抗感を減らすということである。学習者のレベルにもよるが，英作文というと，与えられた和文を英訳するという経験がほとんどであった学習者は，慣れないうちは，何らかの構文を使った長めの文がよい英文だと考えてしまうことも少なくない。学期途中の振り返りや今後の目標設定のなかに，「一つ一つの文をもっと長い文にしたい」，「短い文しか書けないので，もっと頑張らないといけない」等，一つの文の長さを重視する学習者のコメントも，目にしてきた。書いたことがどのように読み手に伝わるのかという効果を考えて，長めの文，短めの文を書き分けるのではなくて，あくまでも長い文がよい文という思い込みをもっている学習者もいる。

もちろん，長い複雑な文で，明確に自分の考えを表現できることも大切である。しかしながら，英文を書き慣れていない学習者が，最初から長い文を書こうとすることのマイナス面に注意する必要がある。英語を書くのに慣れていないうちは，長い英文をうまくコントロールできないために，意図が伝わりにくい文になることも多い。筆者も，学習者が，長い文をまず日本語で書き，それをいくつかの部分に分け，英語の文の成り立ちを無視して，複数の部分訳を並べたような英文を何度も見てきた。このような文は，文脈を考えずに，単語やフレーズの単位で英訳されていることが多いので，意図するところは伝わりにくい。教師が修正のアドバイスをしようとすると，単語やフレーズの選択と文の成り立ちの両方を押さえることになるので，その説明にはかなりの時間がかかる。結局のところ十分なフィードバックができないか，あるいは教師が，本人の書いた英文の原型をとどめないような書き直しの文を提示するような形になってしまうこともある。これでは，学習者にとっても，教師にとっても，極めて効率が悪いだけでなく，学習者の意欲も減少してしまう。

　そこで，英文を書くことにあまり慣れていない学習者には，「短いフレーズでも十分に伝わる」ことを教えられるような詩を紹介することで，「長い文を書くことが目標ではなく，伝えたいことを伝えようとすること」が大切であることを示す。そのためには，まずは自分がコントロールできる単語やフレーズを積み上げていくこと，その時には文脈に合った単語やフレーズを選択することからスタートすることも教えられる。

　あまり英語を書いたことのない学習者であれば，例えば，マイケル・ローゼン（Michael Rosen）の子ども向けの詩「For Naomi」[14]は，詩の途中から1行に3単語（例えば "shouts in shops"）から5単語（例えば "eats pizzas in the street"）で，詩を書いた本人の行動がリストされているので，3〜5語で一つのまとまった行動が書けることが示せる。また，ケイティ・サイダーズ（Katy Siders）の書いた「Baby」[15]では，"small" や "fragile" といった乳児を描写する一単語しか書かれていない行もあるし，最も長い行でも "your love for it is greater" と6単語で構成されている。英文を書くことに慣れていない

学習者に，まず単語や短いフレーズで十分に描写できること，そして，このような描写の仕方も一つの選択肢としてあるのを示すことで，伝えたい内容に目をむけさせることができる。詩には，改行や余白の使い方といった，詩でよく使われる方法等[16]，他にも学べることは多いが，まずは，簡単な単語やフレーズで，思いを効果的に伝えられることは指摘しておきたい。

　自分のコントロールできる長さで内容が効果的に伝わるフレーズがつくれるようになれば，そこから，主語と動詞を確定していくことへと目を向けさせていくことで，「意味の伝わる文を書く」というステップへの移行もスムーズである。筆者の経験から，英文に主語と動詞があり，主語が動詞とうまく対応しているかを学習者自ら確認し，修正できるようになると，かなりの内容まで英語で表現できるようになる。まずは意味のある単語やフレーズを組み立て，主語と動詞をはっきりさせるという基本を示しつつ，表現できるようにしていくことは有効である。

　また学習者の習熟度に応じて，類語辞典，和英辞典，英和辞典の使いかた，そして，和英辞典で出てきた単語を英文の例文を見て確認することやインターネット上の辞書の使いかたなどを，併せて説明していくこともできる。文脈の中で，ポイントとなる動詞や名詞が選べるようになれば，活用辞典も紹介することで，使えるツールの選択肢も広がる。

　このような目的で詩を提示する際，学習者にとっての未知語が多すぎないようにする。上記の「For Naomi」であれば，子ども向きということもあり，初級者でも簡単に内容や構成を理解できるので，「書き手の目から見る」ことも容易である。

　この両方の詩を書き手の目から見ると，人を描写するときに，「For Naomi」からは「日常的に行っていることをリストする」，「Baby」からは「形容詞や状態の描写を並べる」という方法があることも学べる。新学期の最初の時間であれば，自分の行っていることのリスト（あるいは自分の行いたいことのリスト）や自分を描写する形容詞等のリストをつくり，それらを使ってクラスメイトへの自己紹介を兼ねると，時間の有効利用にもなる。また，何かを書くときに，リストをブレインストーミングしつつ作成する方法

があることも体験できる。

　これらをふまえて、課題の一つの選択肢として、「（自分に限定せずに）人を描写する」を設定することもできる。人を描写している短い詩をいくつか紹介すれば、より多くのメンターから学べることにもなる。エロイーズ・グリーンフィールド（Eloise Greenfield）のハリエット・タブマンについての詩「Harriet Tubman」[17]からは歴史上の人物を、ジェイ・スプーン（Jay Spoon）のマイケル・ジョーダンについての詩「A Sestina for Michael Jordan」[18]からは、学習者にも共感できそうな憧れの人物を描けることを示せる。学習者の年代や習熟度に応じて、行動など外に現れるものよりも人物の内面に目を向けて描いている詩[19]など、複数のものを紹介していくと、以下に記すように、取り組む作品の題材の幅を広げることにもつながる。

　このように、英文を書くことの思い込みや抵抗を減らす助けになるだけでなく、上記のような発展的な授業展開も可能である。学習者の到達度にもよるが、まずは理解しやすい易しい英文で書かれており、かつ英語を書く基本を学べるフレーズや文が含まれているかどうかにも注意を払い、詩の中のどの部分をとりあげるのか、そして発展の可能性をあらかじめ考えておくことが必要である。

## 2-2. 作品の題材を考えるヒントを得る

　2点目として、詩を提示することで、自分が取り組む可能性のある題材やトピックの幅を広げることができることがある。英語を書くといえば和文英訳であった学習者にとっては、自由に題材を選んで書く場合、何を書いてよいのか分からずに戸惑う姿も見られる。アトウエルが「詩はどんなトピックでも、どんなテーマでも書けるし、誰の声でもかける」[20]と述べているように、詩を提示することで、自分の書く題材は無限であることに目を開かせることができる。

　自分が取り組む作品の題材を自分で決めることを助ける方法は、トピックをさがすきっかけになるような質問を行ったり、観察を促したり、ブレインストーミングをしたり等々いろいろ紹介されている[21]。その多くの方法の

一つとして，短いテキスト（詩，物語の一部，絵本）を読むことがあり，読むことは書き手となる子どもたちに「呼び水をさす」ことにもなる[22]と指摘されている。

絵本や物語の一部に比べて，詩はより短時間で紹介しやすいという点を活かし，複数の詩を紹介しつつ，書けそうな題材のヒントやきっかけを増やしていくことができる。題材の幅に目を開かせるためには，トピック別に集められた詩集のトピックを見せる方法もあり，そのトピックを見せるだけでも作品を書く範囲の広さがわかる[23]。

題材を自分でさがして自ら決めることの意義は，母語でのライティング教育では，しばしば指摘されている。自分が書きたいと思うことが見つかって初めて，伝えたいという気持が起こり，読者への伝わり方を意識して，修正や校正を行いたいと思えるからである。グレイブス（Donald H. Graves）は，作品の題材をうまく選べることで，内容においてもスキルにおいても，書き手として成長でき，書いている文もしっかりとコントロールができ，自分の作品だという意識やプライドも培えると指摘している[24]。題材さがしは，ライティングへの取り組みの意識や態度を左右する一つのポイントともなるので，その点からも，ここにある程度の時間をかけることは必要である。

詩を題材さがしのヒントとして使う場合は，書くジャンルは詩に限定されないこと，書けそうな題材リストをつくる際も，詩（だけ）を書くためのリストではないことを，はっきりさせたうえで，自由にどんどんリストに加えていけるようにする。詩をきっかけにしてリストをつくりはじめるのである。またクラスメイトと話すことでさらにリストの範囲を広くすることもできる[25]。どのようなトピックに取り組むのかというリストは，ライティングの授業期間を通して，常に追加され，発展していくもの[26]という位置づけにしておくと，題材さがしが意識されやすい。

## 2-3. 構成方法の幅や表現方法の工夫を学ぶ

フレッチャーとポータルピは，書くことを教える際に「作家とは決断が必要」というテーマを度々取り上げると述べている[27]が，何を書くのかという

題材の決断をしたあとは,どのジャンルで書くのか,そしてその選んだジャンルの中でどのように構成していくのかという選択,そしてどのような技巧を加えていくのかという選択も必要になってくる。

詩を使うことで,短時間で構成方法に幅があることを示すことができ,そこで学んだ構成方法は詩以外のジャンルにも応用可能である。例えば,ポール・フライシュマン（Paul Fleishman）のニューベリー賞受賞の詩集『*Joyful Noise: Poems for Two Voices*』[28]は,全篇が二つの声で構成された昆虫についての詩集である。一つの詩を構成する二つの声が同じような立場（友人のような）の場合もあるし,対照的な立場の場合もある。例えば,このなかの「Honeybees」[29]は働き蜂と女王蜂の声が交差する形で詩が進む。「Honeybees」を提示したあとに,自分の飼っているネコについての段落を書いていた学習者が,その段落をやめて,人間とネコがお互いに相手を羨ましく思うという二つの声,二つの立場での構成に変更したこともある。

二つの声という方法もあるが,話者を変えるという方法も,詩から短時間で学ぶことができる。幼い子どもの視点で書かれたカーク・マン（Kirk Mann）の「If Dogs Could Talk」[30]は小学校中学年を対象として書かれた簡単な詩で,話者を「犬」にして家族を紹介している。ここから話者を変えることの面白さが学べる。

その他,ポーシャ・ネルソン（Portia Nelson）の「Autobiography in Five Short Chapters」[31]からは,自分の人生の学びを短い章に見立てての構成,ジュディス・ビョースト（Judith Viorst）の「If I Were in Charge of the World」[32]からは現実にはありえない仮定を中心にした構成など,学べることは多岐にわたる。

上で紹介した,二つの声での構成することも,話者を変えることも,何かに見立てて構成することも,仮定として描くことも,いずれも,詩以外のジャンルを書くときにも応用可能である。それ以外の多様な書き方も,詩を使うことで短時間に提示できる。学習者が理解しやすく,かつ使えそうなものを中心に選んでいくことで,学習者が使える選択肢が増えてくる。

表現上の工夫も,書き手の目で読み直すことで見えてくる。例えば,ジェ

イン・ヨーレン（Jane Yolen）の「Grief is Not」[33]は，各スタンザの最初が"Grief is not"で始まっているので，「繰り返しの効果」や「〜でない」という表現を使って表現することが学べる。もちろん，題名，書き始め，書き終わりの選択や工夫など，どのジャンルでも扱うべき項目も，詩の提示でカバーできる。

　このように書き手の視点で読むことで，構成方法や表現上の工夫について学べることは多いが，一つ注意すべきことは，初回に読むときは，その内容に集中しがちであるということである[34]。カルキンズ（Lucy McCormick Calkins）は，子どもたちに一度読み聞かせた本を使って，作家が行っている工夫を学ぶ様子を描写している[35]が，初見の詩について，いきなり書き手の目から読ませようとすると，内容が十分に味わえないことも多い。内容をしっかり味わって初めて，書き手の行っている工夫の効果が分かるともいえる。詩は比較的短い時間で提示できるので，まずは読み手としてテキストを楽しみ，そして次に書き手の目で読むことを促すというように，その都度教えることの焦点をはっきりさせ，同じ詩を違う視点で2度読むといった段階を追ったアプローチが有効であろう。

　特に表現方法や構成方法などを学ぶときには，学習者が，読み手として詩を味わったあとで，書き手の目で見て，自ら気づいたり発見したりできる余地を残しておく。フレッチャーが指摘するように，学習者それぞれに気づけること，使えることは異なるからである[36]。

## 3．詩を選び教える

　「詩は難しく，読み方も分からない」と耳にすることがある。これは外国語学習に限らず，母語によるリテラシー教育においても，教育者ですらそう感じている人が少なくないことがしばしば指摘されている[37]。

　アトウエルは，詩を教えようと考える教師にとって必要なことは一つだけであり，それは自らが「詩を読むこと」に尽きると言う。そして，詩を読み，現代の詩のもつ可能性に感嘆することだと」続ける[38]。また，詩を選ぶ基準として以下の4つを挙げている[39]。

(1) 自分が好きな詩であり，それを共有するときに情熱をもって共有できる。
(2) 印象的で記憶に残るもの。そうであれば，生徒の心に残る可能性もある。
(3) 自分の教えている生徒たちがきっと好き，あるいは惹かれるだろうと思うもの。
(4) 詩とは何について書くことができるのか，そして詩ができることは何か，これらについて生徒が学べるような（いろいろな）詩。

　ハード（Georgia Heard）は，詩を読む時間を毎週確保することの必要性を指摘し，いったんその時間を取り始めると，続けることは難しくないと述べているし，自分の好きな詩を集めたノートをつくることも薦めている[40]。詩を活用したいと思っている教師にとっては，自分の好きな詩が，すぐに手にとれるところにあること（少なくとも何であるかがわかること，そのためのなんらかの記録やメモがあること）は，詩の活用を現実的に後押ししてくれるものとなる。
　上記のことから示唆されていることは，教師自身が詩を読み，外国語学習において使える詩を選ぶ際にも，まずは読み手として魅力を感じたり，引き込まれたりする詩を探すことの大切さである。英語を教える教師の場合，「仮定法が学べる」等の，外国語学習ならではの視点を第一の選択基準にしたくなるが，「魅了される」という読み手の視点があって初めて，文法も生きたものとして提示できるのである。アトウエルが上で述べている4点の選択基準すべては，外国語教育においても必要であるのではないか。
　そうして選ばれた詩を，改めて，文法のような，外国語を教える教師ならではの視点で見直し，文法別等で整理し直していくと，年間を通して言語事項を押さえていくことも可能である。これも教師自らが詩を読むことが増えていく中で，またその情報交換をするなかで，学習者の学びをサポートしやすいものが残ってくるであろう。
　実際に詩をさがすスタート地点であるが，母語で詩を教えている教育者達は，それぞれのお薦めの詩や詩集，そして生徒たちが選んだお薦めの詩集等を，文献のなかでしばしば紹介している。それらは，外国語としての英語を教える教師にとっても，詩をさがすよいスタート地点になると考える。

とはいえ，詩集1冊すべてに目を通して，そこから学習者に紹介したい詩が一つしかない場合もあるとアトウエルが述べているように[41]，上記のような条件に合う詩を探すのは簡単ではない。英語が母語ではない筆者が薦めるスタート地点は，アトウエルが自分の教える中学生のために厳選して集めた200篇以上の詩とそれらをアトウエルがどのように提示しているかを示した『*Naming the World*』[42]である。10年間にわたり生徒たちに授業で紹介した詩への反応を踏まえて[43]の，厳選された詩とも言える。ここに，登場する詩は，多くの有名な詩人から，アトウエルが教える中学生によって書かれたものまで，バラエティに富んでおり，テーマも多彩である。

中学生を対象に厳選された詩とはいえ，それをそのまま英語が母語でない学習者が簡単に理解できるか，あるいは効果的な教材になりうるか，というと，必ずしもそうではない。しかし，ここで複数の詩が紹介されている有名な詩人，例えばラングストン・ヒューズ（Langston Hughes），ウイリアム・スタフォード（William Stafford），ナオミ・シハブ・ナイ（Naomi Shihab Nye），マージ・ピアシー（Marge Piercy），桂冠詩人でもあるビリー・コリンズ（Billy Collins），等は，インターネットの詩のサイト[44]などで，簡単に他の詩をさがすこともできるので，よいと思える詩人に出合えると，新たな詩を探す際にも，効率がよい。

また，アトウェルの『*In the Middle: New Understanding About Writing, Reading, and Learning*』には，詩をあまり読んだことのない教師が読み始めるのによい詩集や詩に関する本が紹介されている[45]し，巻末には生徒たちが気に入った詩集の一覧が載っている[46]。フレッチャーによる8〜12歳が対象の『*Poetry Matters*』[47]にも多くの詩集が紹介されている。

前述のように，インターネットが発達したおかげで，詩にアクセスしやすくなっていることは，英語教師が詩を読む上でも，アドバンテージである。例えば1日に一篇の詩をアメリカの高校生にという，アメリカ国会図書館のPoetry 180: A Poem A Day for American High Schools というサイト[48]では，高校生を意識して選ばれた多彩な詩が読める。

最近英語教育でも注目を集めている TED のサイト[49]の中でも，poem とい

うキーワードで検索すると，多岐にわたる詩に接することができる[50]。ビリー・コリンズも TED のサイトでいくつかの詩を読み上げている[51]が，「To My Favorite 17-Year-Old High-School Girl」[52]は，ユーモアにあふれ，引き込まれた聴衆が笑い，詩は難しいというイメージを払拭してくれる。また17歳前後の学習者であれば，描写される側の立場から読むこともできる。

　本論で紹介してきた詩からは，詩とは何かを，体系的に学ぶことはできない。しかし，「詩」を専門的に学び，研究し，伝統に培われた詩を書くために学ぶときに必要な知識と，外国語としての英語を学ぶ学習者のために活用できる情報とは，同じでなく，目的に応じて優先順位は異なってもよいと筆者は考える。

　ハードは，学校で詩を教える際に，詩の中の「隠れた意味」を見つけようとして，結局のところ詩を読む楽しさを失ってしまう等，詩を学ぶことは学習者にとって必ずしもよい印象でない[53]ことを指摘している。ビリー・コリンズも自身の詩「Introduction to Poetry」[54]の中で，読者が詩を読むときにしたがることとして，ロープでイスに詩を縛りつけて告白させようと苦しめ，ホースで詩をたたき，本当に意味しているものを見つけようとすると記している。このような方法では，「詩は複雑であり，正しい解釈はひとつであり，隠されている意味や表現上の工夫をすべて理解しなくてはいけないが，それはたいへんなことだ」という印象になってしまう。このような教え方に対して，フレッチャーはメンター・テキストとして詩を読む際，「解剖するように詳細に吟味する」（dissect）のではなくて，「荷物をほどいて中身を取り出す」（unpack）ようなアプローチを勧めている[55]。

　外国語としての英語学習者を，書き手として成長させるような詩を選択するために必要なのは，言葉が与えてくれるもの，言葉の持つ力を感じさせてくれるものである。レイン（Steven L. Layne）が教師を意識して書いた詩「Aliteracy Poem」[56]の中で示唆しているが，学習者に読むことを嫌いにしてしまうような教え方は何かが違うはずである。レインがボースティン（Boorstin）の指摘を取り上げているように，活字離れ（aliteracy）と文字の読めないこと（illiteracy）の両方ともが望ましくない[57]のである。

## おわりに

　本論では，日本における英語ライティング教育での詩の活用の可能性を検討してきたが，詩の活用はライティングだけにはとどまらない。読み書きのつながりのなかで，当然のことながら，リーディングに焦点をあてて詩の活用を論じることも可能であるし，リスニングやスピーキングに応用することもできる。

　本論の最後に，リーディング，リスニング，スピーキングへの活用の可能性について触れ，今後の課題としたい。

　まずリーディングであるが，詩を味わったあとで，読み手として，詩のみならず他のジャンルのものを読む際にも応用できることを，効果的に学ぶことも考えられる。特に1980年代以降研究が進んでいる，優れた読者が行っている読み方，つまりリーディング・ストラテジー[58]に意識を向けさせ，それを使う練習をすることもできる。リーディング・ストラテジーのなかの「イメージを描く」などは詩で練習しやすいし，上で紹介したビリー・コリンズの詩の中には，あとからアニメーションをつけたものもあり[59]，自分のイメージと比べてみることもできる。

　詩によって特定の（複数の）リーディング・ストラテジーが学びやすいものもあるので，それも詩を蓄積する中で，メモを残していくと活用しやすい。また，外国語として英語を学ぶ学習者にとって，読み手として難しい点，注意しなければいけない点，問題解決方法を詩から学ぶこともできる。例えば，辞書の引き方や辞書を使うタイミング，辞書を使ってもうまく解決できない単語や表現の解決方法や問題解決ツールの使い方，文法を手掛かりにする解決方法などである。

　さらに，読んだことについて話し合う時間を取れば，スピーキングの練習にもなる。最初は，うまく話すために「文の言い始めのフレーズ」[60]を提示するなど，学習者の習熟度に応じて，話すための言語を補いながら進めていくと導入しやすいであろう。

　また，上のアニメーションもそうであるが，インターネット上では音声で

聞ける詩も多くある。中にはその詩を書いた詩人自身が読み上げているものもある。また，ＣＤ付きの詩集も多数発売されているので，リスニングの練習もできる。

このように，読む，聞く，話す，書く，の4技能において応用が可能であり，それらの有機的なつながりのなかで，アトウエルの指摘した「詩の短さと豊かさ」を活かしていくのである。チャールズ・ブカウスキー（Charles Bukowski）の詩「Defining the Magic」[61]は，詩のできることを具体的に挙げている詩であるが，この詩が示唆するように，まさによい詩ができることの範囲は広いのである。

## 注

1）2012年10月13日に浜松市アクトシティで開催された38th Annual International Conference on Language Teaching and Learning & Educational Materials Exhibitionでのワークショップ「Infusing Poetry into EFL Writing Instruction」での発表が，本論のテーマを考え始めたきっかけとなり，特に「2．外国語としての英語ライティング」の土台となっている。

2）Nancie Atwell, *Naming the World: A Year of Poems and Lessons*, (Portsmouth, NH: Heinemann, 2006) に付随している詩の教え方についてのガイド *A Poem a Day: A Guide to Naming the World*, 1.

3）Atwell, *Naming the World* のガイド *A Poem a Day*, 1. このページに引用されている生徒たちの言葉より抜粋して紹介。

4）*Ibid.*, 2.

5）*Ibid.*, 3, 22–24.

6）Ralph Fletcher and JoAnn Portalupi, *Writing Workshop: The Essential Guide*, (Portsmouth, NH: Heinemann, 2001) の第8章（73–85ページ）は "Literature in the Writing Workshop" となっており，ミニ・レッスンやカンファランスで本を具体的にどのように利用できるのかについて説明されている。邦訳，ラルフ・フレッチャー，ジョアン・ポータルピ（小坂敦子，吉田新一郎共訳）『ライティング・ワークショップ——「書く」ことが好きになる教え方・学び方』新評論，2007年の第7章「ライティング・ワークショップのなかでの本の使い方」93〜107頁も参照されたい。

7）Ralph Fletcher, *Mentor Author, Mentor Texts*, (Portsmouth, NH: Heinemann, 2011).

8）*Ibid.*, 5–7.

9）Lynn R. Dorfman and Rose Cappelli, *Mentor Texts: Teaching Writing through*

*Children's Literature, K-6*, (Portland, ME: Stenhouse, 2007).
10) RW/WW 便りの HP, 2012年9月27日「教師と生徒の力強い味方『メンター・テキスト』」(http://wwletter.blogspot.jp/2010/09/blog-post_17.html, 2014年11月5日)
11) Atwell. *Naming the World* のガイド *A Poem a Day*, 2–3.
12) *Ibid.*, 4.
13) *Ibid.*, 2–3.
14) Michael Rosen, *Michael Rosen's Scrapbook*, (Oxford: Oxford University Press, 2006), 22–23.
15) Nancie Atwell, *In the Middle: New Understanding About Writing, Reading, and Learning*, second edition (Portsmouth, NH: Boynton/Cook Publishers, 1998), 449–450.
16) 例えば "waiting for first word[,] first smile[,] first stets" という，乳児の一挙一動そして成長の様子を待ち望んでいる人の様子を描写する箇所もあり，ここが一単語ずつで改行となっている。改行が持つ意味や読み手にゆっくり読んでほしい箇所をつくることなどに目を向け，いずれ自分の書く詩に活かすことができる学習者もいるはずである。
17) Eloise Greenfield, pictures by Diane and Leo Dillon, "Harriet Tubman," in *Honey, I Love and Other Love Poems*, (New York: HarperCollins, 1978), 31–34.
18) Jay Spoon, "A Sestina for Michael Jordan," in Atwell, *Naming the World*, 85.
19) 例えば Nina Cassian, "Ars Poetica—A Polemic," in Nina Cassian, *Take My Word for It: Poems* (New York: W. W. Norton & Company, 1998), 13 など。
20) Atwell, *In the Middle*, 417.
21) 例えば Atwell, *In the Middle*, 122–132 では自分が書ける範囲としての writing territories を，教師自らも紹介しながら教えていく方法やその助けとなる質問をする方法が詳しく書かれている。Fletcher and Portalupi, *Writing Workshop*, 39 では，最初の日に書く題材がみつからなくて困る子どもたちにしてみる質問の例が書かれている。その他，Ralph Fletcher, *How Writers Work: Finding Process That Works for You*, (New York: HarperTrophy, 2000) の2章 "Finding an Idea" (11–20); Donald H. Graves, *A Fresh Look at Writing*, (Portsmouth, NH: Heinemann, 1994), 55–63; and Gary Robert Muschala, *Writing Workshop: Survival Kit, grades 5–12*, second edition (San Francisco, CA: Jossey-Bass, 2006), 54–56 などライティング関係の多くの本で様々な方法が紹介されている。
22) Fletcher and Portalupi, *Writing Workshop*, 35–36.
23) 例えば子ども向けの詩集 X. J. Kennedy and Dorothy M. Kennedy, illustrated by Karen Lee Baker, *Knock at a Star: A Child's Introduction to Poetry*, revised edition (New York: Little Brown and Company, 1999) の1章 "What Do Poems Do?" では，詩ができること別に詩が編集されており，その区分は Make You Smile, Tell Stories, Send Messages, Share Feelings, Help You Understand People, および Start You

Wondering となっており，書くことの目的も踏まえて題材さがしのヒントになる。
24) Donald H. Graves, *Writing: Teachers and Children at Work*, 20th anniversary edition, (Portsmouth, NH: Heinemann, 2003), 21.
25) Fletcher and Portalupi, *Writing Workshop*, 37–38.
26) *Ibid.*, 28.
27) *Ibid.*, 37.
28) Paul Fleischman, illustrated by Eric Beddows, *Joyful Noise: Poems for Two Voices*, (New York: HarperTrophy, 1988).
29) *Ibid.*, 29–31.
30) Kirk Mann, "If Dogs Could Talk," in *Perfect Poems with Strategies for Building Fluency Grades 3–4*, (New York: Scholastic, 2004), 43.
31) Portia Nelson, "Autobiography in Five Short Chapters," in *Read-Aloud Anthology*, by Janet Allen and Patrick Daley, (New York: Scholastic, 2004), 109.
32) Judith Viorst, illustrated by Lynne Cherry, *If I Were in Charge of the World and Other Worries*, (New York: Aladdin Books, 1981), 2–3.
33) Jane Yolen, *Things to Say to a Dead Man: Poems at the End of a Marriage and After*, (Duluth, MN: Holy Cow! Press, 2011), 50.
34) Fletcher and Portalupi, *Writing Workshop*, 80.
35) Lucy McCormick Calkins, *The Art of Teaching Reading*, (New York: Longman, 2001), 54.
36) Fletcher, *Mentor Authors, Mentor Texts*, 7.
37) Atwell, *In the Middle*, 416.
38) *Ibid.*, 422.
39) Atwell, *Naming the World* のガイド *A Poem a Day*, 4.
40) Georgia Heard, *For the Good of the Earth and Sun*, (Portsmouth, NH: Heinemann, 1989), 2–3.
41) Atwell, *Naming the World* のガイド *A Poem a Day*, 4.
42) Atwell, *Naming the World*.
43) Atwell, *Naming the World* のガイド *A Poem a Day*, 20.
44) 例えば，PoemHunter.com の HP (http://www.poemhunter.com/) では "All information has been reproduced here for educational and informational purposes to benefit site visitors.…" と書かれており，英語の教師が英語の詩にアクセスしやすくなっている。(2014年11月3日)
45) Atwell, *In the Middle*, 423.
46) *Ibid.*, 516–518.
47) Ralph Fletcher, *Poetry Matters*, (New York: HarperTrophy, 2002), 135–142.
48) The Library of Congress の Poetry 180: A Poem A Day For American High Schools

のHP（http://www.loc.gov/poetry/180/, 2014年10月25日）
49) TEDカンファランスのHP (http://www.ted.com/, 2014年11月2日)
50) TEDカンファランスのHP, poemで検索（http://www.ted.com/search?q=poem, 2014年11月2日）
51) TEDカンファランスのHPより "Everyday Moments Caught in Time,"（http://www.ted.com/talks/billy_collins_everyday_moments_caught_in_time, 2014年11月2日）および "Two Poem about What Dogs Think (Probably),"（http://www.ted.com/talks/billy_collins_two_poems_about_what_dogs_think_probably, 2014年11月2日）
52) 注51）の "Everyday Moments Caught in Time" の中で読み上げられている。
53) Georgia Heard, *Awakening the Heart: Exploring Poetry in Elementary and Middle School*,（Portsmouth, NH: Heinemann, 1999), xvi.
54) Billy Collins, *Poetry 180: A Turning Back to Poetry*, 3.
55) Fletcher, *Mentor Authors, Mentor Texts*, 12.
56) Steven L. Layne, "Aliteracy Poem," in Steven L. Layne, *Life's Literacy Lessons: Poems for Teachers*,（Newark, DE: International Reading Association, 2001), 10.
57) Steven L. Layne, *Igniting a Passion for Reading: Successful Strategies for Building Lifetime Readers*,（Portland, ME: Stenhouse, 2009), 9.
58) Suzan Zimmermann and Chryse Hutchins, *7 Keys to Comprehension: How to Help Your Kids Read It and Get It!*, New York: Three River Press, 5-6には優れた読者が理解するために行っている7つの読み方が説明されている。また、Laura Robb, *Teaching Reading in Middle School: A Strategic Approach to Teaching Reading That Improves Comprehension and Thinking*,（New York, Scholastic, 2000), 66には12の重要なリーディング・ストラテジーが表にしてまとめられている。
59) 注51）の "Everyday Moments Caught in Time" の中で「Budapest」、「Some Days」、「Forgetfulness」、「The Country」、「The Dead」の詩にアニメーションがつけられているのを、インターネットで見ることができる。（2014年11月3日）
60) Calkins, *The Art of Teaching Reading*, 231-232に例が挙げてある。またIrene C. Fountas and Gay Su Pinnell, *Guiding Readers and Writers Grades 3-6: Teaching Comprehension, Genre, and Content Literacy*,（Portsmouth, NH: Heinemann), 285には、Sentence Leads for Reader's Notebooks として、読んだものについて反応する際に使えそうな文の書き出しが50程度挙げられているので、これらから、適宜選んで使っていくこともできる。
61) Charles Bukowski, "Defining the Magic," in Atwell, *Naming the World*, 27.

# 表現について

高 橋 秀 雄

## 0．序――なぜ表現するのか？

　私たち人間はだれでも，いつでも，何かを表現しようとする。表現とは，基本的には，いったいどういう行為なのか。
　写真によって何かを表現する写真家は表現にとりわけ強い関心をもっているのかもしれない。作家・クリエーターのいとうせいこうが小林紀晴著『メモワール　写真家・古屋誠一との二〇年』（集英社）の書評を書いているが，その冒頭部分にこうある。

　　小林紀晴は写真家であり，同時に抑制の利いた文章を書く作家である。その小林が取り憑かれるように写真家・古屋誠一を追った長い年月の記録・思索が本書だ。
　　最初は1991年。著者は古屋の写真展に出かけ，古屋が精神を病んでいく妻クリスティーネを撮り，"負のエネルギーが充満"した風景を撮り，ついには投身自殺直後の妻を撮った写真と出会う。
　　衝撃を受けた著者はその後，ニューヨークで同時多発テロに出会い，無性に現場を撮りたいと思う。しかし日本で体験した大震災では今度は撮ることを躊躇する。
　　なぜ撮るのか。撮っていいのか。なぜ発表するのか。発表していいのか。表現の根幹に潜む倫理，自意識，権利などの大問題を小林紀晴は背負い込む。（……）
（朝日新聞，2013.2.3）


　投身自殺した妻のもとにかけつけるのではなく，妻の動かなくなった姿の

撮影に向かう，カメラマンの行動は，衝撃的である。写真を撮るという行為に写真家を向かわせるものは何か。写真のもつ特有の表現手段が，表現の問題を根源的に考えさせるのだろう。小林紀晴は新聞の連載エセーのなかで書いている。

　写真は原稿用紙に物語を綴ることでも，真っ白なキャンバスに自由に絵筆を走らせることでもない。それらとは決定的に違う。どれほど頭のなかに明確な物語やイメージがあっても，撮れないことにはずっとゼロのままなのだ。目の前に存在する「何か」を写すことでしか成立しない。いってみれば借り物の表現だ。（日本経済新聞，2013.9.26）

「借り物の表現」は写真というシャッターを切った瞬間に「表現」が現出してしまう芸術に携わる者が宿命的に抱える問題をよく表している。私たちはさまざまの表現の手段をもっているが，こうした写真の表現を含めて，つねに何かを表現しようとする。私たちはなぜ表現するのか。私たちを表現へと駆り立てるものは何か。私は言語研究に携わってきた者としてこの問題を，つぎの順序にしたがって，基本的に考えてみたい。

　1．辞書にたずねる。
　2．言語研究の立場から考える。

## 1．辞書にたずねる

「表現」という概念はどのように捉えられているのか。人はなぜ表現するのかを，まず辞書を読むことによって考えてみたい。日本とフランスの代表的な辞典における「表現」についての記述を取り上げる。

### 1.1 『大辞林』第三版，2006，三省堂（初版，1988）
「表現」の見出しのもとに示された全文を掲げる。

**表現**
　内面的・精神的・主体的な思想や感情などを，外面的・客観的な形あるものとして表すこと。また，その表れた形である感情・身振り・記号・言語など。特に，芸術的形象たる文学作品（詩・小説など）・音楽・絵画・造形など。「適切な言葉で―する」「―力」「―方法」
　外にあらわれること。外にあらわすこと。
　［英語 representation や expression の訳語。ロプシャイト「英華字典」(1866–69) に display の訳語としてある。また「哲学字彙」(1881) に presentation の訳語として「表現力」と載る］
［小見出し］
　**表現型**
　　生物の外見に表れた形態的・生理的性質。⟷遺伝子型。
　**表現主義**　［ドイツ Expressionismus］
　　20世紀初めドイツを中心に展開された芸術運動。文学上の自然主義や美術上の印象主義に対する反動としておこり，作家の内面的・主観的な感情表現に重点をおいた。はじめ絵画で，キルヒナー・カンディンスキーらが主唱し，第一次大戦後は文学・音楽・演劇・映画の分野にも広まった。
　**表現の自由**
　　憲法が保障する基本的人権の一。外部に向かって自らの意見・思想・主張を表現する自由。

　内容をみると，3つの語義があげられている。
　第一に，「内面的・精神的・主体的な思想や感情などを，外面的・客観的な形あるものとして表す」行為である，とする。
　第二に，「その表れた形である感情・身振り・記号・言葉」，とくに文学作品などである，とする。
　第三は，一般的にはなじみがない意味であると思われるが，「外にあらわれること。外にあらわすこと」。
　さらに，かぎかっこ内に「表現」が英語の訳語であることなど，語源的記述が，また，小見出しとして，「表現型」「表現主義」「表現の自由」があげられている。
　語義も，語義の分類も，「表現」について私たちが知りたいと思う意味を申し分なく伝えている。しかし，辞書に要求するには欲を張りすぎているか

もしれないが，内にあるものを外の，形あるものにする，それはなぜ可能なのか，そしてなによりも，人はなぜ表現するのか，について私たちに考えさせるものとしては，この記述はなお物足りないように思われる。

この語に対してはるかにいっそう多くのスペースを割いているフランス語辞典『プチ・ロベール』を，つぎに読んでみよう。

## 1.2 『プチ・ロベールフランス語辞典』Le Petit Robert, 初版, 1967 ; 1977

「表現」expression の項目の全文を，逐次日本語訳をつけて掲げる。引用が長くなるが，全文を吟味して読んでみたい。

EXPRESSION
　　(v. 1360 ; lat. *expressio*, de *exprimere*. **V. Exprimer**).
　　(初出，1360年頃；ラテン語，expressio, exprimere より。[関連語]「表現する」)
I. Action ou manière d'exprimer ou de s'exprimer.
　　[語義] あらわす，あるいは自分の考えをあらわす行為，あるいは方法。
1) Le fait d'exprimer par le langage.
　　[語義] ことばによってあらわすこと。
　　*Revendiquer la libre expression de la pensée, des opinions de chacun.*
　　[用例]「各人の思想，意見の自由な表現を要求する」
　　« Notre langue s'oppose très souvent à une expression immédiate de la pensée » (Valéry)
　　[引用]「われわれの言語はたいてい，思想の直接的表現に対立する」(ヴァレリー)
　　*L'idée est juste, mais l'expression laisse à désirer.*
　　[用例]「観念は的を射ているが，表現が物足りない」
　　*Au delà de toute expression* : d'une manière inexprimable ; extrêmement.
　　[用例]「あらゆる表現を超えて」[説明] ことばに尽くせぬほどに，きわめて。
　　« *Vous êtes laids, moi compris, au delà De toute expression* » (Verlaine)
　　[引用]「きみたちは，ぼくもふくめてだが，言い尽くせぬほど醜いよ」(ヴェルレーヌ)
　　(Formule de politesse) *Veuillez agréer l'expression de mes sentiments distingués.*
　　[用例] (儀礼表現)「敬具（小生の格別の思いの表現をお受けくださるよう）」

#*Ling*. Partie sensible d'un signe. **V. Signifiant**.
（言語学）記号のうちの感覚で捉えうる部分。［関連語］「シニフィアン（能記）」
*L'expression et le contenu.*
*Deux homonymes ont même expression.*
［用例］「表現と内容」「2つの同形異義語は同一の表現をもつ」

2) Manière de s'exprimer, forme de langage (mot ou groupe de mots).
［語義］自分の考えを表す方法，ことばの形式（語あるいは語群）。
**V. Locution, mot, terme, tour, tournure.**
［関連語］「句」「語」「辞項」「語法」「言いまわし」
*Expression propre à une langue.* **V. Idiotisme**.
［用例］「ある言語に固有の表現」［関連語］「（ある言語の）特有語法」
*Expressions heureuses, fortes.*
［用例］「うまい表現，強い表現」
*Expressions populaires, argotiques.*
［用例］「通俗的表現，隠語的表現」
*Expression figurée.* **V. Figure, image, métaphore, symbole.**
［用例］「比喩表現」［関連語］「文彩」「比喩」「隠喩」「象徴」
*Expressions toutes faites.* **V. Cliché, formule.**
［用例］「既成の表現」［関連語］「紋切り型」「きまり文句」
« *Entre toutes les différentes expressions qui peuvent rendre une seule de nos pensées, il n'y en a qu'une qui soit la bonne* » (La Bruyère).
［引用］「すべてのさまざまの表現のなかで，わたしたちのたったひとつの思想をあらわしうる正しいものはひとつしかない」（ラ・ブリュイエール）
« *En causant, elle avait le don du mot propre, le goût de l'expression exacte et choisie : l'expression vulgaire et triviale lui faisait mal et dégoût* » (Sainte-Beuve).
［引用］「話しをするとき，彼女には適切な語にたいする才能があり，正確な，選ばれた表現にたいする好みがあった。品のない，平凡な表現にはがまんがならず，これを嫌悪した」（サントブーヴ）

3) *Math*. Formule par laquelle on exprime une valeur, un système.
［語義］（数学）価値，体系がそれによってあらわされる式。
*Expression algébrique.*
*Expressions rationnelles et irrationnelles.*
［用例］「代数式」「有理式と無理式」
#*Réduire une fraction, une équation à sa plus simple expression.*
［用例］「分数，方程式をその最も単純な式に約分する」
Fig. et cour. *Réduire à sa plus simple expression*, réduire (qc.) à la forme la plus

simple, élémentaire.

[用例]（比喩的に，日常的に）「平たく言う（その最も単純な式に約める）」

[説明]（物事を）最も単純な，基本の形式に約める。

4) Le fait d'exprimer un contenu psychologique par l'art. **V. Style**.

[語義] 技（芸術）によって心理的内容を表すこと。　[関連語]「文体」

« *Pour lui (Gautier) l'idée et l'expression ne sont pas deux choses contradictoires* » (Baudelaire).

[引用]「彼（ゴーティエ）にとって，観念と表現は相矛盾する2つのことではない」（ボードレール）

« *Parmi les différentes expressions de l'art plastique, l'eau-forte est celle qui se rapproche le plus de l'expression littéraire* » (Baudelaire).

[引用]「造形芸術のさまざまな表現のなかで，エッチングは文学のそれに最も近い表現である」（ボードレール）

« *Le moyen de reproduction du cinéma, c'est la photo qui bouge, mais son moyen d'expression, c'est la succession des plans* » (Malraux).

[引用]「映画の再現手段は動く写真であるが，その表現手段は平面の継起である」（マルロー）

#*Absolt*. Qualité d'un artiste ou d'une œuvre d'art qui exprime avec force et vivacité.

[語義]（絶対構成において）芸術家あるいは芸術作品のもつ力強く，生き生きと表現する資質。[表現力]

*Portrait, masque remarquables par l'expression, pleins d'expression.*

[用例]「表現力によって注目すべき，表現力に満ちた人物・容貌描写」

« *Mes deux petits tableaux ne manquent pas d'expression* » (Diderot)

[引用]「これらの2つの小さな絵には表現力に欠けたところがない」（ディドロ）

« *La sensibilité moderne qui veut que l'expression du peintre vienne de sa peinture* » (Malraux).

[引用]「現代の感受性は画家の表現力が彼の作品から来ることを要求する」（マルロー）

*Musique, chant pleins d'expression.*

*Ce pianiste joue avec beaucoup d'expression.* **V. Chaleur.**

[用例]「表現力に満ちた音楽，歌」「このピアニストは表現力豊かに弾く」

[関連語]「熱さ，熱中」

5) (1766) le fait d'exprimer (les émotions, les sentiments) par le comportement extérieur ; ensemble des signes apparents, particulièrement sur le visage, par lesquels se manifeste un état affectif ou un caractère.

［語義］外面的な行動によって（情動，情感を）表すこと。それによって感情の状態あるいは性格があらわれる，とくに顔面上の明白なしるしの総体。［表情］

« Relevez seulement un des coins de la bouche, l'expression devient ironique, et le visage vous plaira moins » (Diderot).
［引用］「口の端の片方をただあげてみよ。表情は皮肉なものとなり，顔は好感のもてぬものとなろう」（ディドロ）

« L'expression indifférente, obtuse de son visage, ou plutôt son inexpressivité absolue » (Gide).
［引用］「その人の顔の無関心な，鈍い表情，というより，その絶対的な無表情」（ジッド）

« Ce qui attire chaque fois son attention... ce n'est pas le détail des traits, c'est l'expression de tout le visage et même de tout l'être par le visage » (Romains).
［引用］「彼の注意をそのたびに引くものは，顔の線の細部ではなく，顔全体の，顔による存在全体でさえあるものの表情だ」（ジュール・ロマン）

#*Absolt*. Animation, aptitude à manifester vivement ce qui est ressenti.
［語義］（絶対構成において）感じられていることを生き生きと表す動き，資質。

*Sans être jolie, elle a un visage plaisant, avec beaucoup d'expression.* **V. Caractère, vie.**
［用例］「彼女はきれいではないが，表情豊かな，人好きのする顔をしている」［関連語］「性格」「生気」

« Ses yeux, petits et sans expression, avaient un air toujours le même » (Stendhal).
［引用］「彼女の小さな，表情のない目は，いつも同じであるように見えた」（スタンダール）

II. Ce par quoi qn ou qc. s'exprime, se manifeste.
［語義］人あるいはものがそれによって表れるもの。

*La faim est l'expression d'un besoin.* **V. Manifestation.**
［用例］「飢えは欲求のあらわれである」［関連語］「顕現」

*La loi est l'expression de la volonté générale.* **V. Émanation.**
［用例］「法は一般意志のあらわれである」［関連語］「（意志の）発現」

« La littérature actuelle peut être en partie le résultat de la révolution, sans en être l'expression » (Hugo).
［引用］「今日の文学は一部革命の結果ではありうるが，そのあらわれではない」（ユゴー）

—(Personnes) *Roland est la plus pure expression de la chevalerie féodale.* **V. Incarnation, personnification.**

［用例］（人が）「ローランは封建制騎士道の最も純粋なあらわれである」［関連語］「具現」「擬人化」
« *Delacroix est la dernière expression du progrès dans l'art* » (Baudelaire).
［引用］「ドラクロワは芸術の進歩の最後のあらわれである」（ボードレール）

III. (Sens concret) *Méd.* Évacuation, élimination par une action de compression.
［語義］（具体的な意味）（医学）圧縮作用による排出，圧出。
*Expression abdominale*, pression exercée avec les mains sur la paroi abdominale, pour hâter l'expulsion du fœtus, du placenta.
［用例］「（分娩時の）腹壁圧出」［説明］胎児，胎盤の娩出を早めるために手で行われる腹壁への圧迫。

#ANT. *Mutisme, silence. Impassibilité ; froideur.*
（対義語）「無言，沈黙」「無感動；冷静」

　記述の構成をみると，語義はまず，I，II，IIIの3つに大きく分類されている。Iの語義は「あらわす行為，方法」だけであり，『大辞林』における「思想や感情などを」「形あるものとして」などの内容の記述はなく，ここではただ，あらわすという行為が強調されている。

　大分類Iはさらに次のように，1）から5）まで5つに語義が小分類される。

　1）「ことばによってあらわす行為」。言葉によって自分の考え，思いを表すというのが基本的な意味であるが，それが用例，引用，関連語を重ねて提示される。「観念は的を射ているが，表現が物足りない」「あらゆる表現を超えて」（ことばに尽くせぬ）などの用例を読み進めてゆくと，ことばによる表現の困難，限界への想像がふくらむ。日本語の「敬具」にあたる手紙表現の「小生の格別の思いの表現をお受けください」は，自分の真実の思いをことばで表そうとする決意表明のようにもとれる。また，言語学の用語において「表現」が記号の二項のうち「内容」に対立する項目であるという指摘も，表現とは何かを考える上できわめて有用である。

　2）「あらわす方法，ことばの形式」。「句」「語」「言い回し」「比喩」「決まり文句」など，多数の関連語があげられており，ことばによる表現が「表現」の中心をなしていることを思わせる。

3）は数学の専門用語。「価値，体系をあらわす」。「表現」が日本語の「式」に相当する概念にあてられていることに驚かされる。たしかに，「式」は抽象的な価値，体系を目に見える形にしたものである。また，「約分する」が「最も単純な表現にする，平たく言う」という日常的な表現として使われていることも，興味深い。

 4）「技（芸術）によって心理的内容をあらわす」。写真芸術などもこの語義に示される部類に入るであろうが，まずことばに尽くせぬことを表現したいという人間の強い欲求を，さらに，関連語としてあげられている「文体」「熱さ」にある通り，言語芸術や他の芸術表現に携わる者の努力を，十分に想像させる記述となっている。

 5）「外面的行動によって（情動，情感を）表す」。ことばでは言われなくても，顔をみればわかる。たしかに，表情は，見方を変えれば，顔の表現である。

 大分類Ⅱの語義は「人あるいはものがそれによって表れるもの」である。「法は一般意志のあらわれ（発現）である」，また，関連語として「具現」「擬人化」が提示される「ローランは封建制騎士道の最も純粋なあらわれである」などの適切な用例が生きている。

 大分類Ⅲは，「(具体的な意味) 医学用語。圧縮作用による排出，圧出」の語義を掲げ，その用例「腹壁圧出」には，「胎児，胎盤の娩出を早めるために手で行われる腹壁への圧迫」というていねいな説明がつけられている。

 記述の最後に対義語「無言，沈黙」「無感動；冷静」が提示されているのは，表現について考える上で見逃せない。表現する人間のもつ，社会の一員の側面と，個人の側面とが，ここにはあざやかに示されている。

 『大辞林』は，表現という行為について，何を表現するのか（思想，感情など），どのように表現するのか（形あるものとして）を，ひとまとめに語義のなかに含めて，提示している。『プチ・ロベール』はその点きわめて寡黙である。語義の表現を抑え，用例，引用，関連語の提示，選択に力を尽くしている。

『プチ・ロベール』における「表現」の記述全体を見直してみると，人はなぜ表現するのかにそれが直接に答えるものではなくても，ことばの表現の困難，「圧出」の努力，数学の式および芸術表現における想像力の駆使，とくに対義語「沈黙」「無感動」が喚起する，表現におけるコミュニケーションの面の重要性が，これを読む者の想像力に次々と浮かび上がってくる。さらにこの記述には，人間が表現に注ぐ強いエネルギー，意欲の様が十分にあらわれており，またそれは，なぜ表現が可能なのかという疑問に示唆を与えるものにもなっていると思われる。

## 2．言語研究からみた「表現」

言語研究では，「表現」はどう考えられているだろうか。人間の言語を根源的に考えようとしたソシュールの『一般言語学講義』を中心に検討してみたい。

### 2.1 言語とは何か

デカルト René Descartes (1596-1650) は『方法序説』*Discours de la méthode* (1637) の冒頭で，こう述べている。

> Le bon sens est la chose du monde la mieux partagée : car chacun pense en être si bien pourvu, que ceux même qui sont les plus difficiles à contenter en toute autre chose n'ont point coutume d'en désirer plus qu'ils en ont.
> ボンサンス（良識）はこの世で最も良く分配されている。なぜなら，だれでもこれを十分に持っていると思っていて，他のことではいかなることでもなかなか満足しない人でも，ボンサンスについては自分がもっている以上にこれを持ちたいとは思わないからだ。

はじめてこれを読んだとき，とても不思議な気がした。デカルトのいうボンサンスとは，「良識」などと訳されているが，いいかえれば，物事を正しく見分ける能力のことである。それがすべての人間に平等に分配されてい

る，というのだ。なによりもまず，人間において自分がいま持っている以上に持つことを望まないものなどあるのだろうか，と。

　ソシュール Ferdinand de Saussure (1857–1913) の言語学を勉強したとき，ボンサンスとは人間が生まれつき持っている言語能力のことではないか，と思いついた。なぜなら，私たちは自分の持つ言語能力に限って，それを持っていないと思う人はいないし，持っているその能力に対して不満をもつ人もいないからである。しかし，人間の言語能力の基本的な性質とはいかなるものか。なぜ人間はこの能力についてはいま持っている以上にこれを持つことを望まないのか。

## 2.2　ソシュールの言語論

　ソシュール『一般言語学講義』の読者はそのことに関して，バイイ，セシュエ編のこの本の本編の前に付けられている「音声学の原理」に目を開かれる思いをすることだろう。口腔，舌，鼻腔，喉頭などの声音器官（これらの器官も，もともとは言語音のためにあるのではなく，本来それらは呼吸，食物摂取などのための器官であって，声音器官としては二次的に機能しているにすぎない。）についてもソシュールは，それぞれの器官の機能を，また各言語の音声を，それぞれ一つ一つ検討するのではなく，声音器官の最も開いた音と最も閉じた音（50音の最初の「ア」と最後の「ン」，フランス語でいえば，[a] と [p, t, k]）の間にすべての音がある，つまり，すべては内にある，と見るのである。たしかに，そういうことであれば，人間の言語能力は，後天的に獲得されるものではあるが，人間ならだれでも平等に手にし得る，と納得することができるのではないか。

　すべてが内にある，これをソシュールは，Tout se tient.「すべては張り合っている」（小林英夫訳）と表現したが，言語現象のこの内在性という見方は私たちに何と大きな安心感を与えることだろう。しかもというべきか，それゆえにというべきか，その「すべて」，つまり「全体」は，二面から成る。たとえば言語音の二面性はつぎのように説明されている。

(...) au même son correspond le même acte : *b* (temps acoustique) = b′ (temps articulatoire). Les premières unités qu'on obtient en découpant la chaîne parlée seront composées de *b* et *b*′ ; on les appelle *phonèmes* ; le phonème est la somme des impressions acoustiques et des mouvements articulatoires, de l'unité entendue et de l'unité parlée, l'une conditionnant l'autre : ainsi c'est déjà une unité complexe, qui a un pied dans chaque chaîne.
(……) 同じ音に同じ行為が対応する。つまり，b (聴覚時間) = b′ (分節時間) である。言連鎖を切って得られる最初の単位は，b と b′ の合成物となる。この単位は「音韻」と呼ばれる。音韻は，聴覚印象と分節運動との，聴かれた単位と話された単位との総和であり，それらはたがいに規定し合う。したがって，音韻はすでに，それぞれの連鎖のなかに片足をいれている複合単位なのだ。
(*Ferdinand de Saussure Cours de linguistique générale*, publié par Charles Bally et Albert Sechehaye, 1916, p. 65)

話す人と聴く人は異なるのに「同じ音」，「同じ行為」と言いうるのは，考えてみればすごいことである。だからこそ，言語の音声は聴取と分節の総和である，聴取されるだけ，分節されるだけ，というのはありえない，聴取と分節は相互依存関係にある，聴取されるものはかならず分節され，分節されるものはかならず聴取される，などと断言できるのだ。
　言語現象のこうした二面性を示すものは音声にのみ限られるものではない。最も知られるものは，次のものだろう。

　　ランガージュ（言語活動）＝ラング（言語）＋パロール（言）

　人間の言語はかならず社会的制度（ラング）であり，同時に個人の行使（パロール）である，いいかえれば，ラングがなければパロールはありえず，逆に，パロールがなければラングはありえない。ラングとパロールのこの相互依存関係は，言語活動の不思議な性質を明らかにする。個人はことばを行使するのにこの上なく自由に振舞うが，ラングの束縛から一歩も抜け出すことはできない。逆に，ラングの社会的な制度の方も，個人の行使の結果生じるその進化の動きを一瞬でも止めることはできない。

私たちが行う「表現」とは，こうした人間の言語の性質と無関係ではありえない。具体的には，言語の枠のなかで有限の要素はつねに動き，私たちの想像力は無限に広がるのである。

## 2.3 ヘレン・ケラーの言語論

ソシュールが行ったような言語の分析ではないが，人間の言語について，その開眼の体験を明快に語ったものとして，ヘレン・ケラーの有名な井戸小屋のエピソードがある。表現とは何か，なぜ表現するのかを考えるテクストとして，これを取り上げる。

ヘレン・ケラー Helen Keller（1880-1968）は，生後19カ月に視覚と聴覚を失った。7歳のとき，サリヴァン先生の助けを得て，人間の言語とは何かを発見する。後年『私の生涯の物語』に記したこの短いエピソードをていねいに読んでみよう。

　　When I had played with it a little while, Miss Sullivan slowly spelled into my hand the word "d-o-l-l." I was at once interested in this finger play and tried to imitate it. When I finally succeeded in making the letters correctly I was flushed with childish pleasure and pride. Running downstairs to my mother I held up my hand and made the letters for doll. I did not know that I was spelling a word or even that words existed ; (...)
　　One day, while I was playing with my new doll, Miss Sullivan put my big rag doll into my lap also, spelled, "d-o-l-l" and tried to make me understand that "d-o-l-l" applied to both. Earlier in the day we had had a tussle over the words "m-u-g" and "w-a-t-e-r." Miss Sullivan had tried to impress upon me that "m-u-g" is *mug* and that "w-a-t-e-r" is *water*, but I persisted in confounding the two. (...)
　　私がそれ（サリヴァン先生がヘレンに与えた人形）でしばらく遊んでいると，サリヴァン先生は私の手のひらにゆっくりと，d-o-l-l（人形）という語を綴った。私はすぐにこの指のゲームに興味をもち，それを真似ようとした。正しく文字を作ることにとうとう成功したとき，私は子どもらしい喜びと誇りに興奮した。二階から走って降りて母のところに行き，手を上げて，人形という字を作った。しかしそのとき私は，自分が語を綴っていることも，語が存在することも，知っていたわけではなかった。（……）
　　ある日，私がこの新しい人形で遊んでいると，サリヴァン先生は私の古い大きな人形も私の膝に押し込んで，d-o-l-l と綴り，d-o-l-l が両方の人形に当てはまる

ことを私にわからせようとした。その日は，もっと早い時間に，私たちは m-u-g と w-a-t-e-r という語をめぐって，もめごとを起こしていた。サリヴァン先生は m-u-g が「水のみ」，w-a-t-e-r が「水」であることを私にわからせようとし，私の方は両方が同じであると主張して，たがいに譲らなかったのだ。

サリヴァン先生はヘレンに人形を与える。先生は，語というものを教えようとして，新しい人形と遊んでいるヘレンの手をとり，それに d-o-l-l と綴る。ヘレンは文字を綴る遊びが気に入り，その後，「ピン」「帽子」など，さらに，「坐る」「立つ」「歩く」などの動作の語までも次々と綴るようになる。

ところが，ここで著者は，「私は，それが語を綴っていることだとは知らなかった。語というものが存在することも知らなかった」といっている。

「水のみ」と「水」はそれぞれ異なる文字で綴られ，同じ字で w-a-t-e-r と綴られることはない。逆に，手になじんだ古い人形と新しい人形は同じ字で d-o-l-l と綴られる。ヘレンはこうした混乱に腹を立て，新しい人形を床にたたきつけて壊してしまう。

サリヴァン先生は，太陽が降り注ぐ庭にヘレンを連れ出す。

Some one was drawing water and my teacher placed my hand under the spout. As the cool stream gushed over one hand she spelled into the other the word *water*, first slowly, then rapidly. I stood still, my whole attention fixed upon the motions of her fingers. Suddenly I felt a misty consciousness as of something forgotten – a thrill of returning thought ; and somehow the mystery of language was revealed to me. I knew then that "w-a-t-e-r" meant the wonderful cool something that was flowing over my hand. That living word awakened my soul, gave it light, hope, joy, set it free !

だれかが水を汲み上げていた。先生は私の手を噴出する水の下においた。冷たい水の流れが片方の手の上を走ったとき，先生はもう一方の手に，最初はゆっくりと，次にはすばやく，「水」という語を綴った。私は立ちつくして，すべての注意を先生の指の動きに集中させた。私は何か忘れていたものに対するようなおぼろげな自覚，戻ってくる思考による身震いを感じた。そして，どういうわけか，ことばの謎が私の前に姿を現したのだ。私はそのとき，w-a-t-e-r が私の手の上を流れている冷たい，すばらしい何かを意味することを知った。その生きた語が私の魂を目覚めさせ，これに光と希望と喜びを与え，これを解放したのであ

る。

(Helen Keller, *The Story of My Life*, 1902 ; Signet Classic, 1988, pp. 17-18)

　勢いよく流れる井戸水が手に触れたとき，ヘレンはサリヴァン先生が綴った「水」の文字を，これまでのように指のゲームとして受けとめたのではなかった。言語の全体を構成する有限の要素である語は個別の物と対応しているのではなく，それは意味するのだということ，全体のなかで意味作用をもつのだということを知った。聴くことも話すこともできない7歳のヘレンが，それゆえにこそ，語が生命をもっていること，いいかえれば，同じ語が同じ行為に対応する言語の不思議に気づき，言語を使うこと，表現するという人間の生き方が魂を自由にすることを悟ったのである。
　このテクストのなかに私たちは，表現とは何か，人はなぜ表現することに駆り立てられるのかに対する見事な回答の一つを見出すことができるのではなかろうか。

## 3．おわりに

　本論は，2014年1月11日，名古屋市にある愛知大学車道校舎で開催された愛知大学言語学談話会公開講座「言語」における発表「言語における〈表現〉について考える」の発表原稿を文字通り大幅に加筆，修正したものである。当日，発表後の質疑応答の時間のなかで予期した以上の質問，意見が寄せられたが，発表者の私はそれらの質問に満足に回答できなかった，という思いがあった。たとえば，「写真は言語の表現ではないですよね？」また「表現は言語学のテーマではないのではないか？」のような問いには基本的な問題提起があるように思われた。本稿は，発表のときに取り上げたテクストにさらに別のテクストを加えて，それらを何度か読み返し，考えを進めた結果の報告である。

# 話し言葉における自由間接話法とエコー発話
　　──エリス・ヘルディン（1905年）から山口治彦（2009年）まで──

鈴　木　康　志

　山口治彦『明晰な引用，しなやかな引用』（2009年）は魅力的な研究書である[1]。とりわけ「話し言葉における自由間接話法」や「対話の自由間接話法（＝エコー発話）」がこれほどまで精緻に記述されることは今までなかったであろう。ただ山口の著作では，話し言葉の自由間接話法やエコー発話に，研究者の関心が向けられたのは最近（1980年以降）のことであると繰り返し述べられている。しかしこの点はどうであろうか。今から100年近くも前からオランダ，スイス，フランス，ドイツあるいはスウェーデンでは，話し言葉における自由間接話法，エコー発話，あるいはその関係について──もちろん山口ほど精緻ではないが──論じられているからである。そこで今回は「話し言葉における自由間接話法」(free indirect discourse in the spoken language) と「エコー発話」(echo utterances) に焦点をあて，山口への多少の批判も兼ね，古くて忘れ去られているが，現代的な意味をもつ研究，特にエリス・ヘルディンの研究（1905年スウェーデンのウプサラ大学に提出された博士論文）を中心に紹介してみたい。また，このような優れた研究がなぜ忘れ去られ，顧みられることがないのかも考えてみたい。

　山口（2009）は評価すべき点が多々ある。まず挙げたいのは，エコー発話を含めた自由間接話法が，引用や話法において，いかに大きな役割を果たすのかという指摘である。これは偏見にとらわれず，データからみればその通りであろう。筆者が自由間接話法を研究しはじめた1980年代後半でも，話法と言えば直接話法と間接話法で，自由間接話法の関心，評価はとても低い

もので，自由間接話法は，いわゆる正規の話法である直接話法と間接話法の「あいの子」扱いだった。その意味では，山口にはコペルニクス的転換ともいえるものがある。自由間接話法は，話法の周辺ではなく，中心なのだという指摘である。山口のこの指摘は特記すべきものであろう。

　さて，評価すべき点は細部にも多々あるが，評価は誰がいつどこでしてもいいが，問題点の指摘は本人の前でするのがフェアーであろうし，それに対する再反論もあるだろう。ただ，繰り返し強調しておきたいのは，批判は評価に較べればとるに足らない，形式的なものである。山口の研究を読んでいて，例文の面白さ，その解釈の斬新さは今までの研究の枠を超えたものであると感じる。ただ，ところどころ気になる記述に出会う。いくつか挙げれば，「（自由間接話法で）これまでに取り扱われた例のほとんどは，書かれた語り，しかも3人称小説に代表される文学テクストであった。（脚注で）80年代以降，それ以外のコンテクストでの使用が報告されだした。（30ページ）」，「エコーを話法の一部として直接話法や間接話法と同列に並べて記述する文法書など皆無である。（脚注で）近年（80年代以降）になり，エコーの引用としての側面に注目する論者が増えてきた。（47ページ）」，「これまで自由間接話法と一般に呼ばれてきたのは，小説のなかで登場人物の思考や発話を再現・提示する描出話法のことであった。（88ページ）」，「自由間接話法（描出話法）は，長らく文学的なスタイルだと思われていた。口語にも自由間接話法が存在することはときおり言及されることもあったが，……（一部省略）口語の自由間接話法が研究課題として正面から取り上げられることはなかった。（94ページ）」などである。これらの記述はヨーロッパの戦前の研究に多少なりとも携わった者には大きな違和感がある。なぜなら，すでに触れたように，今から100年近くも前から，オランダ，スイス，フランス，ドイツあるいはスウェーデンでは，話し言葉における自由間接話法，エコー発話についてすでに詳しく論じられているからである。まず，オランダの研究からみてみよう。

## オランダ

### I Kruisinga(クロイズィンハ)(1875〜1944)の自由間接話法(Semi-indirect style)記述 [1911 (1932⁵) 年]

　Etsko Kruisinga(エツコ・クロイズィンハ)はオランダの英語学者である。1875年オランダ北部の小村 Leens の生まれ，Groningen 大学を出た後，中等学校の外国語教師をしながら(オランダの大学では1921年まで現代外国語の専攻はなかった)，英語の——通時的な知識をもちながら——共時的な研究を進めた。そして主著 *A Handbook of Prsesent-Day English*(1932年5版)の「項目2346」とそれに続く「項目2347」において自由間接話法とエコー発話に触れている[2]。(Karpf (1933: 229) によれば1921年版は項目1922, 1923)

　Kruisinga は自由間接話法を「Semi-indirect style(準間接話法)」と呼び，動詞のテンス，助動詞，その他の状況から識別されるとしている。Kruisinga は Karpf (1933)，Steinberg (1971) を除けば，その後の自由間接話法研究(史)で言及されることはほとんどないが，思考再現の例とともに，発話を再現した自由間接話法やエコー発話を自由間接話法として扱っているので，Kruisinga の例文をまず紹介したい。

(1)
　"You know he is on his way back from Uganda," Aunt Phyllis remarked with an unreal innocence.
　*Lady Charlotte had not known*. (= she said: "I did not know.") But she stood up gallantly to the blow.　　　(Wells, Joan and Peter ch. 5 §2. [( ) 内は Kruisinga の註])

(2)
　He went into the tiny kitchen. In a few moments she followed him. *He had remembered to warm the teapot.* (= He said: "I have remembered to warm the teapot.") She held it while he poured in the water.
　　　　　　　　　(Storm Jameson, The Single Heart ch. 2 p. 86 [( ) 内は筆者])

(3)
　"I like you!" returned Aunt Bel, nodding at him. "Where do you come from?" …
"Where do I come from?" drawled Laxley.　　　　　(Meredith, Harrington ch. 16.)

(4)
　"Are you cold?" she asked, seeing the new situation of the table.
"Am I cold!" Edwin repeated.　　　　　(Bennett, These Twain III ch. 18. §1.)
　　　　　　　　　　　　　　　　　　　　　[Kruisinga (1932: 440f.)]

　前後のコンテキストがないためわかりにくいが，(1), (2)は発話を再現した自由間接話法と解釈される。さらに彼はエコー発話も自由間接話法と捉え「ある質問を（鸚鵡返し的に）繰り返す際にも準間接話法，つまり自由間接話法がしばしば生じる」と述べ，例文(3), (4)を挙げている。二つとも明らかなエコー疑問文である。さきほど触れたように，Kruisinga が自由間接話法研究で取り上げられることはあまりなかったが，彼が1910年代の文法書で，発話再現の例を挙げていること，エコー疑問文を自由間接話法の一つとして挙げていることは注目していいであろう。

　なお，Kruisinga は1935年に „Einführung in die Deutsche Syntax"（ドイツ語シンタクス入門）というドイツ語の本を書いているが，その中でやはり「準間接話法（semi-indirekte rede）」に触れている[3]。ただドイツ語に関しては Krusinga の記述には問題があるように思われる。ドイツ語では，自由間接話法，つまり導入文のない間接話法というとき，そのモードゥス（法）が接続法の「導入文欠如間接話法」（下記(5)の表4）と直説法の「体験話法（Erlebte Rede）」（表5）があるが，Kruisinga は——初期の Bally と同様に——「準間接話法」を接続法の「導入文欠如間接話法」にのみ対応させている。しかし自由間接話法に対応するのは，むしろ表5の体験話法である。ドイツ語では，発話の再現は導入文欠如間接話法で，思考の再現は体験話法でという使い分けがあったが，現代では，発話も思考も直説法の体験話法でなされるようになる。ただ，いずれにせよ Kruisinga は，1911年という自由間接話法の議論が始まる前に，自由間接話法に触れるだけでなく，エコー発話をも引用形式として自由間接話法と捉えている点など，先駆的な記述の一つと言える

のではないだろうか。

(5) ドイツ語と英語の話法の対応表

|  | ドイツ語 |  | 英語 |  |
|---|---|---|---|---|
| 1．直接話法 | K. fragte sich:<br>„Wo <u>sind</u> wir?" | → | 直接話法 | K. asked himself,<br>"Where <u>are</u> we?" |
| 2．間接話法 | K. fragte sich,<br>wo sie seien. | → | 間接話法 | K. asked himself,<br>where they <u>are</u>. |
| 3．自由直接話法 | Wo sind wir? | → | 自由直接話法 | Where <u>are</u> we? |
| 4．導入文欠如間接話法 | Wo **seien** sie? | → | ∅（英語の対応なし） | |
| 5．自由間接(体験)話法 | Wo **waren** sie? | → | 自由間接話法 | Where **were** they? |

＊ Krusinga (1935) は，ドイツ語では 4 を Semi-indirect style と考えている。(19世紀頃までドイツ語では発言再現に 4，思考再現に 5 という使い分けがあった。Herdin (1905) の指摘）

## スイス（ジュネーブ），フランス，ドイツ

II Bally (1912)、Thibaudet (1922)、Richter (1928)、Lerch (1928)、Karpf (1933) など
<small>バイイ　　　　チボーデ　　　　　リヒター　　　　　レルヒ　　　　カルプフ</small>

次にフランス語圏のスイス（ジュネーブ）やフランスの研究に移りたい。山口は参考文献に Bally をあげているが，本文では Bally についてなにも触れていない。Bally (1912) は「自由間接話法 (le style indirect libre)」という術語を作り出すとともに，自由間接話法に関する議論を引き起こしたことでも有名である。Bally にとって自由間接話法とは，間接話法から伝達部をとったもの，したがって発話の再現も重要だった。その意味で先ほどの Kruisinga と同様に，エコー発話も自由間接話法と捉えている。Bally が挙げたエコー発話と話し言葉における自由間接話法の例をみてみよう。マリヴォーの戯曲『愛と偶然との戯れ』3幕8場とやはりマリヴォーの『遺贈』第23場からの例文である[4]。（強調は筆者）

(6)
Dorante: Vous êtes sensible à son amour; je l'ai vu … Ainsi vous ne sauriez m'aimer.
Silvia: **Je** suis sensible à son amour! qui est-ce qui vous l'a dit? **Je** ne saurais **vous** aimer?　　　　　　　　　　　(Marivaux: Le jeu de l'amour... [Bally (1912: 555)])

ドラント：そして，あなたは，彼の恋を喜んで居られる。それゃあ，……だから，あなたは，僕を愛して下さることはできない訳だ。
シルヴィヤ：わたくしが，あの方の恋を喜んでゐますって！　誰がそんなことを申しました？　あなたを愛することは，できませんって！
　　　　　　　　　　　　　　　　　　　　　　　　　　　　　（進藤誠一訳）

(7)　あなた → 私（伯爵夫人），私（侯爵）→ あの方，私（侯爵）の → あの方の（その）
La comtesse: Qu'il a pris mon étonnement pour de la colère. Il a commencé par établir que je ne pouvais le souffrir. En un mot, **je** le déteste, **je** suis furieuse contre son amour;…　　　　　　　　　　(Marivaux: Le legs [Bally（1912: 555）])

伯爵夫人：あの方，私が驚いたのを怒ったと取り違えてね。私があの方を我慢できないのだと思い込んだの。一言で言えば，私（あなた）は，あの方（わたし）を嫌いで，その（わたしの）恋心に腹を立てているって，ね。
　　　　　　　　　　　　　　　　　　　　　　　　　（佐藤実枝訳，一部変更）

(6)は二つとも典型的なエコー疑問文である。(7)は，あの方（侯爵）の思いを，伯爵夫人が会話の中で述べたもので，話し言葉での思考再現と考えられる。いずれにせよBallyはこれらを自由間接話法とみなしていた。つまりKruisinga同様，エコー発話を引用形式として自由間接話法の一種と考えていたわけで，やはり先駆的なものとして捉えていいのではないだろうか。事実，ドイツ語圏の研究では，エコー発話に関してはまずBally（1912）が挙げられる。(Steinberg (1971: 12f.), Socka (2004: 58f.) など)

これに関連してもう一つ不思議なのは，山口が94ページで，「自由間接話法は口語においても起こりえるし，また現に存在している」と非常に手短に述べているにすぎないPrinceと同様に，チボーデ（1966（1935））やPascal (1977)も口語の自由間接話法については「脚注などに申し訳程度に書かれて」いるに過ぎないと記している点である。しかしチボーデを読めば，自由間接

話法の起源が口語，つまり話し言葉であることが，脚注ではなく，本文に数ページにわたり記されているうえに，例文も挙げられている[5]。しかもこのチボーデの記述から，ドイツでは1920年，30年代に自由間接話法の起源を口語に求め，話し言葉の自由間接話法に関して様々な例文とともに，盛んな議論が起こったことを考えれば，「話し言葉における自由間接話法は申し訳程度」にしか書かれなかったという記述は事実に即したものとは言えないだろう。ここではこの点を考察してみたい。

まず，チボーデのフランス語の例文を，チボーデ以上にわかりやすく整理し，ドイツ語に訳している Lerch (1928) でみてみよう[6]。

(8) 私は → 彼（自分）は
Ein Feldwebel berichtet dem Leutnant: „Der Gefreite X. erbittet acht Tage Urlaub; **er muß zur Hochzeit (Einsegnung) seiner Schwester."** (Sa sœur fait sa première communion.)　　　　　　　　　(Thibaudet (1922 [1935²: 249]) [Lerch (1928: 459)])

軍曹が少尉に連絡する「X伍長が1週間の休暇を願い出ています。<u>彼（自分）は妹の結婚式（堅信礼）に出なければならない，とのことです。</u>」

下線部が話し言葉における自由間接話法であるが，これにより軍曹は，伍長から聞いたこと「私は妹の結婚式に出なければなりません」を少尉に，事実として伝えることも，あるいはイントネーションをつけ，皮肉的に伝えることもできる。チボーデは自由間接話法の起源はこのような話し言葉にあるとし，特にイントネーションの重要性を指摘する。この点は Spitzer (1928) 等に引き継がれるが，このチボーデの指摘から，間接的，あるいは直接的な影響を受け，話し言葉における自由間接話法の議論が始まることになる。

まず，間接的な影響では，Bally の弟子にあたる M. Lips が1926年にフランス語の自由間接話法に関する浩瀚な著作を出す[7]。Lips は基本的には自由間接話法は文学的な現象としているが，1922年のチボーデの著作の上記の部分も読んでいるだけに，話し言葉にも自由間接話法は散在するとして，いくつかの例文をあげている（Lips (1926: 81–83) 参照）。

さて，その Lips の著作の書評で，ウィーン大学の Elise Richter は話し言葉

における自由間接話法に詳しく触れている[8]。以下彼女の論を追ってみよう。「リップスは自由間接話法をおもに文学言語のスタイルと見ているが，話し言葉の例もわずかながら挙げている。<u>しかしむしろ話し言葉のほうが自由間接話法の例を多く提供するだろう</u>。ただ，それらはまだデータとして集められていないし，話し言葉という性格上すぐに消えてしまうため考察の対象になっていないのだ。しかし，思うに，まず観察し，たいてい興奮した会話である以下のようなタイプ例を見れば，誰にとっても話し言葉の自由間接話法を見つけるのはむずかしくないだろう。（下線筆者）」と述べて，Richter は例文を挙げる。そのいつくかをみてみよう。（強調は筆者）

(9) おまえ → 僕
[A. beschuldigt B. häufig der Unordentlichkeit. B. erzählt:] A. sucht seine Handschuhe, die habe natürlich **ich** verlegt.

［Aはいつも Bのだらしなさを責める。Bが語る。］Aが手袋を探している，<u>もちろん僕（おまえ）がどこかに置いたって言うんだ。</u>（つまり A は手袋を B（僕）がどこかにやったと責める。）
Aの発言（考え）が，Bの視点から人称変換され，いらだちを表わしながら再現されている。

（類例：Natürlich habe **ich** das verräumt.：もちろん，僕がそれを片付けたっていうんだ。Karpf (1933: 236)）

(10) おまえ → 私，俺 → 夫
[Eine Frau klagt über schlechtes Einvernehmen mit ihrem Mann] <u>An allem bin **ich** schuld, **ich** gebe nie nach, **ich** nehme nie Rücksicht auf **ihn**.</u>

［ある女性が，夫との意思疎通を欠いていることを嘆く。］<u>すべて私（おまえ）が悪く，私（おまえ）は折れることがない，夫（俺）に対して配慮がないって（夫は言うの）</u>。

（類例：Il n'est point de malheur dont **je** ne sois coupable (Racine)：不幸があれが，いつもわたしが犯人と言うんだ。(Bally (1914: 458), tout ce que **je** lui dis, c'est de la frime. わたしの言うことはすべて張ったりって言うんだ。(Lips 1926: 82), J'ai les cheveux coupés, les robes courtes, je danse: **je** suis une cocotte!：わたしは尻軽女だって言うのよね。(Günther (1928: 109))

Richterによれば「女性がまったく不当と見なしている夫の言葉の再現であり，第三者は，そこに罪の告発をみることができるであろう。さらに，私たちが，他者の発言を導入文なしに再現すれば，いつも自由間接話法が生じる」として以下の例をあげる。

(11)　話し言葉での発話再現の簡略化
A．Warst du beim Verwalter? [wegen einer notwendigen Wohnungsausbesserung]
B．Ja, es kostet zuviel. Statt: 'er bewilligt es nicht, weil er findet, daß es zuviel kostet.'
((9), (10), (11) Richter (1928: 151))

A．管理人のところへいっていたのですか？［必要な住居の改善のため］
B．ええ，コストがかかりすぎるって！（管理人はコストがかかりすぎるから認めないですって。）

文の情報が多少欠けても，管理人の発言とそれに対する話し手の態度の理解に誤解をきたすことはなく，Richterはこれらの例文をあげた後で以下のように結論を述べている。「話し言葉における自由間接話法は新しいことではない。新しいのは，話し言葉の自由間接話法に意識が向けられたことである（下線筆者）」と。つまりBallyもLipsも話し言葉における自由間接話法の例を挙げているが，それは周辺的にすぎなかった。しかし今や話し言葉における自由間接話法に大きな関心が向けられるようになった，ということである。Richterの書評は1928年であるが，事実この年から話し言葉における自由間接話法に関して盛んに議論されるようになる。

チボーデの直接の影響として，Günther (1928), Spitzler (1928), Lerch (1928) そしてKarpf (1931, 1933) と話し言葉における自由間接話法の議論が続き，注目を集め，文学作品における自由間接話法もその起源は話し言葉における自由間接話法から発展したものであるという考えが一般的にヨーロッパで承認されるようになる。ここではLerchのみを簡単に紹介することにしよう。

Lerch は，Thibaudet, Bally, Günther, Richter さらに Lerch 自身によるドイツ語，フランス語，イタリア語の話し言葉における自由間接話法の例文をあげ，自由間接話法の起源は話し言葉であることに触れ，改めて自由間接話法が Bally の言うように，間接話法から導入文をとったものではなく，「語りの報告」であること，つまり「媒介機関（話し手，物語では語り手）」があることを指摘する。

　Lerch の議論で興味深く思われるのは，Lerch がごくありふれた日常会話の中に自由間接話法的引用形式が多々あることを指摘するとともに，Bally などと同じく，エコー発話も自由間接話法とみなしていることである。例文⑿は，例えば自分の体の調子に異常にこだわる心気症の人の発言を皮肉って再現したもの，例文⒀はフランス語のエコー疑問文である。Lerch はこれらも同じ話し言葉における自由間接話法と取らえている[9]。（強調は筆者）

⑿
„Es geht **ihm** wieder einmal scheußlich."
= Er behauptet, „Es geht **mir** wieder einmal scheußlich."

「あいつまた体調がひどいんだってさ。(ほんとうにいつもしょうがないなぁ！)」

⒀
« Tu es folle, ma chère, **tu** dis de si grosses bêtises … »
« Ah! **Je** *dis* des bêtises, …. »　　　　　　　(Zola: Travail [Lerch (1928: 460f.)])

「バカ，気が狂っている，そんな恐ろしいバカを言って……」
「なに，私がバカを言ってるですって！……」
　　　　　　　　　　　　　　　（ゾラ『労働』飯田旗軒訳，一部変更）

　また，「話し言葉における自由間接話法は，その日常会話などでの一般的な使用からみて，疑いなく非常に古いもので，多分間接話法より古く，間接話法は，話し言葉の自由間接話法（要約的な発話・思考再現）の存立を前提している（S. 472f.）」という指摘である。つまり自由間接話法は間接話法からできるわけではないということである。

さらに話し言葉の自由間接話法の作用を，直接話法や間接話法のそれと比較している。Lerchによれば，例えば例文(14)で，自由間接話法が単なる事実の報告の場合，その作用は直接話法より弱い，それは発話を再現するという強い意識がないためである，と述べる。

(14)　話し言葉の自由間接話法 ＜ 直接話法
X. (Der Gefreite) erbittet (acht Tage) Urlaub; er muß zur Hochzeit seiner Schwester.
X.（伍長）が，妹の結婚式に出なければばらないので（1週間の）休暇を願い出ています。

しかし発話を再現するという意識がある場合は，発話した人物の話し方をまねようとする。その場合自由間接話法は，間接話法よりも生き生きとし，直接話法と同じような作用をする，として例文(15)を挙げる。ただ私見によれば，これは自由直接話法とも言えるので，例文(14)にイントネーションをつけ，発話再現の意図がある場合を考えた方が適切であろう。

(15)　話し言葉の自由間接話法（自由直接話法？）＝ 直接話法 ＞ 間接話法 (müsse)
Er (Papa) sitzt an seinem Pult … Dies und das muß (müsse) noch fertig werden …
パパは事務所の机にかけて，これもあれもしなければならないって（言うのよね）。

さらにそのような意識をもつだけでなく，他者の言ったことに反発する場合は，自由間接話法は直接話法よりも強く作用するとして例文(16)，先ほどのRichterの例を挙げる。

(16)　話し言葉の自由間接話法 ＞ 直接話法
An allem bin ich schuld, ich gebe nie nach, ich nehme nie Rücksicht auf ihn.［例(10)］
すべて私が悪く，私は折れることがない，夫に対して配慮がないって（夫は言うの）。
((14), (15), (16) Lerch (1928: 475f))

これらが正しいかはともかく（Karpf (1933)などは批判），話し言葉における自由間接話法とその機能について関心がもたれ，様々に考察されたことは確かである。さらにLerchは，このような話し言葉の自由間接話法は文学作品

に取り込まれるとして, トーマス・マンの『ブデンブローク家の人々』から以下の部分を引用している。つまり口語での使用が先ということである。

(17)
Herr Grünlich kehrte bald nach dem Weihnachtsfeste nach Hamburg zurück, denn sein reges Geschäft erforderte unerbittlich seine persönliche Gegenwart.
グリューンリヒ氏は, クリスマスが過ぎると「商売が忙しくどうしても自分が顔を見せていなければならないから」と言って, ほどなくハンブルクへ引き揚げた。

(18)
Sie (Frau Stuht) hatte, straf sie Gott, niemals eine schönere Braut gesehen.

「神に誓って, こんな美しい花嫁は見たことがないわ」（とシュトゥート婦人は言った）。　　　　　　　　　　　　(Th. Mann: Buddenbrooks [Lerch (1928: 477)])

(17)(18)は, 小説の自由間接話法で, 語り手が作中人物の発言を読者に伝えているが, 語り手と読者の代わりに, 日常会話でAがBに「グリューンリヒは商売が忙しく, どうしても自分が顔を見せていなければならないからってさ。」,「彼女は神に誓ってこんな美しい花嫁は見たことないってさ。」と伝えれば話し言葉における自由間接話法になり, すこしイントネーションをつければ, それらの発言はあやしいという伝達者の判断を加えることができるので, Lerch の主張もあながち間違いではないと言えよう。事実小説の中では, グリューンリヒの発言は虚言だった[10]。このように, 話し言葉における自由間接話法に関しても1920年代からいろいろ議論があったと言える。

## スウェーデン

### III　Elis Herdin（エリス ヘルディン）(1873〜1943) の『現代ドイツ語における報告形式と間接話法に関する研究』(1905年)

最後に, Elis Herdin（以下, ヘルディン）の研究の紹介である。これは

1905年にスウェーデンのウプサラ大学に提出されたドイツ語による博士論文である[11]。ウプサラは，スウェーデンの南東部にあり，首都ストックホルムから北へ60キロほどの静かな大学町，植物の分類で有名なリンネや劇作家のストリンドベリ（中退）などが出たこととともに有名なものが，ウプサラ大学カロリーナ図書館にある「銀文字聖書」，ラテン語でCodex argenteus,古代ゴート語訳の聖書である。これはまとまったゴート語の唯一の文献で，英語，ドイツ語などのゲルマン語の歴史的研究には欠かせないものである。

　さて，ヘルディンの「話法」研究だが，山口同様「最初にディスコースありき」，つまりデータから出発している。現在と異なり，ヘルディン以前には自由間接話法の研究は，自由間接話法を発見したTobler (1887)とドイツ語の自由間接話法を最初に指摘したKalepky (1899)しかなかった。自由間接話法という言葉が初めて使われるBallyの研究は，ヘルディンの7年後の1912年である。したがってヘルディンの自由間接話法の定義は「他者の思考を再現する直説法の主文形式の文（selbständig hingestellte indikativische sätze, die fremde gedanken wiedergeben. S. 46)」である。ただ，そのため逆にヘルディンは，先行研究や偏見にとらわれることなく，人が行う引用の形態を考察した。用例は小説，戯曲，新聞，学術論文，演説などで（当時ではこれが精一杯であったと考えられる），当然，話し言葉における自由間接話法やエコー発話も詳しく言及，考察されている。言語データから見れば，そのような引用形式があるからである。

　ヘルディンの著作『現代ドイツ語における報告形式と間接話法に関する研究』[12]で，彼は，他者の発言や思考が，独立した（導入文のない）直説法の文で再現されるという点で，文学作品など書かれたテキストにおける自由間接話法も，話し言葉における自由間接話法もエコー発話も同じと考えている。まず，ヘルディンの業績について箇条書きしてみよう。

ヘルディン（1905年）の「自由間接話法」研究

1．「要約的発話再現(Berichtete Rede [Steinberg (1971: 17)])」と自由間接話法の区別

この区別を Curme が『ドイツ語文法』(1922: 245f.) で採用している。ヘルディンの影響？
2. 3人称過去形群の思考再現の自由間接話法が最もよく現れること（ただし，すでに普遍的な内容を表わす Sentenzen（格言）は現在形でも現れることが指摘されている。(S. 18f.)）
3. 3人称現在形群の思考再現の自由間接話法があること。しかも，過去形群のテキストでも現在形群のコンテキストでも現れることの指摘がある。(S. 26f.)
4. 自由間接話法を地の文から識別する外的（文法的）シグナルがあることの指摘 (S. 33f.)
　　1. 主文形式の würde (would) + 不定詞　2. 過去形群の地の文での接続法 II 式現在
5. 作中人物の視点からの未来と語り手の視点からの未来の表現法の区別 (S. 37f.)
　作中人物　→　würde + 不定詞（英語　→　would + 不定詞，仏語　→　条件法）
　語り手　→　sollte + 不定詞や過去形など［未来の出来事は既知，上記は未知］
6. würde + Inf. は形態的には接続法であるが，機能的には直説法であるという指摘 (S. 43)
　驚くことに最近までこの点がドイツ語文法研究では理解されなかった。
7. 1人称（小説）にも自由間接話法が現れること (S. 48f.)
　Dorrit Cohn の1人称自由間接話法の研究は1969年，Cohn はヘルディンを知らない。
8. 発言を再現する自由間接話法があること (S. 50f.)
　ドイツ語では発話再現には接続法の間接話法，思考再現には直説法の体験話法という使い分けがあったという指摘。ただ，19世紀頃からは直説法でも発言を再現するようになる。ヘルディンはフランス語の条件法の影響を指摘している。
9. 話し言葉における引用形態として話し言葉の自由間接話法とエコー発話があること。(S. 57–62, S. 136f.)「他者のたった今言ったことの繰り返し」Reflexrede［反射再現］(Steinberg (1971: 12))
10. 話し言葉における自由間接話法とエコー発話の比較やその機能に関する指摘 (S. 59f.) イロニーなどを表わす。
11. 未来の発言を想定したエコー発話 (S. 138)，前に言われたことを思い出し，それをエコーする例 (S. 61) などの特殊形態の指摘。
12. 作中人物の考え方，感覚的な知覚，夢（想），回想，さらに，ある考察や議論の結果が自由間接話法などで再現されることの指摘。(S. 64f.)

話し言葉における自由間接話法とエコー発話　　　　　　　189

　ヘルディンの最も重要な業績は würde + 不定詞の問題であるので，「未来」ないし「過去未来」表現のドイツ語と英語とフランス語の違いに触れながら，この点を簡単に述べた後で今回の中心テーマである上記 8 〜11 のヘルディンの「話し言葉における自由間接話法」や「エコー発話」の記述について触れてみたい。

　ドイツ語ではもともと「未来」を表わす表現手段がなかった。そのため未来は，中世のドイツ語では助動詞などを使い，話法的な意味合いもこめて表現されていた。現代ドイツ語では未来を werden + 不定詞で表わすが，この werden + 不定詞が未来を表わすようになったのは 16〜17 世紀になってからで，中世ドイツ語や初期新高ドイツ語では werden + 不定詞の形式は，未来を表わすものではなく，「〜し始める（〜し始めた）」という動詞の起動的な様態を表わすもので，過去形もあった。この起動的な意味がその後，その本来の意味を失い，未来時称を表わす形式に発展，そして未来の表現として確立するや，現在以外の時称は消滅することになる。つまり現代ドイツ語では，未来を表わす助動詞 werden に英語の would に対応する過去形が存在しない。

　そのためドイツ語では，物語の自由間接話法でしばしば生じる，語り手の視点からは過去でも，作中人物の視点からは未来になる「過去未来（futurum praeteriti）」を表わす固有の形式（フランス語の「条件法」や英語の "would" に対応するもの）が欠如することになる。それではドイツ語では過去未来をどのように表わしたのだろうか。驚くべきことに 19 世紀前半まで過去未来は，話法の助動詞や一般の動詞の過去形で表わされていた。その例をゲーテの『親和力』（1809 年）でみてみよう[13]。

(19)　19 世紀前半までのドイツ語の過去未来の表現法
　　［…］Er (Eduard) dachte sich alles nicht als möglich, sondern als schon geschehen. *Alle Teile brauchten nur in das zu willigen, was sie wünschten; eine Scheidung war gewiß zu erlangen; eine baldige Verbindung* **sollte** *folgen, und Eduard* **wollte** *mit Ottilien reisen.*
　　　　　　　　　　　　　　　（J. W. Goethe: *Wahlverwandtschaften*）

［English（自由間接話法部分のみ）］
*All parties only needed to agree to do what they in fact wished to do; a divorce could certainly be got; soon after there **would** be a marriage, and Eduard **would** leave with Ottilie.*
　　　　　　　　　　　　　　　　　　　　　　　　(translated by R. Constantine)

彼（エードゥアルト）はすべてをこれから可能なこととしてではなく，既に起こったことと見なしていた。当事者たちはみな，自分たちの望んでいることを承認しさえすればいい。そうすれば離婚はきっと許される。それにすぐ続いて結婚ということになろう。そうすればエードゥアルトはオッティーリエを連れて旅に出るつもりだ，というのである。　　　　　　　　　　　　　（柴田翔訳）

　例文はエードゥアルトの思考が再現されているが，オッティーリエとの結婚や旅にしろ，考えられていることはともに未来のことである。この「過去未来」にゲーテの『親和力』では話法の助動詞の過去形 sollte, wollte が用いられている。これらが未来を表わしていることは，英訳が "would" で訳されている点からもうかがえる。このように19世紀前半までドイツ語の過去未来は話法の助動詞の過去形などで表現されていた。ところがドイツ語の過去未来は，19世紀中頃から werden の接続法 II 式の形態 würde ＋ 不定詞で表わされるようになる。その理由は，一つにはフランス語の影響，とりわけ19世紀のフランス語の「条件法（過去未来）」のドイツ語訳として主文形式の würde ＋ 不定詞が用いられたことが考えられる。ドイツ語の接続法は基本的には従属文に用いられるので，主文形式で用いられる würde ＋ 不定詞は自由間接話法に限られ，自由間接話法のシグナルになるというのがヘルディンのテーゼである。また würde ＋ 不定詞は形態的には接続法であるが，意味的には作中人物の未来を表わすので，機能的には直説法である。これらの指摘はヘルディンの最も大きな業績といえるが，これらは現代まで充分に理解，評価されなかった。

　さて，今回はヘルディンの別の面に注目したい。すでに述べたように，ヘルディンは「データありき」だった。そのためヘルディンは偏見にとらわれることなく，引用の形態を考察し，用例は小説，戯曲，演説など様々で，話

し言葉における自由間接話法やエコー発話も言及，考察されることになる。この点をみてみよう。

　ヘルディンは，話し言葉ではしばしば他者がたった今言ったことの繰り返しが，報告の形，つまり自由間接話法で再現されることがあるとして，以下の例をあげる。(強調は筆者)

(20)　私は　→　シュースター(彼)は
Obholzer (der gemeindevorsteher): Schuster! Jetzt kommst du an die reih'!
　　　　　　　　　　　　　　　Geh' heim! Marsch!
Schuster (erbost): Ich lass' an mir nit herumkommandieren! Ich bleib'!
Jungreithmair (wütend): Haben sie gehört, herr bauernkommandant:
　　　　　　　　　**der schuter** bleibt!
　　　　　　　　（K. Schönherr: Sonnwendtag (1902: 95)［Herdin (1905: 57)］)

オップホルツァー（村長）：シュースター！　さあ、おまえの番だ。家に帰れ！急げ！
シュースター（気分を害して）：命令に従う気はない。私は残る。
ユングライトマイヤー（怒って）：お聞きになりましたか，隊長。(彼は)　残るですって！

(21)　命令の場合　少年(彼)を　→　おまえを
Obholzer: Rofner … hol den buben! (= Hans)
Rofner: Hans! Ich **soll dich** da wegholen!
　　　　　　　　（K. Schönherr: Sonnwendtag (1902: 98)［Herdin (1905: 57)］)

オップホルツァー：ロフナー……少年（ハンス）を連れてこい！
　ロフナー：ハンス！　（村長が）おまえを連れて来いって！

これらの場合――ヘルディンの説明によれば――話し手A（ユングライトマイヤー，ロフナー）は，B（隊長，ハンス）に，第3者C（シュースター，村長）の発言を伝えている。しかもCの発言を，導入文はなく，直説法で，間接話法のように人称を変換（ich → Schuster），ないし話法の助動詞の書き換えで伝えているので，自由間接話法による伝達である。最初の例では，シュースターの言葉を伝えるというよりは，話し手の怒りを表わしていると

言える。後者の命令形は，そのまま間接話法に取り込めないため，話法の助動詞の書き換えになる。やはりなんらかの語り手のニュアンスが加わっていて，これも自由間接話法の機能である。ヘルディンは Bally や Thibaudet より早く，話し言葉における自由間接話法を指摘しているといえる。さらに例をみてみよう。例文(22)は，ホルツ・シュラーフの戯曲『ゼーリッケ一家』における，ゼーリッケ夫人の発言部分である。

(22)　おまえ　→　私
　　Frau Selicke: So ein mann! Nicht ein bisschen rücksicht! —Un der will nun 'n gebildeter mann sein! [...] Und an allem bin **ich** schuld: ... **Ich** verzieh' die kinder! **Ich** vernachlässige die wirtschaft! Alles geht auf mich! ...
　　　　　　　　　(Holz/Schlaf: Die familie Selicke (1892: 57) [Herdin (1905: 59f.)])

　　ゼーリッケ夫人：そんな人なんです。わずかの思いやりもない。[…] しかも教養ある人間だなんて言うんです。……この私（おまえ）にすべて責任がある。私（おまえ）が子供たちを甘やかし，家計をおろそかにしていた，[と(夫)は言うんですから。] なんでもかんでも私のせいにされてしまう。

ここではゼーリッケ夫人が，夫の自分に対する発言（ないし考え）を，夫人の視点から1人称に変換し，第三者に強い皮肉をこめて伝えている。最初の ich［この私］の強調だけでも，悪いことはすべて妻の責任にしてしまう夫への非難が表わされている。これは Richter の例文(10)に似ているが，その後様々な研究者に引用されることになる「話し言葉における自由間接話法」の例である。ヘルディンはこの例に関して「話者にバカバカしく，正しくないと思われる意見や主張が，このように自由間接話法で再現されるとイロニーを表わすことになる」と指摘している。さらにヘルディンはズーダーマンの戯曲『故郷』からもおもしろい例を挙げている。

(23)　あなたがたの　→　私たちの，私が　→　彼(門番)が，あなた様は　→　その女性は
　　Therese. [...] Also wie ich wieder raufkomme, hält mich der portier an und erzählt, dass [...] da ist eine dame dringewesen. Die ist aber nicht ausgestiegen, sondern hat

immerzu nach den fenstern von **unsere**[*1] wohnung raufgesehen ... Und als **er**[*2] gegangen ist, fragen, was **sie**[*3] eigentlich will, da hat sie dem kutscher was gesagt und der ist rasch zugefahren!        (H. Sudermann: Heimat (1898: 43) [Herdin (1905: 4)])

 テレーゼ：［…］で私がまた出ていきますと，門番が私を呼び止めて語るには……一人の婦人が車の中にいましたが，その婦人は車から降りられることはなく，ずっと私たちの[*1]（あなたがたの）家の窓を眺めていたとのことです。そして門番[*2]（私）が出て行き「あなた様は[*3]こちらに何か御用でもおありでしょうか（その女性が何のようがあるのか）」と尋ねると，その婦人はなにかを御者に言い，馬車はすぐ行ってしまったとのことです。

ここでは門番の発言がシュヴァルツ家の女中テレーゼによって再現されている。例文では，門番の発言の「あなたがたの家，私が，あなた様は」はテレーゼの視点からそれぞれ「私たちの家，門番が，その女性は」に変換され，伝達文なしで再現されている。また，門番の発言の再現でありながら，テレーゼの不審の気持ちも加味されている。日常会話にはしばしばこのように他者の発言が伝えられる。この例は話し言葉で体験談を述べる際には自由間接話法が容易に用いられることを示している。ヘルディンはそれ以外にも例文を挙げているが，次はエコー発話の例をみることにする。
 ヘルディンは，例文⒇のような，話し手Aが対話者Bに第3者Cの発言を伝える話し言葉の自由間接話法に対して，話し手Aが，対話者Bに，B自身の言葉を（話し手の視点から）再現する場合を挙げている，例文⒁である。ビローはミンナに，彼女が自分の妻になるなら，経済的に困っている彼女の父親を助けると約束する。この場合話し手Aはビロー，対話者Bはミンナである。

⒁
 „Der preis sind — sie selbst, schönes fräulein Minna."
 „Ich kann den preis nicht zahlen", sagte sie (Minna).
 „Sie können den preis nicht zahlen", sagte er (Billow) ...
    (F. Spielhagen: Noblesse oblige (1897: 32f.) [Herdin (1905: 57)])

「その代償は，——あなた自身です，美しいミンナさん」
「その代償を払うことはできません」と彼女（ミンナ）は答えた。
「それを払うことができないですって」と彼（ビロー）は言った……

ビローの発言はミンナの発言に対するエコー疑問文であるが，ヘルディンはこの形式に特別の命名をしていない。語り手や話し手の視点から，他者の発言や思考が，直説法の主文形式で再現される場合，小説の自由間接話法も，話し言葉の自由間接話法もエコー発話も引用という観点からは原理的に同じものと捉えているからである。山口の考え方と同じと言えるのではないだろうか？ ただ，後のドイツ語圏の研究ではエコー疑問文は Reflexrede（反射話法）と言われるようになる。もう少しヘルディンの挙げるエコー発話の例をみてみよう。

(25) 回答への時間稼ぎ，回答回避のためのエコー発話（確認や補足を望む場合なども）

[Lenes mutter hat sich ertränkt.]
Pastor: Ist dir denn vorher nichts aufgefallen, mein kind?! Wo bist du denn an dem verhängnisvollen abend gewesen?
Lene (ausser sich): Wo ich an dem abend gewesen bin?! …O mein Gott!
Pastor: Ja, es hätte sich das unglück vielleicht doch abwenden lassen.
Lene (verzweifelt): Wo ich gewesen bin?! Fragen sie mich lieber gar nicht, herr pastor!
(M. Halbe: Das tausendjährige reich (1990: 106) [Herdin (1905: 137)])

［レーネの母親が入水自殺をした。］
牧師：なにか思い当たることはなかったのか，レーネ。あの不幸が起こった晩おまえはどこにいたのだ。
レーネ：（我を忘れて）あの晩どこにいた，ですって？ ああ神様！
牧師：ああそうだ。ひょっとしたらあの不幸は防げたかもしれない。
レーネ：（絶望して）私がどこにいたって？ どうかもう聞かないでください，牧師様！

ヘルディンは，会話で，確認や補足を望む場合に用いられるエコー発話の例を数例挙げているが，ここでは割愛し，回答の時間かせぎ，回答回避に使われる例として，例文(25)を挙げている。ここではレーネのエコー疑問文が繰り

話し言葉における自由間接話法とエコー発話　　　　　195

返されているが，確かに牧師の問いに答えようとしていない。さらにヘルディンは様々なエコー発話のタイプを挙げている。

(26)　決定疑問文に対するエコー発話
"Bringt dir das so viel ein? fragte sie."
"Ob mir das einbringt? …"
　　　　　　　　　　　(E. Wildenbruch: Schwesterseele (1896: 398) [Herdin (1905: 137)])

「それはあなたにそんなに多くをもたらすのでしょうか？」と彼女は尋ねた。
「それが私に多くをもたらすかだって。」

(27)　命令文に対するエコー発話
Max: Rechtfertige dich, wenn du kannst!
Melanie: Rechtfertigen! —Rechtfertigen soll ich mich? Rechtfertige du den schnöden, unerhörten verdacht, ....
　　　　　　　　　　　(L. Fulda: Die wilde jagd (1893: 72), [Herdin (1905: 61)])

マックス：できるものなら弁明してみろ！
メラニー：弁明！　弁明しろ，ですって！　あなたこそあの下劣で前代未聞の疑惑を弁明なさい。

(26)，(27)は戯曲からの例文であるが，ドイツ語のエコー疑問文の場合，例文(26)のように，決定疑問文はしばしばob構文になること，命令形は，例文(27)のように，話法の助動詞で書き換えられてエコーされる例が挙げられている。特にヘルディンは，ob構文の自由間接話法では「心のゆらぎ，疑惑，ためらい」のニュアンス等が加わるという興味深い指摘がされている[14]。

もう一つ，ヘルディンの挙げる例をみてみよう。

(28)　エコー疑問文と自由直接話法による繰り返し
Anatol: Du meinst?
Else: Ich muss fort!
Anatol: Du musst?
Else: Ja.
Anatol: Musst —? Jetzt — jetzt —? —So geh'! (Entfernt sich von ihr.)

Else: Man kann mit dir nicht reden —
Anatol: Man kann mit mir nicht reden — ...
Else: O, was hab'ich getan!
Anatol (vor ihr stehen bleibend): O, was hab' ich getan! (= oratio recta) Diese herrliche bemerkung hat eben noch gefehlt! ...

       (A. Schnitzler: Anatol (1901: 157f.) [Herdin (1905: 61f.)])

アナトール：ぢゃあなたは？
エルゼ：帰らなければなりませんわ。
アナトール：(帰らなければ) ならない？
エルゼ：えぇ。
アナトール：ならない？　今―今？　それじゃ帰りなさい！（彼女から離れる。）
エルゼ：あなたとは話もできませんわ。
アナトール：わたしとは話もできないですって。
エルゼ：ああ，わたしが何をしたのでしょう。
アナトール：（エルゼの前に立ち止まって）ああ，わたしが何をしたのでしょう，て。この立派なお言葉が欠けていたのです。……

       （小宮豊隆訳，一部変更）

ここでは，二つの「エコー発話文」と「自由直接話法の再現（波線部）」が組み合わされている。山口（2009: 62f.）は，自由直接話法の繰り返しは「対話者に対するあざけりや批判」を表わすと述べている。ヘルディンもエコー疑問文のイロニーが，自分とってバカバカしいと思われる主張をまねて，そのまま繰り返すことにより，イロニーは「あてつけ」になると述べている。

　最後にヘルディンがあげるやや特殊な例をみてみよう。

(29)　想定される問いに対するエコー発話
[wo Grete …, die sich auf der hochzeitsreise befindet, an ihre mutter schreibt:]
—ich sage es, weil wir erst eben schrieben, die reise (= die heimreise) sei noch aufgeschoben. Wann wir kommen? Wir wollen direkt reisen. aber es hält uns ein schöner punkt —

      (H. Heiberg: Todsünden (1891: 176) [Herdin (1905: 138)])

[新婚旅行中のグレーテは母に手紙を書く]やっと今手紙を書いているのですが，帰郷はさらに延期になりました。[じゃ，あなたたちいつ帰るの？]<u>私たちはいつ帰る，ですって？</u>　寄り道をしないで帰りたいのですが，美しいところが私たちを引き留めるのです。

(30)　想起された発言に対するエコー発話
　　　„<u>Du (Fiete)</u> …" sagte Jörn, „… <u>bist hier (auf der Uhl) tagelöhner und</u> …" (S. 101) …..
　　　(Fiete) dachte:, „… ich fange einen großen Handel an … und wohne in Hamburg … <u>Ich soll zeitlebens auf der Uhl tagelöhnern? Was für'n einfall!"</u> (S. 104)
　　　　　　　　　(G, Frenssen: Jörn Uhl (1902: 101, 104) [Herdin (1905: 61) 一部変更])

　　　「<u>お前（フィエーテ）はここウールの土地で日雇い労働者になるんだ</u>，そして……」とイェールは彼に言った……[しばらく経ってひとりになってから]フィエーテは思った「おれは大きな商売を始め，ハンブルクに住むんだ。<u>一生ウールの土地で日雇い労働者になるだって。なんて思いつきだ！</u>」

例文(29)は，母親の返事が想像上で想定され，それに対してエコーしている。似た例であるが，例文(30)は，会話の場ではなく，前に言われたことを思い出し，その言葉にエコーしているが，将来に関する他者の要求が皮肉をもって再現されている。ヘルディンは——紹介できたのは一部に過ぎないが——このように多くの例を用いて，引用の形式として，「話し言葉における自由間接話法」や「エコー発話」の様々な形態や機能に言及し，考察した。その例文の多様性は山口に匹敵する。ヘルディンの研究が1905年であることを考えれば，これは特記に値することである。

　　ヨーロッパでの戦前の研究の一端，オランダの Kruisinga，スイスの Bally とフランスの Thibaudet，ドイツの Richter と Lerch，そしてスウェーデンの Herdin の研究を簡単に紹介したが，これだけでも戦前のヨーロッパにおいて，話し言葉における自由間接話法やエコー発話について盛んに言及，考察されていたことがわかると言えよう。つまり「話し言葉における自由間接話法」も「エコー発話」も1980年代頃になって初めて関心がもたれるようになったわけでは決してない。しかし，なぜ自由間接話法の文学テクストから

の解放がやっと最近なされたかのような誤った記述がなされるのだろうか？それを理解するためには，研究史を調べる必要があろう。

　すでに見たように，1900年代前半から30年代までの研究では——もちろん自由間接話法を文学的な現象と考える研究者もいたが——すくなくとも自由間接話法概念の狭隘化，つまり3人称過去形の小説などに限定するようなことはなかった。ところが，戦後の研究から特に関心が小説での使用に限定され始める。Kullmann などは，Roy Pascal (1977)，Ann Banfield (1982) などをあげ，その傾向はアングロサクソン，つまりイギリスやアメリカの研究に顕著と指摘しているが，Käte Hamburger (1957) などをみれば，フランスやドイツでも事情は同じと言えよう。少なくとも戦後から1980年代くらいまでの研究では文学作品における自由間接話法の研究がメインだった。山口の研究を見ると参考にされている研究はほとんど戦後のアングロサクソン系のものである。それらの研究は，ヘルディンはもとより，ヨーロッパの古い研究の細部を参考にしていなかったと思われる。ただ，文科系の研究では，必ずしも過去のものがすべての点で現在の研究に劣っているとは限らない。自由間接話法の適用に関しては，戦前の研究のほうが自由だった。やはり研究史を振り返ることは大切と言えよう[15]。

　ヘルディンがこれだけの研究でありながら忘れ去られたのは，ヘルディンがスウェーデン人で，その後ヨーロッパで活躍する学者にならなかったこと，研究がドイツ語で書かれているうえ，データ中心でかなり読みにくいことがあげられるかもしれない。ヘルディンは1930年代くらいまではヨーロッパの研究で引用されるが，名前や例文だけの借用などが多く，その意義が理解されていたとは言えないように思われる。ヘルディンの評価は Steinberg (1971) まで待たなければならないが，Steinberg の著作の関心も文学作品であったため，ヘルディンの研究を「その後のどの研究にも乗り越えられていない（S. 379）」という評価を与えながら，ヘルディンがあげた話し言葉における自由間接話法やエコー発話に関する点には簡単に触れているだけである。また，文献表に現代の A. Socke (2004) の研究を挙げたが，ドイツ語とポーランド語における自由間接話法の浩瀚な研究書である。しかしその「話

し言葉における自由間接話法」の箇所を読むと，ヘルディンの名前は例文(22)の最初の引用者として出ているが，その記述からヘルディンの研究を読んでいるとは思えない。例えば，Socke (2004: 59) はエコー発話に関して，Bally, Steinberg, Yamaguchi, Adamson を引き合いに出している。山口はともかく，Bally を出すなら，やはりヘルディンでなければならない。少なくともヘルディンを読んでいればそうなる。現代のドイツ語圏の研究でもヘルディンに関してはこの状態である。その意味でもヘルディンが1905年に，自由間接話法の様々な問題とともに，「話し言葉における自由間接話法」や「エコー発話」に関しても考察していたことは改めて強調しておきたい。

ただ，最後に一言触れておかなければならないのは，このような状況の中で日本のゲルマニストはヘルディンを評価してきたことである。大阪市立大学の海老原晃氏は1964年にヘルディンを自由間接話法研究の先駆者と述べている（ただし具体的にはなにも触れていない）。また，茨城大学の保坂宗重氏は1989年にヘルディンに関する論文を書き，ヘルディン研究の意味を詳しく述べている。保坂氏の研究は würde + 不定詞にかかわることが中心だったので，今回ヘルディンの話し言葉における自由間接話法やエコー発話に関する部分の紹介で，ヘルディンに山口など現代の話法研究を先取りしたものがあることを理解してもらえたのではないかと思う。筆者もヘルディンに関して発表するのは実に25年ぶりになる（文献表にも挙げたが，1988年にドイツ語でヘルディンの würde + 不定詞の問題に関して口頭発表し，論文にした）。今回改めてヘルディンを読み，その研究の先駆的，現代的な意義を再確認した。これは山口の刺激的な著作やこの研究会のお陰であり，それに感謝し論を終えることにしたい。

　本稿は，2013年3月27日(水)，早稲田大学における，第4回「引用・話法の会」で口頭発表した原稿に多少の修正を加えたものである。山口治彦氏をはじめ，発表後の質疑応答で貴重なご意見をいただいた，鎌田修，内田聖二，三瓶裕文，廣瀬幸生，和田尚明，岩男考程，松木正恵，砂川有里子，杉浦まそみ子，伊原紀子の各氏ならびに発表を聴いてくださった早稲田大学関係者の方々にお礼申し上げます。

## 註

1 ) 山口治彦著『明晰な引用，しなやかな引用　話法の日英対照研究』くろしお出版　2009年，以下，山口。
2 ) Kruisinga, Etsko (1932): *A Handbook of Present-Day English*. Part 2: English Accidence and Syntax. Vol. 1–3, 5th ed. Groningen Vol. 3 (1932$^5$), p. 440–42.
3 ) Kruisinga, Etsko (1935): *Einführung in die deutsche Syntax*. Groningen, S. 125.
4 ) Bally, Charles (1912): Le style indirect libre en français moderne, In: *Germanisch-Romanische Monatsschrift* 4, I p. 555.
5 ) Thibaudet, Albert (1922 [1935$^2$]): *Gustave Flaubert. Sa vie, ses romans, son style*. Paris (Gallimard), p. 249f.（A・チボーデ『フローベール論』戸田吉信訳　冬樹社 1966年　310ページ以下）
6 ) Lerch, Eugen (1928): Ursprung und Bedeutung der sog. 'Erlebten Rede' („Rede als Tatsache") In: *Germanisch-Romanische Monatsschrift* 16, S. 459.
7 ) Lips, Marguerite (1926): *Le style indirect libre*, Paris (Payot).
8 ) Richter, Elise (1928): Rezension, M. Lips Le style indirect libre. In: *Archiv für das Studium der neueren Sprachen und Literaturen* Jg. 83 Bd. 153/N.S. 53, S. 149–151.
9 ) Lerch (1928), ibid. S. 459.
10) トーマス・マンの『ブデンブローク家の人々』におけるこれら箇所に関しては，拙著『体験話法――ドイツ文解釈のために』大学書林　2005年　119, 128ページ参照。
11) 1989/1990年ちょうどベルリンの壁が崩壊して，東西ドイツが統一する年に，筆者はドイツのミュンスター大学に留学していて，その間ヘルディンについて調べるためウプサラ大学に行った。ただ，調べられたことは，彼の簡単な略歴と業績と写真だけだった。ヘルディンは，最後はスウェーデンとデンマーク国境にあるヘルシングボリの高校の校長で終わったようで，2度目のスウェーデン訪問の際には，この高校を訪ね，校長先生といろいろドイツ語で話をし，ヘルディンに関する様々な情報を得た。
12) Herdin, Elis (1905): *Studien über Bericht und indirekte Rede im modernen Deutsch*, Dissertation Uppsala Almqvist & Wiksells Buchdruckerei-A.-G. 以下ページ数のみを記す。
13) Suzuki, Yasushi (2004): Das *futurum praeteriti* in Goethes Wahlverwandtschaften. In: *Neue Beiträge zur Germanistik* Band 2/Heft 5, S. 71–80., 拙著『体験話法』前掲書　65～70ページ参照。
14) 保坂宗重：Elis Herdin の体験話法研究(1)　『茨城大学教養部紀要』第21号　1989年　442ページ。
15) 本稿とは直接関係ないが，山口（2009: 118f.）では，一般に自由間接話法の

ダイクシス＝作中人物の視点で，自由間接話法に語り手の視点を反映するダイクシスが現れる例に言及されることが今までになかったと記されている。この点もどうだろうか？　確かに，ドイツ語や英語では自由間接話法におけるダイクシスは作中人物の視点が普通だが，Steinberg (1978) あるいは Kullmann (1992) などで指摘されているように，フランス語の自由間接話法ではしばしば語り手のダイクシスが生じる。(鈴木（2005: 86f.）参照)

> J'en ai même oublié le spectacle! Ce pauvre Bovary qui m'avait laissée tout exprès! [...] *Et l'occasion était perdue, car elle partait dès **le lendemain.***
> Vrai? fit Léon.　Oui.　　　　　　　　　　(G. Flaubert: *Madame Bovary*)

> 「オペラも忘れていましたわ！　そのために主人はわたしを残して行ってくれたのですのに！……」もうこれで機会はない，<u>明日は帰らなければなりませんから</u>，とエンマが言うと，「ほんとに？」とレオンがきいた。「ええ」
> 　　　　　　　　　　　　　　　　　　　　　　　（山田訳　249ページ）

エンマの発言の再現（下線部）でフランス語は demain (tomorrow) でなく，le lendemain (the next day) が用いられている。Kullman (1992) の研究によれば，フロベールの『ボヴァリー夫人』では，思考再現の場合は作中人物の視点のダイクシス，発話の再現の場合は語り手の視点のダイクシスという使い分けがされている。また，なぜ自由間接話法に語り手のダイクシスが現れうるのかに対して，Kullmann は，思考再現の場合は作中人物に視点が集中しているため (perspektivisch)，語り手のダイクシスが使われるのは極めてまれであるが，実際になされた発言の再現に関しては，必ずしも作中人物の視点にとらわれる必要はなく (aperspektivisch)，しばしば発話再現の自由間接話法では，語り手の視点からのダイクシスがフランス語では用いられるとのこと。このように自由間接話法に語り手の視点を反映するダイクシスが現れることに関しても例文や研究がないわけではない。この意味でも研究史を踏まえることが重要といえよう。大抵のことはすでに研究されているものである。

**参考文献**（ヘルディンや「話し言葉における自由間接話法」，「エコー発話」に触れた文献が中心，戦前に多くの研究がある点に注目してほしい。）

Adamson, Sylvia (1994): Subjectivity in narration, empathy and echo, In: M. Yaguello (ed.) *Subjecthood and Subjectivity*, Paris (Ophrys), p. 193–208.

Bally, Charles (1912): Le style indirect libre en français moderne, In: *Germanisch-Romanische Monatsschrift* 4, I S. 549–556, I S. 597–606.

Bally, Charles (1914): Figures de pensée et Formes Linguistiques, In: *Germanisch-Romanische Monatsschrift* 6, S. 405–422, 456–470.

Banfield, Ann (1982): *Unspeakable sentences. Narration and representation in the language of fiction*, Boston, London, Melbourne and Henley (Routledge & Kegan Paul).

Cohn, Dorrit (1969): Erlebte Rede im Ich-Roman, In: *Germanische-Romanische Monatsschrift* 50 (neue Folge 19) S. 305–313.

Curme, George Oliver (1905): *A Grammar of the German Language*. New York and London (Macmillan & Co) p. 248–249 / Revised and enlarged ed. (1922) p. 245–247.

Fludernik, Monika (1993): *The Fictions of Language and the Languages of Fiction: The linguistic representation of speech and consciousness*, London and New York.

Günther, Werner (1928): *Probleme der Rededarstellung. Untersuchungen zur direkten, indirekten und „erlebten" Rede im Deutschen, Französischen und Italienischen*, Marburg a. d. Lahn. (N. G, Elwert'sche Verlagsbuchhandlung, G. Braun)

Hamburger, Käte (1977[3]): *Die Logik der Dichtung*, Stuttgart (Klett-Cotta).

Heinermann, Theodor (1931): *Die Arten der reproduzierten Rede*, Münster i. W. (Aschendorffsche Verlagsbuchhandlung)

Herdin, Elis (1903): Würde + Infinitiv als Indikativ Futuri praeteriti gebraucht, In: *Zeitschrift für den deutschen Unterricht* 17, S. 191–208.

Herdin, Elis (1905): *Studien über Bericht und indirekte Rede im modernen Deutsch*, Dissertation Uppsala Almqvist & Wiksells Buchdruckerei-A.-G.

Jespersen, Otto (1912): *Elementarbuch der phonetik*, B. G. Teubner.

Kalepky, Theodor (1899): Zur französischen Syntax VII u. VIII, In: *Zeitschrift für romanische Philologie* 23, S. 491–509. (VII), S. 509–513. (VIII)

Karpf, Fritz (1933): Die Erlebte Rede im Englischen. In: *Anglia* 57, S. 225–276.

Kruisinga, Etsko (1932[5]): *A Handbook of Present-Day English*. Part 2: English Accidence and Syntax. Vol. 1–3, 5th ed. Groningen Vol. 3 (1932[5]).

Kruisinga, Etsko (1935): *Einführung in die deutsche Syntax*. Groningen.

Kullmann, Dorothea (1992): Systematische und historische Bemerkung des style indirect libre, In: *Romanische Zeitschrift für Literaturgeschichte* Heft 1/2, S. 113–140.

Lerch, Eugen (1914): Die stilistische Bedeutung des Imperfektums der Rede ("style indirect libre"), In: *Germanisch-Romanische Manatsschrift* 6, S. 470–489.

Lerch, Eugen (1928): Ursprung und Bedeutung der sog. Erlebten Rede („Rede als Tatsache"), In: *Germanisch-Romanische Monatsschrift* 16, S. 459–478.

Lethcoe, Ronald James (1969): *Narrated Speech and Consciousness*, Ph.D. Dissertation University of Wisconsin.

Lips, Marguerite (1926): *Le style indirect libre*, Paris (Payot).

Lorck, Etienne (1921): *Die „Erlebte Rede". Eine sprachliche Untersuchung*, Heidelberg (Carl Winters Universitätsbuchhandlung).

Mennicken, Franz (1919): Jüngere Verwendung von „würde + Nennform" im Schriftdeutsch, In: *Zeitschrift des Allgemeinen Deutschen Spravereins* 34, S. 197–199.

Mikame, Hirofumi (2012): Psychische Perspektivität in der deutschen Sprache — Eine kognitiv-linguistische Untersuchung — Dissertation (Hitotsubashi Daigaku).

Pascal, Roy (1977): *The Dual Voice Free indirect speech and its functioning in the nineteenth-century European novels*, Manchester (Manchester University Press).

Richter, Elise (1928): Rezension, M. Lips Le style indirect libre. In: *Archiv für das Studium der neueren Sprachen und Literaturen* Jg 83 Bd. 153/M.S. 53 S. 149–151.

Riesel, Elise (1954): *Abriss der deutschen Stilistik*, Moskau (Verlag für fremdsprachige Literatur) [bes. S. 322–336].

Socka, Anna (2004): *Sprachliche Merkmale der erlebten Rede im Deutschen und Polnischen*, Tübingen (Max Niemeyer).

Spitzer, Leo (1928): Zur Entstehung der sog. 'erlebten Rede, In: *Germanisch-Romanische Monatsschrift* 16, S. 327–332.

Steinberg, Günter (1971): *Erlebte Rede. Ihre Eigenart und ihre Formen in neuerer deutscher, französischer und englischer Erzählliteratur*, Göppingen.

Steinberg, Günter (1978): Grammatische und stilistische Aspekte der Erlebten Rede (Oratio Reflexa) Ein Vortrag, gehalten am 9. November 1978 an der Universität Zürich.

Suzuki, Yasushi (1988a): Erlebte Rede und Innerer Monolog im Ich-Roman—Zu einer Darstellung dieses Problems in der Duden-Grammatik (3.u.4. Aufl.), In: *Gengo-bunka Ronshu* (Tsukuba Daigaku) 25, S. 37–50.

Suzuki, Yasushi (1988b): Würde + Infinitiv in „*Wo warst du, Adam*"—Zur These von Elis Herdin, In: *Gengo-bunka Ronshu* (Tsukuba Daigaku) 27, S. 27–40.

Suzuki, Yasushi (1991): Erlebte Rede und der Fall Jenninger, In: *Germanisch-Romanische Monatsschrift* 72 (Neue Folge 41), S. 5–12.

Suzuki, Yasushi (1995): Die Erlebte Rede in pragmatischer Kommunikation—im Vergleich mit „Echoausdrücken", In: *Energeia* 20, S. 52–66.

Suzuki, Yasushi (2000): Erlebte Rede versus Indirekte Rede—Ignatz Bubis zitiert Jenningers umstrittene Passage, In: *Zeitschrift für Angewandte Linguistik* 33, S. 91–100.

Thibaudet, Albert (1922 [1935[2]]): *Gustave Flaubert. Sa vie, ses romans, son style.* Paris (Gallimard). (A・チボーデ『フローベール論』戸田吉信訳　冬樹社　1966年)

Tobler, Adolf (1887): Vermischte Beiträge zur französischen Grammatik, Neue Reihe 1, In: *Zeitschrift für romanische Philologie* 11, S. 433–441.

Verschoor, Jan Adriaan (1959): *Etude de grammaire historique et de style sur le style direct et les styles indirects en français*, Groningen (V.R.B. Kleine).

Weinrich, Harald (1985[4]): *Tempus Besprochene und erzählte Welt* (Kohlhammer).

Winkler, Emil (1924); *Das dichterische Kunstwerk*, Heidelbelk (Carl Winter) [bes. 44–56].

Yamaguchi, Haruhiko (1989): On Unspeakable Sentences: A Pragmatic Review, In: *Journal of Pragmatics* 13, p. 577–96.

Yamaguchi, Haruhiko (1994): Unrepeatable Sentences: Contextual influence on Speech and Thought Presentation, In: *Pretending to communicate*, Ed.H. Parret, Berlin, New York (Walter de Gruyter) p. 239–252.

Yamaguchi, Haruhiko: Echoes. From Dialogue to Narrative. (Manuskript)

※日本語文献は特に関連するものだけです。

海老原晃（1964）：いわゆる「体験話法」について(4) 『人文研究』大阪市立大学文学会　第15巻　第10号　30〜86頁

保坂宗重（1989）：Elis Herdin の体験話法研究(1) 『茨城大学教養部紀要』第21号　441〜56頁

保坂宗重・鈴木康志（1993）：『体験話法（自由間接話法）文献一覧――わが国における体験話法研究』茨城大学教養部

鈴木康志（2005）：『体験話法――ドイツ文解釈のために』大学書林

山口治彦（2009）：『明晰な引用，しなやかな引用　話法の日英対照研究』くろしお出版

※例文では，前後のコンテキストなしには理解がむずかしいものもあり，邦訳があるものは参照させていただいた。特に以下のものは一部翻訳を利用させていただいた。

マリヴォー『愛と偶然との戯れ』進藤誠一訳　岩波文庫　1935年
マリヴォー『遺贈』マリヴォー戯曲集　佐藤実枝編訳　早稲田大学出版部　2006年
ラシーヌ『ブリタニキュス』渡辺守章　岩波文庫　2008年
ゾラ『労働』飯田旗軒訳　本の友社　2002年
シュニッツラ『アナトール』小宮豊隆訳　岩波文庫　1928年
ゲーテ『親和力』柴田翔訳　講談社文芸文庫　1997年

# 英語語彙変遷史
――行間注の導入――

田 本 真喜子

## 0．ケルト語，ラテン語，英語

　ブリテン島と言えば，ソールズベリ平原（Salisbury Plain）の真ん中に位置するストーン・ヘンジ（Stone Henge）を思い浮かべる人は少なくないであろう。ユネスコ世界遺産（UNESCO World Heritage）に登録されたくらい有名な巨大石柱群である。紀元前2950年から1600年の間に3期に亘って建設されたという。それだけの大仕事を行うには，多数の人間が協力しなければできなかったであろうし，そのためには言葉による意思や指示の伝達が必要であったことは疑う余地もない。残念ながら彼らの言葉は残っていない。
　ブリテン島で話された言葉の証拠は，ケルト人の侵入・定着にある。それは，英語を話す人たちがこの島に定住するようになるよりも100年以上も前のことであった。紀元前600年から紀元前100年までの間に数派にわたって大陸から移住したのである。彼らが話したケルト語は，英語やラテン語と同じく印欧語に属する。ケルト語で現在の英語に残っている単語としては，Dover, Penzance, London, the Thames（テムズ川），the Pennines（ペニー山脈），the Severn（セヴァーン川）等の地名や，broc（アナ熊），carr（岩）のようなわずかな普通名詞がある。現代英語で"車"を意味するcarは，実は，ケルト語のcarr（= chariot; 二頭立ての戦車）から来る。ケルトの戦士が巧みに二頭立て戦車を操縦して臨戦するのを見たローマ軍は，それを真似て使うようになった。ラテン語ではcarraと呼ばれていた。それが後に，古フランス語を経て中期英語carreとして英語の語彙に入ってきたのである（the

*OED sv.* 'car')。

　紀元前55年，ジューリアス・シーザー（Julius Caesar）率いるローマの艦隊がドーヴァーの近くの海岸に現れた。このときは偵察が目的だったのであるが，翌54年シーザーは再びブリテン島に侵略し，一戦を交え，勝利を収めて貢物を得てガリアへと引き返した。ローマ帝国による本格的な征服は紀元後43年頃に始まった（『ガリア戦記』第4巻，第20章）。結果，ブリタニアは，ローマ帝国の属領となった。ローマ軍はケルト人を追い払おうとせず，共生を選んだ。ケルト人はラテン語を話すようになり，ローマ風の生活を送った（タキトゥス『ユゥリウス・アグリコラの生涯』第21章）。両者が接触することによって，僅かばかりではあるが，ラテン語の単語が，400年位後に入ってくるゲルマン人の言葉である英語にその痕跡を残すこととなった。Chester（地名チェスター）がそうであり，Manchester, Leicester, Lancaster などの地名の後半の要素に相当する。ラテン語の原義は"野営地"（castra）である。port（湾）もケルト人を通して英語に残った語である。地名 Portsmouth の前半の要素に相当する（Baugh 2002）。

　それに先立って，ゲルマン人がまだ大陸にいたころローマ人との接触によって得たラテン語に由来する語彙もあった。street, camp, chalk, wall, mile, mint（貨幣鋳造所）, pound, inch, wine, cheese, butter, church, bishop 等がそうである。410年にローマ軍が撤退した後，5世紀後半から6世紀前半にかけて，ブリテン島に定住したゲルマン部族は，それらのラテン語由来の語彙と共に大陸からやってきたのである（Baugh 2002）。

　かくして古期英語が始まるのであるが，すでにケルト語やラテン語からの借用語を彼らアングロ・サクソン人らは自分等の語彙に取り入れていた。アウグスチヌス（Augustinus）は法王グレゴリー一世（Gregory I）によってアングロ・サクソン人を改宗する目的で派遣されていたのだが，597年，ケントのサネット島（the Isle of Thanet）に到着する（ビード『英国人の教会史』第1巻，第25章）。かくして，キリスト教の布教と共に多数のラテン語が古期英語の語彙に取り込まれた。それらは当然のことながら，キリスト教用語であり聖書などに現れる語である。

例えば，abbod 'abbot', abbodesse 'abbess', alter, candel 'candle', discipul 'disciple', engel 'angel', lilie 'lily', martie 'martyr', mæsse 'mass', munuc 'monk', nunne 'nun', palm 'palm tree', papa 'pope', prēost 'priest', psealm（又は sealm）'psalm', regol 'rule', rōse 'rose', scōl 'school', temple 'temple', 等がそうである（Baugh 2002）。他方で，アングロ・サクソン人等は自前の語彙で，つまり古期英語の言葉で，ラテン語で伝えられる概念を表そうという努力もなされた。bless, godspel (=good story) 'gospel', ðriness 'trinity', 等がそうである（Baugh 2002）。

787年以降，1042年まで，三波に亘ってヴァイキングの襲撃を受けることになる。アングロ・サクソン人を襲ったヴァイキングはデンマーク人であった。878年には，ヴァイキング軍を打ち破ったアルフレッド大王（King Alfred the Great）は，和平を結ぶ。その際の条件は，英国の北半分をデイン人の居住地とし，自らの法律（lagu ＞ law）で治めることとし，南半分をサクソン人の領土とした。もう一つの条件は，デイン人の王グスルム（Guthrum）はキリスト教の洗礼を受けることとした。これによって，北ゲルマン語派のデンマーク語と英語が接触することとなり，特に中期英語に入ってからというものはかなり重要な古期英語を捨ててデンマーク語で補うこととなった。例えば sky, window, take, band, bank, birth, booth, bull, calf, dirt, down（羽毛），egg（卵），fellow, gap, guess, kid, leg, link, loan, race, reindeer, root, scales, score, scrap, seat, sister, skill, skin, skirt, skull, slaughter, snare, steak, thrift, tidings, trust, want, awkward, flat, ill, loose, low, meek, odd, rotten, rugged, scant, sly, tight, weak, bait（餌をつける），call, cast, clip, crawl, die, gasp, get, give, glitter, kindle, lift, raise, scare, thrive, thrust, 等の他に，代名詞 they, their, them もそうである（Baugh 2002）。

## 1．古英語期における聖書翻訳と行間注

アングロ・サクソン時代の学問は，聖書翻訳，福音書などラテン語本体への行間注導入，古英語説教集の執筆・編纂，古英語年代記の執筆・編纂，等の領域にわたっていた。それに加えて，ビードの『教会史』の翻訳，ボエ

ティウスの『哲学の慰め』(Boethius, *Consolatione Philosophiae*) の古英語訳, オロシウスの『歴史』(Orosius' *Historia*) の古英語訳, アルドヘルムの『処女礼賛』(Aldhelm, *De Laude Virginitatis*) への行間注, 古英語詩『ベオウルフ』(*Beowulf*), キャドモンの『讃美歌』(*Cædmon's Hymn*), 『クライストA, B, C』(*Christ A, B, C*), 『創世記A, B』(*Genesis A, B*), 『出エジプト記』(*Exodus*), 『モールドンの戦い』(*Battle of Maldon*), 等多岐にわたる作品が書かれて今日に伝えられている (Greenfield 1980)。そのような著作に使われたのが古期英語であったのであり,その語彙にはラテン語からの借用語が含まれていた。あるいは,著作を通じて古期英語の語彙に借用されたラテン語もあったであろう。また,その語彙の中には上記の古期英語本来語でラテン語の概念を語義として持つようになったものも含まれている。

例えば,bless (祝福する) という語であるが,bleed (血を流す) と同根であり,"血で神聖化する" が原義であった。この語の初出は約950年のことでリンディスファーン福音書の行間注として現れる (the *OED*, *sv.* 'bless')。ヨハネ8_{48}に, Ahne bloedsade ue usic vel sæʒnade という注釈が現れる。これは nonne bene dicimus nos (私たちが言うのは当然ではないか) というラテン語の訳語のようである。"bene dicimus" を "benedicimus" と捉えて 'bleodsade' (blessed) という注釈語を選んでしまったのであろう。ラッシュワース福音書でもラテン語版は 'benedicims' となっており, 注釈は 'bletsadon we' である。古英語訳福音書では 'ne cweþe we wel' となっているので,これは 'bene dictus' というウルガタ聖書の読みに従ったということが分かる。

次に 'disciple' というラテン語からの借用語を考えてみる。初出は900年頃で, ビードの『教会史』の古英語訳である。*OED* には, an ðara broðra, se wæs iu on Breotene Bosles discipul and þeʒn "以前ブリタニアでボイゼルの弟子であり付き人でもあった兄弟たちの一人" (Milleer 1978; V, 9.: p. 410, ll. 6-7) とある。ラテン語版では 'discipulus' という語が使われている。古英語 'discipul' はラテン語からの借用語で, "弟子" を意味する翻訳用語として使われているということが分かる。この語はまた,950年頃のリンディスファーン福音書の行間注としても現れる (the *OED*, *sv.* 'disciple'):

```
cuom summ     monn wlong from              ðæs wæs noma
uenit quidam homo diues ab   arimathia   nomine    ioseph

se ðe   7    ðe   discipul         wæs ðæs hælendes
qui    et  ipse  discipulus erat  iesu                    (Matt. xxvii. 57)
```
〔アリマタヤの金持で，ヨセフという名の人が来た。彼もまたイエスの弟子であった〕　　〔引用テキストの単語間スペースや改行は写本に従った。以下同じ〕

'discipul' をラテン語 'discipulus' に対する注釈語として用いる例は珍しく，リンディスファーン福音書の行間注では 7 回しか現れない。圧倒的に多く使われるのは 'ðe(i)gn' という古期英語の本来語である。他に，'ambeht'，'larcnæht'，'fostring'，'embeht-mon(n)' もあるが，極めて稀である（Kendrick, et al., 1960, "Index Verborum Glossematics"）。ここで，ラッシュワース福音書では，'leornere' という注釈語として選ばれている。古英語訳福音書では 'leorningcniht' が使われている。

以上のほんの僅かばかりの例で分かるように，時代，方言によって翻訳語乃至は注釈語の選択が異なるのであって，修道院，学校，流派，個人によっても異なることがある。以下，本稿では，ラッシュワース福音書の二人の注釈者がどのような注釈語を選んだか，また，注釈のつけ方に工夫がなされていないか，リンディスファーン福音書の行間注並びに，古英語訳福音書の翻訳語や翻訳の仕方と比較しながら，人名，地名，結婚用語の三領域から例を取り上げて考察する。

## 2. ラッシュワース福音書，リンディスファーン福音書，古英語訳福音書について略述

中世英語英文学における研究の枠組みには，主たる文献としてリンディスファーン写本（the Lindisfarne Gospels）とラッシュワース写本（the Rushworth Gospels）がある。つまり，ラテン語本体の活字に，古英語で注訳が施されている。両者は又，古英語が書き込まれた福音書の現存する写本でもあり，同じく古英語訳福音書でもあるが，本論は古英語の行間注を比較検

討する。

　前述では，すでに二写本において言及をしたが，まず次章において，各グロス（行間注）について説明を加えたい。前者リンディスファーン写本は，ラテン語本体に古英語で注をつけられた福音書である。バックハウス（Backhouse 1981）によれば，リンディスファーン福音書のラテン語オリジナルは，起源後710年，エアドリフにより書かれ，そのラテン語に対する古英語の注は約950年にアルドレッド（Aldred）によって施された。リンディスファーン福音書，つまり正式には The Lisdisfarne Gospels, London, British Library MS. Cotton Nero D. iv と称する写本である。

　一方ラッシュワース写本に関しては，別名マッグレゴール福音書（Macgregol Gospels）で，正式には Oxford Bodleian Library MS. Auctarium D. 2. 19と呼ばれオックスフォード大学デュークハンフリーズライブラリー（Duke Humfries Library）で読むことが許されている。本写本の閲覧許可を得るのは，オックスフォード大学英語学部の教授であっても容易なことではないと伺っている。本ラッシュワース写本のラテン語本体は，マッグレゴール（Macgregol）によってアイルランド（Ireland）のバー（Birr）という地方で紀元後800年に書かれたものとされ，古英語の訳はイングランド，マーシア地方のヘアウッド（Harewood）で，975年頃に書かれたとされている。（写本名，写本の年号，場所などについての詳細は田本健一（2013）を参照）。又，ラッシュワース写本の注訳者にはファールマン（Farman）と彼の弟子オーウン（Owun）の二名がいることも前述の著では明示され，ファールマンがマタイ全部とマルコ1-1〜2-15とヨハネ18-1〜18-3を手掛け，残り全てをオーウンが成し遂げたということも前述の著では言及されている（田本健一（2013）の introduction 並びに FOCUS（愛知大学），2012, pp. 1-2）。

　リンディスファーン写本とラッシュワース写本においてこれまでどのような古文学書的（palaeographical）研究でアプローチされてきたか述べる。リンディスファーン福音書に関しては，スティーヴンソン（Stevenson）とウェアリング（Waring）（1854, 1859, 1864, 1892）が今の活字にエディションとして編纂し，その後スキート（1871-87）がウェストサクソン福音書を追加し

てエディションを編纂したが，スキートのエディションに関しては，ラッシュワースの古英語注とラテン語オリジナルが不完全である。要するに，ラッシュワース福音書の行間注のみが書き写され，ラテン語本体が省略されている。又，リンディスファーン写本はカラーではないが複写版が作成されたり，リンディスファーン写本の復刻版（レプリカ）が特注で作られるまでに至った。

　ラッシュワース写本の研究に限っては，シュルツがグロッサリーを作成したり，現代ではボドレアン図書館の写本デジタル化によりウェブ上で写本の文字などを確認できるまでに至ったが，エディションとしては田本健一が日本人として初めてデュークハンフリーズライブラリーにおいて写本閲覧許可を得，写本に書かれているラテン語本体と古英語のグロス（注）を，現代の文字に直しラッシュワースエディション初版編纂という世界的業績として，2013年に出版した。

## 3. 古英語行間注──人名の場合

### 3.1. 人名──格変化語尾とあだ名の付加

　ラッシュワース福音書マタイ18₋₂₁にラテン語の人名 'Petrus' が現れる：

```
þa   cumende petre to him cwaþ to him   dryhten   hu gif
Tunc accedens petrus ad eum dixit ei   domine quod si
     eorsat       in mec   broþer min hu oft  ⁊ ic forlete to him
peccauerit in me   frater meus quoties   dimittam ei
oþþe seofun siþum
usque in septies
```

［そのとき，ペテロがイエスのもとにきて言った，「主よ，兄弟が私に対して罪を犯した場合，幾たびゆるさねばなりませんか。七たびまでですか。」］

　"ペテロ" に相当するラテン語は 'Petrus' であり，語尾は主格を示す '-us' である。それに対してファールマンが付した注では1語尾は '-e' となって

いる。他方，リンディスファーン福音書のアルドレッドの注は 'Petrus' と，ラテン語の主格の語尾を伴った形である。古英語訳福音書の方も同様に 'Petrus' とラテン語主格語尾を伴った形になっている。ファールマンの 'Petre' という形は，ラテン語の語形にとらわれていない。

この名前はまたラッシュワース福音書マタイ $17_{25}$ にも現れる：

he cwæþ gæ ⁊ þa      he eode    in     us      fore-cuom
an utique & cum    intrass&  in   domum   præuenit

hine se hælend   cweþende hwæt   ðynceþ þe simon petre cyningas
eum  ihsus   dicens quid tibi uidetur    simon    reges    eorðu from hwæm

ond-foað    gæfle    oþþe   hernisse   from
terrae a   qui-bus accipiunt tributum uel   censum   a

bearnum heora   þe from fremðum
filís    suis    án    ab alienis

［ペテロは「納めておられます」と言った。そして彼が家に入ると，イエスから先に話しかけて言われた，「シモン，あなたはどう思うか。この世の王たちは税や貢をだれから取るのか。自分の子からか，それとも他の人たちからか」。］

ファールマンはラテン語 'Simon' に対して 'Simon Petre' という注釈をつけている。'Petre' が 'Simon' のあだ名であるという情報を付け加えているのである。リンディスファーン福音書のアルドレッドは，'Simon' に対して何も注釈を施していない。それが普通であるかもしれない。ファールマンはたとえ人名一語であっても，惜しまずに注により情報の追加をしている。

### 3.2. 人名――父称語加筆

ファールマンは人名に対して父称（patronimic）を付加することがある。以下の例はラッシュワース福音書マタイ $16_{-17}$ からの引用である：

```
       eadig   þu eart simon sunu iona
    beatus    es   simon bariona
```
［バルヨナ・シモン，あなたはさいわいである。］

　ここで問題となるのは，ラテン語 'simon bariona' に対して 'simon sunu iona' という注釈をつけているという点である。ラテン語の父称語 'simon bariona' は"イオナの息子シモン"ということである。語源的には，ギリシア語 *bar iōnas* から来るもので，それはさらにアラム語の '*bar yônāh*' (son of Jonah) に遡るという (Mckenzie 1965, s.v. "Bar Jonas")。リンディスファーン福音書の注釈者アルドレッドは，この人名に対して注を付けておらず，空欄にしている。古英語訳福音書の訳は興味深い。ラテン語 'simon bariona' に対する訳は 'simon culfran bearn' である。'bariona' を 'culfran bearn' としている。'bearn' は，'sunu' と同じで古英語の本来語である。'culfre' は"鳩"を意味する語のはずである。そうだとすれば 'culfran bearn' は"鳩の子"ということであろうか。'bariona' の後半の要素 '-iona' または 'Jonah' は，ヘブライ語 *yônāh* に由来する語でその意味は"鳩"であるという (Mackenzie 1965)。古英語訳福音書の訳者は '-iona' の原義が"鳩"ということを知っていたということになるのだろうか。

## 4．古英語行間注──地名の場合
### 4.1. 地名──'byrig' 加筆
　ラッシュワース写本マルコ $2_{-1}$ にキリストのガリラヤ伝道の中心地であったカペナウムというパレスチナの都市が現れる：

```
after sona ł hraðe infoérde ł ineode capharnaum þe byrig after   iterum       intrauit
              capharnauum   post
dagum
dies
```
［幾日かたって，イエスがまたカペナウムにお帰りになったとき］

ラテン語 'capharnau*m*' に対する注釈としてファールマンは 'capharnaum þe byrig' と書いている。'capharnaum' だけで事が足りるはずなのに, 'þe byrig' を付け足している。古期英語 'þe' は無変化定冠詞で, 'the' に相当する。'byrig' は 'burh' とも綴られ, "囲まれた場所", "砦", "城塞都市" の意味で使われていた古期英語の本来語である。その情報を注釈者は付け加えたかったのであろう。それ故 'capharnaum þe byrig' は "城塞都市カペナウム" ということになる。リンディスファーン福音書の注釈者アルドレドも 'capharnaum ða burg' というように "城塞都市" という情報を付け足している。ただし, ファールマンとの違いがある。アルドレドの 'ða burg' では, 'burg' が女性名詞であることを考慮して, 定冠詞が体格女性形の 'ða' を用いている。古英語訳福音書では, 'cafarnaum' とあるだけで, "城塞都市" の情報を付け足すような表現はない。

## 4.2. 地名—Cedron

ファールマンの独特な注としてヨハネの福音18-1において唯一無二の用例の地名, Cedron がある：

Þa  miðð cwæþ se hælend eode þa mid his þægnum his ofer þah hlynne
*Haec cum dixiss & ihsus  egressus est cum discipulis suis trans torrentem*

Þe mon cedron nemneþ þær wæs fæger gewyrtun in þæm  he eode sylf 7
*cedrom   ubi erat hortus   in quem introiit ipse &*

his þægnas his
*discipuli eius*
「こう話し終えると, イエスは弟子たちと一緒に, キドロンの谷の向こうへ出て行った。ヨハネ18-1」（日本聖書協会新共同訳聖書）

ここでは, ラテン語 'trans torrentem cedron'（ケドロンの谷川を超えて）に対してファールマンは 'ofer þar hlynne þe mon cwdron nemneþ' という訳を与えている。つまり, 直訳すると「人がケドロンと呼ぶ谷川を超えて」とい

う意味である。ファールマンは Þe mon cedron nemneþ（SOCV）という第五文型の関係代名詞節で情報を付け加えているのである。リンディスファーン福音書の注釈者アルドレッドはここで，þ burna łi. Uinterburna cedron is genemned という注を付けている。現代英語では the brook or winterbrook (which calls cedron となる。関係節であるが関係詞が省略されその後に受動態が続くという構文になっている。つまり「ケドロンと呼ばれる渓流または冬の渓流」ということになる。英語訳福音書では ða burnan cedron となっており，現代英語だと the brook Cedron（ケドロン渓谷）ということで，同格構文をとっており，ラテン語版の直訳と考えられる。

ついでだが，ケドロンの渓谷について略述しておく。ケドロンの谷は夏には水がなく，冬には川になるという（Hunter 1965: 166）。そうだとすれば，リンディスファーン福音書のアルドレッドが torrentem に対し第二注として uinterburna を付け加えたことが判明する。

マッケンジー McKenzie（1960）によれば，地名 Kidron は，ヘブライ語で quidron とされ，スコープス山とオリーブ山の間にあるイエルサレムの東にある渓谷，又は四季の流れによる岩層とされ，渓谷の底辺から急に90フィート〜180フィートの（現在では）異なる深さがあると書かれている。マッケンジー McKenzie は又，同著書の中で，下層部のレベルは50フィートから100フィートへ瓦礫で積み上げられたものとし，それは古代からであるとみなされ，そのために深さの違いが尚更あるとし，Gihon の泉はその町の東側に在り，その渓谷の底辺から遠くはない。そこは，アサが idol of Maacah を焼いた場所で，ヨシュアは Baal 寺院の宗教の家具を焼いたとされている。Je 31–40で述べられている点は，キドロンの西に位置する Hinnom の谷との融点であり，その合致点は古代イエルサレムが建てた Uphel の谷でゆき止まる。キドロンは，新約聖書において，ヨハネ18–1においてのみこの語を記し，イエスが庭に行く時，Gethsemani を他の福音書によって確認したことも言え，同時にそれがイエルサレムから渓谷をまたがって在ることも顕著な点である（p. 473；英語から本筆者による日本語訳を施した）。

McKenzie, John L., *Dictionary of the Bible* (New York and London: Collier Books 1965, p. 474).

## 4.3. 地名——父称語尾 '-ing'

　本節では，地名"ソドム"と"ゴモラ"を注釈者又は翻訳者がどのように扱っているか考察する。ラッシュワース福音書マタイ10₋₁₅には以下のように書かれている：

```
soð    ic sæcge  eow       árefrendlicre   bið     eorðe
amen   dico      uobis     tollerabilius   erit    terrae
sodominga    ꝥ    gomorringa    æt domes dæge   þonne
sodomorum &    gomorreorum in die    iudici quam
þære    cæstre
illa    ciuitati
```
［あなたがたによく言っておく。さばきの日には，ソドム，ゴモラの地の方が，その町よりは耐えやすいであろう。］

　ラテン語 'terrae sodomorum & gomorreorum' "ソドムとゴモラの地"に対してファールマンは 'eorðe sodominga ꝥ gomorringa' という注釈を施している。'eorðe' は "地" を意味しラテン語 'terrae' に相当する。問題は

'sodominga' と 'gomorringa' という語形である。'-inga' は父称語尾 '-ing' の複数属格女性形で 'eorðe' に係る。つまり，ファールマンは語尾 '-ing' を付けることによって"〜の子孫たちの（地）"という情報を伝達したかったものと思われる。したがって 'eorðe sodominga ⁊ gomorringa' は"ソドムの子孫たちの地とゴモラの子孫たちの地"ということになる。リンディスファーン福音書の注釈者アルドレッドはここで，ラテン語 'sodomorum et gomorraeorum' に対して 'tuoge burgas' "二つの都市"という注釈を与えている。"（ソドムとゴモラというあの）二つの都市"というように，"（両方とも）都市"であるということを読者に想起させることを意図としたものであるように思われる。古英語訳福音書の翻訳者は 'sodoma lande ⁊ gomorra' とあるだけで，何らかの情報を付加しているわけではない。

　ラッシュワース福音書マタイ11₋2にもラテン語 'sodomis' が現れるが，ファールマンはやはり父称語尾 '-ing' の付いた形 'sodomingum' を用いている。リンディスファーン福音書の注釈者アルドレッドは何も注を付けていない。古英語訳福音書の主要写本，コルプス写本では 'sodomum' とあるだけだが，他の写本では 'sodoma lande'（Oxford），'sodome lande'（Hatton）のように古英語訳福音書特有の訳になっている。

　ラッシュワース福音書マタイ11₋24にも 'terrae sodomorum' が現れる。ここでもファールマンは他の例同様 'eorðe sodominga' を注釈としている。リンディスファーン福音書の注釈者アルドレッドは 'terrae' を 'ðæm eorðo' と訳しているが，'sodomorum' に対しては注を付していない。古英語訳福音書の翻訳者はここで 'sodumwara lande' という表現を用いている。'-wara' は古期英語の本来語で"〜の人々，〜の住人"を意味し，複数属格形である。'sodumwara lande' は従って"ソドムびとの地"ということになる。

　ラッシュワース福音書ルカ10₋12にもラテン語 'sodomis' が現れて，それに対する注は 'sodomom' のみである：

ic cweðo iow ðætte sodomom on dæge ðæm forgefen
Dico uobís quia sodomis in die illa remisius
bið ðonne ðio cæstre
erit quam illi ciuitati
［あなたがたに言っておく。その日には，この町よりもソドムの方が耐えやすいであろう。］

　ここで，本ラッシュワース福音書の本用例に行間注を付しているのはファールマンではなくオーウン（Owun）であることを思い出して頂きたい。オーウンは'sodomom'という地名だけを注としている。それはラテン語'sodomis'に対するものであって，'sodomis'は複数与格の形である。それに合わせるかのようにオーウンは'sodomom'という形，つまり複数与格形にしている。従ってこの用例は"（この町にとってよりも）ソドムにとっての方が耐えやすいだろう"ということになる。

　リンディスファーン福音書の注釈者アルドレッドも'sodomom'としている。というよりは，アルドレッドの注釈の影響を受けたオーウンがそれに従ったと考えた方が良いようだ。古英語訳福音書では，'sodomwaron'が用いられている。'-waron'は'-warum'の異綴り形と考えられるので，複数与格とみなすことができる。'sodomwaron'も従って"ソドム人にとって"ということになる。

　参考までに，多くの作品を残したアルフリッチ（Ælfric; c. 955–c. 1010）の場合はどうなのか，『創世記』の古英語訳で検証してみる。

　『創世記』13$_{10-13}$では，'burga Sodomam ⁊ Gomorran'，'byrig Sodoma'，'þa Sodomitiscan men'といった訳語が使われている。城塞都市が原義の'burga'，'byrig'については前節で述べたことである。問題は'þa Sodomitiscan men'という訳語である。語尾'-isc'は"場所あるいは国籍の特徴，性格を持っている"ということを意味する。'þa Sodomitiscan men'とは，つまり，'the people with the qualities or characteristics of Sodom'"ソドム町の性質をもった人々"→"ソドムびと"ということになる。'sodomitisc'は他に『創世記』14$_{17}$（sodomitiscra）と18$_{20}$（sodomitiscra）にも現れる。

## 5. 古英語行間注——結婚用語の場合

　ここでは，古英語福音書における結婚に関する用語を例に挙げ，ファールマンの特有性と，又同時にオーウン（ラッシュワース）とアルドレッド（リンディスファーン）の共有例をあげることにより，ファールマンの独自性を確立させたいと思う。ラッシュワース写本マタイ 1-18 には以下のように書かれている：

OE: Kristes soþlice kennisse þus wæsþa þe hio wæs bewedded l befeast l in sceat alleged his moder maria iosefae ærþon hiæ to somne cwoman hio wæs gemoéted in hire innoþe hæbbende of þæm halgan gaste
（マリアとヨセフは純潔をもって婚約・身を固め・代価によって座に着き，キリストは聖なる精霊によって（マリアに）身ごもった：著者訳）。
Latin: *Auten generatio sic erat cum ess & disponsata mater eius maria isseph autequam conuenirent inuenta est in utero habens de spiritu sancto*
（マリアとヨセフは婚約した。そして聖なる精霊で身ごもった：著者訳）。
ラテン語と古英語の用例は，Tamoto K. ed.（2013, p. 4）を参照。

また同じ一節はリンディスファーン写本では以下のようになる：

OE: cristes soðlice cynnreccenise l cneuresu l ðus þæs mið ðy þæs biþoedded l beboden l befeastnad l moder his aer ðon hia gegeadradon l gecuorum bigetten infunden þæs l is in hrif hæfde of halig gaste
（キリストの先祖は次のようである。彼の母が聖なる精霊によって身ごもり婚約・身を固め，身を束された：著者訳）。
Latin: Christi autem generatio sic erat cum esset disponsata mater eius Maria Joseph ante quam conveirent inventa est in utero habens de spiritu sancto.
（キリストの前世として，マリアとヨセフが精霊によって身ごもり契約をもって婚約した：著者訳）。
リンディスファーンの引用箇所についてはスティーヴンソン・ウェアリング（1854, publication of the Surtees Society, p. 41-2）を参照。

　ここでは，ラテン語 *desponsata* に対して使われる訳語はラッシュワースでは

wæs bewedded, befeast, in sceat alegd の三重注であり，リンディスファーンでは bipoedded, beboden, befeastnad, betaht である。

　アペンディックス 1 を参照すると，マタイ 1-18, 1-24, 5-32, 14-4, 19-9, 19-10, 19-12, 22-2, 22-3, 22-4, 22-8, 22-9, 22-10, 22-11, 22-12, 22-24, 22-25, 22-28, 2-30, マルコ 6-17, 6-18 はファールマンの訳による技巧で，アペンディックス 1 の表に見られるように，ラッシュワース，つまり上記ファールマンの訳とリンディスファーン（アルドレッド）の箇所は全て一致しない（用例 1 ～21：アペンディックス 1 の表を参照）。しかし，用例22～27と35～40に相当する，マルコ 10-11, 10-12, 12-19, 12-21, 12-23, 12-25, ルカ 20-28, 20-29, 20-30, 20-33, 20-34, 20-35 においては，全てオーウンの訳であり，表で確認が取れるように，オーウン（ラッシュワース）とアルドレッド（リンディスファーン）の注が全て一致していることが明らかに示されている。又，アペンディックス 1 の表における用例28～34, 41と42つまりルカ 2-5, 2-36, 12-36, 14-8, 14-20, 16-18, 17-27, ヨシュア記 2-1, 2-1 の実例は，再びファールマンの訳となるがこの際，前述内容と同じように，ファールマンの訳は全てアルドレッド（リンディスファーン）と一致しない。OE バージョンとファールマンの訳をここで比較しても，全てが一致せず，ファールマンの古英語版福音書における結婚に関する用語も，確立した独自性を出していることをここでも是認したい。尚，古英語における結婚に関する用語は，アンドレアス・フィッシャー（Andreas Fischer 1986）を先行研究に進められているが，ラッシュワースとリンディスファーンにおける比較研究は，徹底して行われていなく，ファールマンの特有な結婚用語としては論証されていない。

## 6．終わりに

　前述した「ファールマンの独自性」という概念及び語は，英語で Originality of the glossator, Farman であり，この表現と着眼点は，田本健一の論文，'Originality and Boldness of Farman the Glossator of the Rushworth Gospels'（愛

知大学英米文学研究会 FOCUS，第23号，2012，pp. 55–67）の題材に取り上げられ，Backhouse (1981, p. 87) と Kendrick (1956, p. 9) らが指摘しているように，スキートは早くもラッシュワース写本の注訳者らであるファールマンとオーウンが，リンディスファーン写本を英国チェスター・リー・ストリートで閲覧したことに言及していることにも根拠として繋がるのである。ラッシュワース写本の注訳者であるファールマンとオーウンらは，アルドレッドが注訳をつけたリンディスファーン写本を観て，それを参照したためか，ファールマンの弟子オーウンはアルドレッドの訳と共通（厳密には一致）しており，ファールマンが独自の訳語の選択をしたことが「独自性」として浮き上がっている。最後に筆者が述べることは，次の2点である。第一に，ラッシュワース写本の翻訳者オーウンの注は，リンディスファーン写本の翻訳者アルドレッドによる注に近く，地名ケドロン・人名ソドモン，結婚に関する用語を用例にみても，その説を是正できる。第二に，ラッシュワース写本の注訳者ファールマンの注は，田本健一の上記論文ですでに述べられているようにオリジナリティ（独自性）がある。それは，アルドレッド，オーウンや OE バージョンの訳とも一致せず，他古英語版福音書の写本で同一の用例がないという点で，確立された独自のものであると云える。第三に，ラッシュワース写本自体を研究するに当たり，注訳者ファールマンとオーウンの二名がいる内，二者間の注における，注訳者らが選択した注を比較検討する意味があるということである。調べてみたところ，二者間による注は一致せず，むしろオーウンの注はアルドレッドの注と一致しており，その背景にはファールマンと彼の弟子オーウンが，チェスター・リー・ストリートという地において，リンディスファーン写本を閲覧し，その結果リンディスファーン写本の権威を知ったオーウンは，注として語の選択をしてゆく際に，アルドレッドの訳に従って注の語の選択をすることにしたと考えられる。ファールマンの方言として，定説はマーシアン方言で，そのマーシアン方言とアルドレッドの方言であるノーサンブリアン方言が，同じラッシュワース写本内に共存しているのである。

　筆者としては，更なるファールマンの独自性を表す用例を集め，論証を固

め，その信憑性を更に明らかにすべく，ラッシュワース写本の一注訳者ファールマンの技巧を分析してゆくことを今後の課題としたいと思っている。

### 参考文献

Backhouse, Janet, *Lindisfarne Gospels* (Oxford: Phaidon 1981; repr. 1991).

Baugh, Albert C., *A History of the English Language*, 5th ed. (London: Routledge, 2002).

Brown, edward. Miles, *The Language of the Rushworth Gospels to the Gospel of Matthew and Mersian Dialect* part II. The vowels of other syllables than stem-syllables; Consonants; Inflection (Göttingen Druck der Dieterich'schen Universitäts-Buchdruckerei 1892).

Bollandiani, Socciied, *Bibliotheca Hagiographica Latina*, vol. 1–2 (Bruxellis: Antiquae et Mediae Aetutis 1898–1899; 1900–1901).

Bollandus, Japannes, Henschenis, Godefridus, Papenbroeck, Daniel Van *Acta Sanctorum Quotquot toto orbe coluntur, vela Catholicis criptoribus celebrantri quæ ex Latinis & Græcis, aliarumque gentium antiques monementis collegit digessit, uotis illustrauit Inonnes Boll and VS, soaetatia lev theologvs, seruata primigenia scriptorum phrasi. Operam et stvdivm contvlit Godefridvs Henschenivs eivsdem societ* (Bruxelles: culture et civilization 1959–1985, 1975–1940, 1954).

Bosworth, Joseph and T. Northcite Toller (1954), *An Anglo-Saxon Dictionary* (Oxford: Oxford University Press, 1st ed. 1898, repr. 1929, 1954); Supplement by T. N. Toller (Oxford: Oxford University Press 1921, repr. 1955), with Enlarged Addenda and Corrigenda by Alistair Campbell (Oxford: Clarendon Press 1921, repr. 1955).

Caesar and H. J. Edwards, The Gallic War (Loeb Classical Library) (Cambridge, Massachustts: Harvard University Press, 1917).

Crawford, S. J. ed. (1997), *The Old English Version of the Heptateuch, AElfric's Treatise on the Old and New Testament and his Preface to Genesis*, with the text of two additional manuscripts transcribed by N. R. Ker., (Oxford: Oxford University Press EETS 1997).

石橋幸太郎・勇康雄・宇賀治正明・勝又永朗・鳥居次好・山川喜久男・渡辺藤一編集『現代英語学辞典』（東京：成美堂，1993）．

*Exective Committee of the Common Bible Translation* (Tokyo: Japan Bible Society 1988).

Fischer, Andreas, *Engagement, Wedding and Marriage in Old English* (Heidelberg Carl Winter Universitätsverlag 1986).

Fontes Anglo-Saxonixi: http://fontes.english.ox.ac.uk/

Godden, Malcolm, *"Ælfric's Changing Vocabulary"*, English Studies 61 (1989).

Greenfield, Stanley B., and Fred C. Robinson, *A Bibliography of Publications on Old*

*English Literature to the End of 1972* (Manchester: Manchester University Press, 1980).

*The Holy Bible*, Containing the Old and New Testaments, New Revized Standard Version, Anglicized ed. (Oxford: Oxford University Press 1995).

Hunter. A. M. *The Cambridge Bible Commentary on the New English Bible: The Gospels According to John* (Cambridge: Cambridge University Press 1965, repr. 1993).

*The Lindisfarne and Rushworth Gospels.* Part II, vol. 39 (Durham: Surtees Society 1859).

McKenzie, John L., *Dictionary of the Bible* (New York and London: Collier Books 1965).

Miller, Thomas, *The Old English Version of Bede's Ecclesiastical History of the English People*, EETS OS No. 96 (Millwood, N.Y.: Kraus Reprint Co., 1978; originally published by Oxford University Press, London, New York, Toronto).

MS. Auctarium D. 2. 19, Bodleian Library, Oxford (c 800).

MS. Auctaruim D. 2. 19, Bodleian Library Oxford, a microfilm verion.

MS. Auctarium D. 2. 19, Bodleian Library, Oxford, a electronic version in the Digital Image Library.

松浪有・池上嘉彦・今井邦彦編集『大修館英語学事典 The Taishukan Encyclopaedia of English』(東京：大修館書店，1983).

Skeat, Walter W., *Holy Gospels in the A-S Northumbrian, and Old Mercian Versions… together with the early Latin versions as contained in the Lindisfarne MS., Collated with the Latin version in the Rushworth MS.* (Cambridge: 1871–87).

Stevenson, Joseph, and George Warning, *the Lindisfarne and Rushworth Gospels now, first printed from the Original MSS. In the British Museum and the Bodleian Library.* 4 vols. Surtees Spciety nos 28, 39, 43, 48 (London: 1854–65).

Stevenson, Joseph, and George Waring, *The Lindisfarne and Rushworth Gospels* (Durham: Andrews and Co. 1863).

Sweet, Henry, *Sweet's Anglo-Saxon Primer*, 9th ed. (Oxford: at the Clarendon Press 1953; first ed. 1882).

Tacitus, M. Hutton, and W. Peterson, *Agricola. Germania. Dialogue on Oratory*, Tacitus Volume I, Loeb Classical Library 35 (Cambridge, Massachustts: Harvard University Press, 1914).

Tamoto, K. ed. *Macregol Gospels or the Rushworth Gospels*, (Amsterdam: John Benjamins Publishing Company 2013).

Tamoto, K., 'Originality and Boldness of Farman the Glossator of the Rushworth Gospels' (愛知：愛知大学英米文学研究会 FOCUS，第23号, 2012).

Tamoto, K., and Simon Sanada, 『Basic Skills in English ――基本英語表現法』(東京：成美堂　1996).

# APPENDIX
## 古英語版福音書における結婚に関する用語

| Item Verses | Lindisfarne | Rushworth | OE Version | King James Version |
|---|---|---|---|---|
| 1 Mat. 1. 18 | þæs bipoedded, beboden, befeastnad, betaht, *esset desponsata* | wæs bewedded, beerat, in sceat alegd, *erat cum ess & disponsata* | wæs beweddod | his mother Mary was espoused to Joseph |
| 2 Mat. 1. 24 | onfeng gebed his, *accepit coniugem suam* | feng wiue *acipit coniugem* | onfeng his gemæcean | and took unto him his wife |
| 3 Mat. 5. 32 | f'letes þif buta unclænes lustas inting gedoeð ł þircas ða ilca gesyngege, *dimiserit uxorem suam excepta fornicationis causa facit eam moechari* | forleteno lædæs he synngieð, *dimissam duxerit adulterat* | forletene him lædeþ nefæþ unreht-hæmeþ, *dimissam duxerit adulterium committit* | and whosoever shall marry her that is divorced committeth adultery |
| 4 Mat. 14. 4 | to habbanne ða ł hia, *habere eam* | to habbanne hire, *habere eam* | hi to wife to hæbbene for thee to have her | |
| 5 Mat. 19. 9 | f'letas þif his buta f' derne legere 7 oðer lædes, ł brenges, *dimiserit uxorem suam misi ob fornicationem et aliam duxerit moechatur* | forleteþ his wif nymðe fore forlegenisse him oþer lædeþ he forlegenisse fremmaþ 7 seþe forletnisse lædaþ forlægnisse forlegenisse fremmaþ, *fornicationis & aliam* | forlætt hys wif buton for forligere and oþer ferað | and shall marry another,... and whoso marrieth her which is put away doth commit adultery. |

|  |  | duxerit iam mechatur & qui demisam duxerit iam mechatur |  |  |
|---|---|---|---|---|
| 6 Mat. 19.10 | mið þife ne f'stondes æuiht þifegæ, *cum muliere non expedit nubere* | wið wife ne beþærfeþ per monn hæme, *cum uxore non expedit nubere* | mid hys wife ne fremað nanum to wifienne | it is no good to marry |
| 7 Mat. 19.12 | seðe mæge genioma geniomas, *qui potest capere capiat* | seþe mæg nioman nime, *qui potest capere capiat* | for heofena rice undernyme se þe undernyman mæge | He is able to receive it, let him receive it. |
| 8 Mat. 22.2 | dyde ða færmo, brydlopa sune his, *fecit nubtias filio suo* | worhte gemunge, *fecit nuptias* | Þe macede hys suna gyfta | which made a marriage for his son, |
| 9 Mat. 22.3 | to ðæm færmum, *ad nubtias* | to gemunge, *ad nuptias* | to þam gyftum | to the wedding |
| 10 Mat. 22.4 | to ðæm færmum, *ad nobtias* | to gemunge, *ad nuptias* | to þam gyftum | come unto the marriage |
| 11 Mat. 22.8 | his færmo, *suis Nubtiae* | his gemunge, *suis nuptiae* | Þas gyfta | the wedding is ready |
| 12 Mat. 22.9 | to ðæm færmon, *ad nubtias* | to þæm gemunge, *ad nuptias* | to þisum gyftum | bid to the marriage |
| 13 Mat. 22.10 | ða færmo, *nubtię* | per gemung, *nuptiae* | Þa gyfthus | the wedding |
| 14 Mat. 22.11 | mið þede brydes ł mið brydreaf, *ueste nubtiali* | hrægle gemunglice, *ueste nuptiali* | mid gyftlicum reafe gescryd | not on a wedding garment |

| | | | | |
|---|---|---|---|---|
| 15 Mat. 22. 12 | hæfdes ðu þede ł reaf brydlic, *habens vestem nubtialem* | hæfest wede, hrægl gemunglic, *habens nestem nuptialem* | næfdest gyftlic reaf | not having a wedding garment |
| 16 Mat. 22. 24 | he læda broðer his laf to pif ðæs, *ducat frater eius uxorem illius* | ne hæfde sunu þæt is broþer foe to his wife, *non habens filium ut ducat fater uxorem illius* | bearn næbe þæt his broðor nyme hys wif | his brother shall marry his wife, |
| 17 Mat. 22. 25 | pif læde, *uxore ducta* | wif læde, *uxorem duxit* | forma fette wif | when he had married a wife, |
| 18 Mat. 22. 28 | þif alle f'ðon hæfdon ða ilca, *uxor omnes enim habuerunt eam* | oper wif forþon þe alle hæfdun hire, *uii. uxor omnes enim habuerunt eam* | byð þæt wif on þam æriste | whose wife shall she be of the seven? For they all had her. |
| 19 Mat. 22. 30 | ne ne, (No gloss for *nubent and nubentur*), *nubent ne nubentur* | ne hæmeþ ne hæmde bioþ, *neque unbent neque nubentur* | ne hig ne ceorliaþ on þam æryste | they neither marry, nor are given in marriage, |
| 20 Mark 6. 17 | hlaf philipes broðer his f'ðon lædde hia *hlaf philippi fratris sui quia duxerat eum* | lafe philippes broðer his forðon lædde hine, *uxorem hilippi fratris sui quia duxerat eam* | forþam ðe he nam hi | for he had married her |
| 21 Mark 6. 18 | to habbanne hlaf broðres ðines, *habere uxorem fratris tui* | to habbanne lafe broðer ðines, *habere uxorem fratris tui* | to hæbbenne þines broðer wif | to have thy brother's wife |
| 22 Mark 10. 11 | oðer læde, *aliam duxerit* | oðer læde, *aliam duxerit* | his wif forlæt and oþer nimð unrihthæmed | and marry another, |

| | | | | |
|---|---|---|---|---|
| 23 Mark 10. 12 | to oðrum onf, as *alli nubserit* | to oðrum foes, *alli nupserit* | gif þæt wif hire were forlæt and oþerne nimð | and be married to another |
| 24 Mark 12. 19 | onfoe broðer his hlaf, *accipiat frater ejus uxorem* | forletes ðæt wif, *diserit uxorem* | Læfð his wif and næfð nan bearn | his brother should take his wife, |
| 25 Mark 12. 21 | ðe æfterra onfeng ða ilca ilca, *secundus accipit eam* | ðe æfterra on-feng ða ilca, *secundus accipit eam* | Þa nam se oðer hi | And the second took her, |
| 26 Mark 12. 23 | hæfdon þer ilca þif, *habuerunt eam uxorem* | forðon hæfdum ðæt ilce wif, *enim habuerunt eam uxorem* | bið þæt wif | , whose wife shall she be of them? |
| 27 Mark 12. 25 | ne hia mænsumiað ne hia biðon ge-mænsumad, *neque unbent neque nubentur* | ne hie bioðun gimænsumad, *neque nubunt neque nubentur* | ne wifiað hi | They neither marry, nor are given in marriage; |
| 28 Luke 2. 5 | mið maria befæstad him þif 7 þæs berende, *cum Maria desponsata sibi uxore praegnate* | mið maria bifæstad him wif berende, *cum maria dissponsata sibi uxore prigante* | marian þe him beweddod wæs | to be taxed with Mary his espoused wife, |
| 29 Luke 2. 36 | 7 lifde mið þer hire þintrum seofo fro hehstaldhad hire, *et vixerat cum uiro suo annis septem a uirginitate sua* | ifde mið wer hire winter siofune from hehstaldhade hire, & *uixerat cum uiro suo annis uii a urginitate sua* | and heo leofode mid hyre were seofan ger of hyre fæmnhade | and had lived with a husband seven years from her virginity |
| 30 Luke 12. 36 | fro symblu, *a nuptis* | fram symblum, *a nuptis* | fram gyftum gecyrred | from the wedding |

| 31<br>Luke<br>14. 8 | to færmum,<br>*ad nuptias* | to feormum,<br>*ad nuptias* | Þe læs wenunga | to a wedding |
|---|---|---|---|---|
| 32<br>Luke<br>14. 20 | þif ic læde,<br>*uxorem duxi* | wif ic lædo,<br>*uxorem duxi* | ic lædde wif ham | I have married a wife, |
| 33<br>Luke<br>16. 18 | 1) lædes oðero he syngiges, *ducit alteram moechatur,* 2) seðe ða ł ðio leteno bið fro þere lædeð he synngeð, *qui dimissam a uiro ducit moechatur,* | Not Specified. | Þe his wif forlæt and oþer nimð se unrihthæmð | 1) and marrieth another, 2) and whosoever marrieth her that is put away from her husband |
| 34<br>Luke<br>17. 27 | 1) þifo lædon, *uxores ducebant,* 2) þeron sald to brydloppum, *dabantur ad nuptias* | wif læddon, *uxores ducebant* werun sald to bryd-hlopum, *dabantur ad nuptias* | hig ætun. and druncon. and wifodon. | 1) they married wives, 2) they were given in marriage, |
| 35<br>Luke<br>20. 28 | hæbbe þte þif, *habens uxorem* | hæfde wif, *habens uxorem* | wif hæbbe. | his brother should take his wife, |
| 36<br>Luke<br>20. 29 | onfeng, genom þer þif, *accepit uxorem* | onfeng wif, *accipit uxorem* | nam wif | and the first took a wife, |
| 37<br>Luke<br>20. 30 | onfeng ða ilc, *accepit illam* | onfeng ða ilco, *accipit illam* | Ða nam oðer hig and wæs dead butan bearne | and the second took her to wife, |
| 38<br>Luke<br>20. 33 | bið þer þif, *erit uxor* | bið per wif, *erit uxor* | hyra wif bið þæt | whose wife of them is she? |

| 39<br>Luke<br>20. 34 | sald biðon to bryd-lopu, *traduntur ad nuptias* | gsinigo 7 sald bioðon to bryd-hlopum *huius nubunt & traduntur ad nuptias* | Þysse worulde bearn wifiað and beoð to giftum gesealde | The children of this world marry, and are given in marriage |
|---|---|---|---|---|
| 40<br>Luke<br>20. 35 | ne sinigað ne lædeð, fatas þifo, *neque nubunt neque ducunt uxores* | ne lædas ł ne foas wif ða *neque ducunt uxores* | ne wif ne lædað | neither marry nor are given in marriage |
| 41<br>John<br>2. 1 | hæmdo, færmo geuordeno, *nuptiae factae* | hæmdo, feorme awordne, *nuptiae factae* | wæron gyfta | there was a marriage |
| 42<br>John<br>2. 2 | to ðæm farmum, hæmdum, *ad nubtias* | to ðæm feormum, *ad nuptias* | wæron gelaðode to þam gyfton | to the marriage |

## APPENDIX 参考文献

*The Bible*, authorized King James Version with Apocrypha, Oxford World's Classics (Oxford: University Press 1997).

*The Lindisfarne and Rushworth Gospels*. Part II, vol. 39 (Durham: Surtees Society 1859).

Stevenson, Joseph, and George Warning, *the Lindisfarne and Rushworth Gospels now, first printed from the Original MSS. In the British Museum and the Bodleian Library*. 4 vols. Surtees Society nos 28, 39, 43, 48 (London: 1854–65).

Stevenson, Joseph, and George Waring, *The Lindisfarne and Rushworth Gospels* (Durham: Andrews and Co. 1863).

Tamoto, K. Ed. *The Macgregol Gospels or the Rusworth Gospels, edition of the Latin text with the Old English interlinear gloss transcribed from Oxford Bodleian Library, MS Auctrium D. 2. 19* (Amsterdam: John Benjamins Publishing Company 2013).

Liuzza, R. M. ed. *The Old Enghlish Version of the Gospels,* volume one, text and introduction (Oxford: Oxford University Press 1994).

# 生成文法の英語教育への応用
―― 制限関係節と同格節を題材に ――[1)]

北　尾　泰　幸

## 1．はじめに

　理論言語学の統語論において多大な影響を与えてきた生成文法理論は，言語学者ノーム・チョムスキー（Noam Chomsky）によって提唱されてから60年近い時を経ている。理論的発展に伴いその理論モデルは細かい点でいろいろと変更されてきているが，一貫して研究対象としているのは，チョムスキーが当初 "Competence" と呼び，1990年代からは "I-language" という名称をよく用いている「言語能力」および「Ｉ言語」である[2)]。

　言語能力およびＩ言語とは，「話し手と聞き手の言語知識」（the speaker-hearer's knowledge of his language）を指す[3)]。いわば文法的体系を持った，人間の脳の中にある言語機能（Language Faculty: FL）から派生される言語であり，チョムスキーはこれを運用面の言語とは明確に区別している。運用面の言語をチョムスキーは "Performance"（言語運用）と呼んでおり，こちらは「具体的な状況下での言語の実際の運用」（the actual use of language in concrete situations）であると分析している[4)]。チョムスキーはこの Performance に対して，1990年代から "E-language"（Ｅ言語）という名称をよく用いている。

　生成文法は言語能力・Ｉ言語を研究対象とし，また母語話者の直観を正確に記述する「記述的妥当性」（descriptive adequacy）にとどまらず，記述的妥当性を備えた文法体系に潜む理論を説明することを目指すさらに上位のレベルである「説明的妥当性」（explanatory adequacy）を満たす理論構築を目指している[5)]。このことから，生成文法理論では，科学の研究でよくなされる

ように，ある種の理想化を行ったうえで研究が進められている。生成文法の研究では，理想的な話者・聴者（an ideal speaker-listener）を想定して，理論が構築される。理想的な話者・聴者とは，Chomsky (1965) によると，全く等質的である言語社会において当該言語を完全に知っており，記憶が限界に達していたり，気が散ってしまったり，注意や関心が別のものに移ってしまったり，実際の運用において言語知識を適用するときに間違いを犯したり……といった，文法とは無関係の条件に左右されない人である[6]。

　この生成文法の研究観を考慮に入れると，実際に英語を用いる学習者が理想的な話者・聴者でもなく，また言語の運用面，つまり「言語運用」および「E 言語」がどちらかと言えば重視される英語教育現場においては，生成文法の知見を活かせる場所は限られてくると言えよう。しかし，生成文法が自然言語の文法構造を明らかにすることを目指している研究分野であることを考慮すると，学習言語の構造を教える文法指導において，生成文法の研究で明らかになってきた I 言語の構造を踏まえた指導を行うことにより，文の構造が理解しやすくなる場合があると思われる。例えば，文に何らかの変形操作が加わっているときなどは，単に文のパターンを学習者に示すのではなく，それらの文がどのようにつくり出されるのかという生成文法における「派生」（derivation）の概念に基づき説明することによって，文構造がより明らかになる場合があると考えられる。その際，教える側の教員は，もちろん生成文法の理論モデルをそのままの形で学習者に対して提示するべきではないが，その理論のエッセンスを，学習者が分かるレベルの言葉で伝えることによって，このような生成文法の知見を教育現場に応用できると思われる[7]。

　本稿では，このような言語の派生部分に目を向けることにより，却って理解が深まると思われる言語事象を取り上げ，それをどのように英語教育の現場で導入すればよいかについて考察する。例として，名詞句を修飾する制限関係節（restrictive relative）と同格節（appositive clause）について検証する。本稿の構成は以下のとおりである。第 2 節は，生成文法の知見を英語教育に応用するうえで前提となる θ 理論と wh 移動について概観し，移動の特性

について考察する。第3節は，日本語の関係節などの複合名詞句との統語的特徴の違いも考慮しながら，生成文法における英語の制限関係節と同格節の統語的分析を考察し，それらをどのように英文法の指導に活かせばよいか考える。第4節は前節までに考察した制限関係節と同格節の統語分析が正しいことを示唆する，代名詞と指示表現の束縛関係について概観する。第5節は結論である。

## 2．移動現象

### 2.1 $\theta$ 理論と wh 移動

英語教育現場での生成文法理論の具体的な応用について考察する前に，その前提となる概念である $\theta$ 役割（主題役割，意味役割）の概念と，演算子の移動について説明する。

文はその意味を完結させる要素が必要であり，その要素を決定するのは動詞を中心とした述部（predicate）である。このような述部によって決定される要素は「項」（argument）と呼ばれ，それぞれの項に対して動詞（述部）が意味役割を与える。この意味役割を「$\theta$ 役割」（$\theta$-role, theta-role）あるいは「主題役割」と呼ぶ[8]。

動詞 buy を例に考えよう。動詞 buy は(1) a に示すように，「動作主」（agent）および「主題」（theme）の2つの項を必要とする二項動詞である。(1) b においては動作主の $\theta$ 役割を持つ項 Katie が主語位置に存在し，主題の $\theta$ 役割を持つ項 some books が目的語位置に生じている。よって，動詞 buy が必要とする項すべてが現れているため，文法的となっている。一方，(1) c は動作主の $\theta$ 役割を持つ項 Katie は主語位置に生じているが，主題の $\theta$ 役割を持つ項は生起していないため，動詞 buy が必要とする項すべてが現れているわけではないことになり，動詞 buy の項構造（argument structure）を満たしておらず，非文となる。

(1) a． buy (AG, TH)　　　　　　　　AG: Agent, TH: Theme
　　b． Katie bought some books.
　　　　 AG　　　　　TH
　　c． *Katie bought.
　　　　 AG

　この項構造とθ役割の概念を念頭に置き，wh句を含む疑問文について考える。英語ではwh句を含んだ疑問文の場合wh句が文頭に生じるが，このwh句も動詞よりθ役割を付与されていることを考えると，wh句は文頭に基底生成されているとは考えられない。(2) a においては，文頭の what は主題のθ役割を有しており，主題のθ役割は VP 内で動詞の主要部 V より与えられなければならないからである。よって(2) b に図示するように，what は動詞 buy の目的語位置に生起して V 主要部から主題のθ役割を付与されていると考えるのが適切である。

(2) a． What did Katie buy?
　　b．

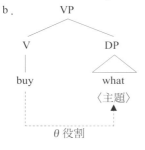

　この buy の目的語位置に生起し，主題のθ役割を付与された what は，派生が CP の段階まで進んだときに，C 主要部にある wh 素性により牽引（attract）され，CP 指定部（CP Specifier: CP-Spec）へと移動する。その際，元位置に痕跡（trace）を残して移動する[9]。図示すると，(3)のようになる。

(3)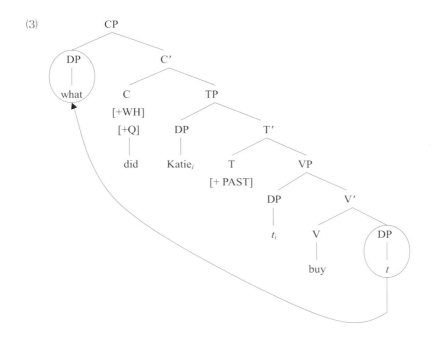

　このように wh 句は wh 演算子（*wh*-operator）を含んでおり，動詞（述部）から θ 役割を付与される位置に基底生成したのち，移動する。この移動を「wh 移動」（*wh*-movement）と呼ぶ。
　wh 句は上のように一つの節の中で移動するといった局所的（local）な移動だけではなく，節の境界を越えた長距離（long-distance）の移動も許す。(4)は従属節を含んだ文であるが，文頭の what は上で見た θ 役割の点を考慮すると，従属節の目的語位置に基底生成し，動詞 buy (bought) から主題の θ 役割を与えられていると考えられる。

(4)　What do you think Katie bought?

この what は従属節の CP 指定部を経て，主節の CP 指定部に移動し，主節の C が持つ wh 素性をチェックする。what が一度に主節の CP 指定部に移動す

るのではなく，従属節の CP 指定部を経て移動するのは，(5)の下接の条件
(Subjacency Condition) によるためである。

(5) 下接の条件
　　循環規則により，以下の構造において，句を Y から X の位置（もしくはその逆）へと移動させることはできない。
　　　$\ldots X \ldots [_\alpha \ldots [_\beta \ldots Y \ldots] \ldots] \ldots X \ldots$　　　（$\alpha$ と $\beta$ が循環節点のとき）
　　　　　　　　　　　　　　　　　　　　　　　　　（Chomsky 1977: 73）

(5)で示したように，一度の移動で循環節点（cyclic node）を二つ以上越えてはいけないという制約が下接の条件である。循環節点には種々議論があるが（Chomsky 1973, 1977, 1981, Rizzi 1980, etc.），一般的には Rizzi (1980) の提案に従い，英語は DP と TP が循環節点となりイタリア語は DP と CP が循環節点となるというように，DP は普遍的に循環節点となるが，TP と CP のどちらが循環節点となるかは言語間で異なっており，パラメーターとなっていると考えられている。

よって，(4)においては(6)に図示するように，what は従属節の目的語位置に生起し，従属節の CP 指定部を経て，主節の CP 指定部へと移動する。

(6)　What do you think Katie bought?

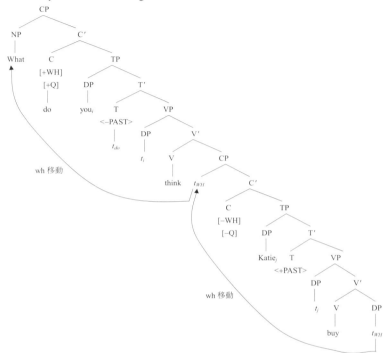

　さて，この下接の条件から，(7)のような複合名詞句（complex NP/complex DP）からの wh 移動が許されないことが説明できる。Ross (1967) が提案した(8)の複合名詞句制約（Complex NP Constraint）に示されているとおり，関係節や同格節などを伴って複合的になっている名詞句から wh 句を抜き出すことができない。

(7)　?*Who did you mention Bill's belief that you saw?　(Lasnik and Uriagereka 1988: 20)

(8)　複合名詞句制約
　　　語彙的な主要部を伴った名詞句に支配されている文に含まれている要素は，変形操作により，その名詞句の外に移動することはできない。(Ross 1967: 127)

(7)においては，(9)に示すように，複合名詞句の中に生起した who はまず従属節の CP 指定部まで移動するが，ここから更に主節の CP 指定部まで移動する際，DP と TP の二つの循環節点を一度に越えて移動するため，「一度の移動で循環節点を二つ以上越えてはいけない」という(5)の下接の条件に抵触する。このように，複合名詞句制約の事実も，下接の条件から説明できる。

(9)　Who$_i$ did [$_{TP}$ you mention [$_{DP}$ Bill's belief [$_{CP}$ $t'_i$ that [$_{TP}$ you saw $t_i$]]]]?

また，(10)のように wh 移動が適用された CP から他の wh 句を抜き出すことができない。これは wh 島制約（*wh*-island Constraint）と呼ばれるが，これも下接の条件から導くことができる。

(10)　*Who did you wonder what saw?

(10)では，(11)に図示するように，従属節の目的語位置に生起し，動詞 see (saw) から θ 役割を得る what が従属節の CP 指定部に移動する。この移動により，従属節において what の島が形成される。従属節の主語 who がこの what の島から文頭に移動する際，従属節の CP 指定部は what が占めているため，文頭の CP 指定部まで一度に移動する。その結果，この what の移動は循環節点 TP を一度に二つ越えることになるため，下接の条件に抵触することになる[10]。

(11)　[$_{CP1}$ Who$_j$ did [$_{TP}$ you wonder [$_{CP2}$ what$_i$ [$_{TP}$ $t_j$ saw $t_i$]]]]?

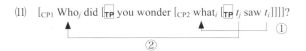

このように，複合名詞句制約や wh 島制約は，派生に wh 演算子の移動が関与していることを明確に示すものとなっている。

## 2.2 空演算子の移動

　前節では wh 句という音形を伴った演算子の移動を取りあげたが，Chomsky (1977) は音形を伴わないものであっても，演算子の移動が関与している場合があることを，(12) a – d の wh 移動の特性をもとに分析している。(12) a – d に示すように，移動の痕跡（＝空所）があり，複合名詞句制約や wh 島制約が見られる場合は，その派生に演算子の移動を含んでいると Chomsky (1977) は提案している。

(12)　wh 移動の特性
　　a．空所を残す。
　　b．橋渡し動詞（bridge verb: think や say などの比較的意味量の少ない動詞）[11]
　　　があれば，下接の条件，命題島条件，指定主語条件に違反できる。
　　c．複合名詞句制約に従う。
　　d．wh 島制約に従う。　　　　　　　　　　　　　　(Chomsky 1977: 86)

　(13) a – c を見てみよう。(13) a は関係節を含む名詞句，(13) b は比較構文，(13) c は分裂文[12]である。すべて非文法的であるが，どの文にも同格節を伴った複合名詞句が生起しており，その複合名詞句の中に空所が含まれている（空所を $e$ で示す）。

(13) a．*the man that we've heard the report that Louise is dating $e$
　　　　　　　　　　　　　　　　　　　　　　(McCawley 1998: 522)
　　b．*Wilt is taller than I believe the claim that Bill is $e$.　(Ross 1967: 412)
　　c．*It is this hat that I believe the claim that he was wearing $e$.　(op. cit., p. 393)

　(13) a – c において，それぞれ空所位置に，空所に相当する語句が音形を持たない空の要素として生起していると考えよう。つまり，(13) a では関係節主要部の (the) man，(13) b では程度を示す語句 tall，(13) c では焦点句 this hat に相当する要素が空所位置に存在すると考える。これが空の代名詞 pro として存在するのではなく，wh 移動のような移動を伴う演算子 (operator) の形で存在し，音形を持たないことから空演算子 (empty/null operator) の形で生起して

いると仮定しよう。この演算子が wh 演算子同様移動すると考えると，(13) a–c は θ 位置（空所位置）から従属節の CP 指定部を経て，主節の CP 指定部まで移動していることになる。するとこの移動は DP, TP という二つの循環節点を一度に越えることになるため，(14) a–c に図示するように，(5)の下接の条件に抵触することになる（空演算子を *OP* で示す）。よって(13) a–c が文法的に不適格であることは，下接の条件から導くことができる。

(14) a． the man$_i$ [$_{CP}$ *OP*$_i$ that [$_{TP}$ we've heard [$_{DP}$ the report [$_{CP}$ *t'*$_i$ that [$_{TP}$ Louise is dating *t*$_i$]]]]]

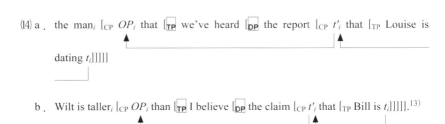

b． Wilt is taller$_i$ [$_{CP}$ *OP*$_i$ than [$_{TP}$ I believe [$_{DP}$ the claim [$_{CP}$ *t'*$_i$ that [$_{TP}$ Bill is *t*$_i$]]]]].[13]

c． It is this hat$_i$ [$_{CP}$ *OP*$_i$ that [$_{TP}$ I believe [$_{DP}$ the claim [$_{CP}$ *t'*$_i$ that [$_{TP}$ he was wearing *t*$_i$]]]]]

このように関係節・比較構文・分裂文に空演算子の移動が含まれていることは，次の複合名詞句を含まない長距離移動との文法性の差からも導ける。(15) a–c に示すように，長距離移動であっても，空所が複合名詞句の中に含まれていない場合は文法的となる。これは(16) a–c のように，θ 位置に生起した空演算子が主節の CP 指定部に移動すると考えると，(14) a–c とは異なり，避難口（escape hatch）の従属節の CP 指定部から主節の CP 指定部への移動の際，循環節点を一つしか越えておらず，下接の条件に抵触しないためである[14]。

(15) a． the man that we've heard that Louise is dating *e*　　(McCawley 1998: 522)
　　b． Wilt is taller than I believe that Bill is *e*.　　(Ross 1967: 412)
　　c． It is this hat that I believe that he was wearing *e*.　　(*op. cit.*, p. 393)

(16) a. the man$_i$ [$_{CP}$ $OP_i$ that [$_{TP}$ we've heard [$_{CP}$ $t'_i$ that [$_{TP}$ Louise is dating $t_i$]]]]

b. Wilt is taller$_i$ [$_{CP}$ $OP_i$ than [$_{TP}$ I believe [$_{CP}$ $t'_i$ that [$_{TP}$ Bill is $t_i$]]]] is red.

c. It is this hat$_i$ [$_{CP}$ $OP_i$ that [$_{TP}$ I believe [$_{CP}$ $t'_i$ that [$_{TP}$ he was wearing $t_i$]]]]

また，関係節・比較構文・分裂文が wh 島制約にも従うことが，次の(17) a – c から分かる。

(17) a. *the rocks$_i$ which$_i$ they asked me whether Abigail felt $t_i$ move  (Postal 1998: 64)
 b. *Mary isn't taller than I wonder whether she was $t_i$ five years ago.
  (Chomsky 1977: 87)
 c. ?*[Which drink]$_i$ was it Boris who bought $t_i$?  (Reeve 2012: 27)

(17) a – c では，$t$ で示した痕跡の位置に生起した空演算子が移動する際，wh 句が従属節 CP 内にあるため，空演算子は従属節の CP 指定部を経由せずに移動する。結果として空演算子の移動は循環節点 TP を一度に二つ越えることになり，下接の条件の違反を生むことになる。

(18) a. the rocks$_i$ [$_{CP}$ $OP_i$/which$_i$ [$_{TP}$ they asked me [$_{CP}$ whether [$_{TP}$ Abigail felt $t_i$ move]]]]

b. Mary isn't taller$_i$ [$_{CP}$ $OP_i$ than [$_{TP}$ I wonder [$_{CP}$ whether [$_{TP}$ she was $t_i$ five years ago]]]].

c. [$_{CP}$ Which drink$_j$ was [$_{TP}$ it Boris$_i$ [$_{CP}$ $OP_i$/who$_i$ [$_{TP}$ $t_i$ bought $t_j$]]]]

このような複合名詞句制約および wh 島制約に関する事実から，wh 構文・関係節・比較構文・分裂文の派生には，演算子の移動が含まれていることが

分かる。

## 3. 英語教育への応用

前節までの議論で，wh句はθ位置に生起したのちCのwh素性に牽引され移動すること，および音形上wh句を伴わないものにも演算子の移動が含まれることを見た。本節ではこの演算子の移動の特性を踏まえ，日本語を母語とする英語学習者への効果的な文法指導として生成文法の知見をどのように導入すればよいかを，制限関係節と同格節の統語的ふるまいの違い，および日本語と英語の構造の違いを見ることにより考察する。

### 3.1 制限関係節と同格節の違い

日本語を母語とする英語学習者の中に，(19) a のような制限関係節と(19) b のような同格節の違いが分かりにくい者がいる。

(19) a．Tom denied the claim **that he made**.　　　（制限関係節）
　　 b．Tom denied the claim **that he likes Mary**.　　（同格節）

(19) a の制限関係節の場合は，(20) a のように，関係節内部に関係節主要部 claim の移動の痕跡が存在する。一方，(19) b の同格節の場合は，(20) b のように，同格節の中には痕跡は存在しない。

(20) a．Tom denied the claim [that he made *t*].
　　 b．Tom denied the claim [that he likes Mary].

関係節内部に関係節主要部（に相当する演算子）の痕跡が存在することは前節で見たが，ここで再度同格節と関係節の両方を含む(21) a，b について考察しよう。

(21) a. *Tom denied the claim$_i$ that Katie believed the idea that he had made $t_i$. ( $t$ = claim)
　　b. Tom denied the claim that Katie heard the rumor$_i$ that he had spread $t_i$. ( $t$ = rumor)

非文である(21) a は，最も深く埋め込まれた that 節 [that he had made $t_i$] は the idea の同格節であり，この that 節の中に関係節主要部 claim（の空所）が含まれる。この関係節主要部の空所位置に生起した空演算子が，関係節 CP の指定部まで移動する。図示すると，(22)のようになる。

(22)　Tom denied the claim$_i$ [$_{CP}$ $OP_i$ that [$_{TP}$ Katie believed [$_{DP}$ the idea [$_{CP}$ $t'_i$ that [$_{TP}$ he had made $t_i$]]]]]

この演算子の移動は，DP と TP という二つの循環節点を越えた移動となる。よって(5)の下接の条件に抵触し，非文となる。

一方，文法的である(21) b を考えよう。(21) b において，最も深く埋め込まれた that 節 [that he had spread $t_i$] はその前の rumor を主要部に持つ関係節である。よって，主要部 rumor の痕跡がこの関係節内に存在する。その上の that 節 [that Katie heard the rumor (that he had spread)] は the claim の同格節となっている。(21) b では(23)に図示するように，関係節内で主要部 rumor の空所位置から演算子が移動するが，最も深く埋め込まれた that 節である関係節 CP の指定部にとどまるため，循環節点を二つ以上越える形にはならず，下接の条件の違反も生まれない。よって文法的となる。

(23)　Tom denied the claim [$_{CP}$ that [$_{TP}$ Katie heard [$_{DP}$ the rumor$_j$ [$_{CP}$ $OP_j$ that [$_{TP}$ he had spread $t_j$]]]]]

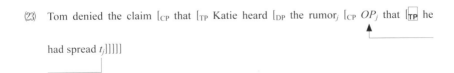

この(21) a, b の文法性の差と演算子の移動から，関係節に関係節主要部の痕跡が含まれることは明らかであろう。このことから(20) a の制限関係節には

(24) a のように痕跡が含まれ演算子の移動があるのに対して，(20) b の同格節には(24) b のように痕跡は含まれておらず，それゆえ演算子の移動も行われていないと結論づけられる。

(24) a ． Tom denied the claim$_i$ [$OP_i$ that he made $t_i$].　　関係節：痕跡がある

　　　　　　　　　　　　　　移動

　　 b ． Tom denied the claim [that he likes Mary].　　同格節：痕跡がない

## 3.2　日本語関係節の特異性

　さて，日本語を母語とする英語学習者にとって，制限関係節と同格節の違いを分かりにくくしている原因の一つに，日本語における複合名詞句の特異性があると考えられる。例えば日本語の複合名詞句の一つである関係節を伴った名詞句では，いくつか英語関係節には見られない現象が存在する。その一つが，主要部が無い関係節（Headless/Gapless relative）が存在する点である。(25) a - e の名詞句は，名詞を修飾している関係節の中に，関係節主要部名詞句に相当する空所が存在しない。

(25) a ．［就職がたいへんな］物理学，［卒業がたいへんな］言語学——どの学問も
　　　　　容易ではない。　　　　　　　　　　　　　　　　　　(Kuno 1973: 255)
　　 b ．［魚が焼ける］におい
　　 c ．［電車が走る］音
　　 d ．［頭のよくなる］本　　　　　　　　　　　　　　　　　（寺村 1993: 214）
　　 e ．［トイレに行けない］コマーシャル　　　　　　　　(Matsumoto 1996: 110)

　日本語関係節はこのように節内に関係節主要部の空所が無くても関係節を形成し，名詞句に付加して複合名詞句を作ることができる。
　第二の特徴として，日本語関係節に複合名詞句制約の違反が見られないことが挙げられる。日本語関係節では(26) a , b のように，関係節の主要部名詞句の空所が，その関係節の中にある更なる関係節の中に存在する場合があ

る。(26) a では,上の関係節の主要部名詞句「紳士」は,深く埋め込まれた「洋服」に掛かる関係節の主語として機能している(関係節内の空所を $e$ で示し,指し示すものを指標で記す)。(26) b も同様に,上の関係節の主要部名詞句「子ども」が,深く埋め込まれた関係節の主語として働いている。

(26) a．?[[[ $e_i$ $e_j$ 着ている] 洋服$_j$ が] 汚れている] 紳士$_i$ (Kuno 1973: 239)
   b．?[[[ $e_i$ $e_j$ かわいがっていた] 犬$_j$ が] 死んでしまった] 子ども$_i$
                                          (Kornfilt, Kuno and Sezer 1980: 189)

もしこれら関係節主要部名詞句(あるいはそれに相当する空演算子)が,(27) a,b に図示するように,深く埋め込まれた関係節の主語位置($e_i$ で示した位置)から構造的に最も上位の関係節の CP 指定部まで移動しているとすると,この移動は複合名詞句からの移動になるため循環節点を二つ以上越える移動となり下接の条件に抵触するはずであるが,実際は(26) a,b は文法的に適格である[15]。

つまり,日本語には空所がないと思われる関係節がある一方で,空所がある関係節も存在するが,空所がある関係節の場合も,Chomsky (1977) が wh 移動の特性として挙げた「複合名詞句制約に従う」という wh 移動の特性を見せないという特異な性質を有しているのである[16]。

## 3.3 痕跡の有無から探る英語制限関係節と同格節の構造の違い

このように,関係節において移動特性を明確な形では示さないという特徴

を有している日本語を母語とする英語学習者にとっては，痕跡の有無が制限関係節と同格節の違いに関係するというのは，意識しにくい点であろう。よって，「英語においては，関係節には関係節主要部の痕跡があり，同格節には痕跡はない」という視点を導入し，この点が痕跡の有無がはっきりしない日本語関係節とは大きく異なっている部分であることを示すことは，英語と日本語の構造の違いを学習者に理解させるうえで，たいへん効果的であると考えられる[17]。

このことを踏まえて，次の文を考えよう。

(28) a．The news$_i$ [that $t_i$ appeared in the papers this morning] was well received.
 b．The news [that the team had won] calls for a celebration.
(Quirk et al. 1985: 1244)
(29) The suggestion came from the chairman *that the new rule (should) be adopted*.
(Quirk et al. 1985: 1262)

(28) a，b はどちらも that 節が名詞句 the news に続いているが，(28) a は主語位置に痕跡があるのに対して，(28) b は win が一項動詞であり主語である the team に θ 役割を与えるが，目的語位置には θ 役割を与えないため，that 節内に痕跡がない[18]。このことから，(28) a は関係節であり(28) b は同格節であることが分かる。また(29)は，that 節の直前に名詞句 the chairman があるため，学習者は後続する that 節は chairman に掛かる制限関係節と思ってしまうかもしれないが，もし that 節が制限関係節であるならば，(the) chairman に相当する痕跡（空所）が that 節内に存在するはずである。that 節内に受動化変形が適用されているため，行為主（agent）の θ 役割を持つ the chairman が受動化の適用を受けて that 節内に生起するためには，前置詞句 by the chairman の形で生じる必要がある。すると，that 節内には(30)のように，前置詞 by が残留することが予測される。

(30) [$_{CP}$ $OP_i$ that [$_{TP}$ the new rule (should) be adopted **by** $t_i$]]

しかし(29)は行為主のθ役割を持つ項がthat節内に生起していたことを示すby句は存在しない。よってthat節内には痕跡は存在せず，結果として，that節は制限関係節ではなく同格節であると分析することができる。that節の前にある名詞句the chairmanは同格節を取ることができない。(29)のthat節は，the suggestionに後続する位置に基底生成し，文末に「外置」(extraposition)されているのである。

(31) The suggestion [*that the new rule (should) be adopted*] came from the chairman

外置（extraposition）

このように，制限関係節には主要部の痕跡があり演算子の移動があるのに対し，同格節には痕跡がなく演算子の移動もないという視点を明らかにすることにより，制限関係節と同格節の違いを学習者により理解させることができる。

### 3.4 関係節の主要部の指定と外置

さて以上見てきたように，同格節とは異なり，制限関係節には関係節主要部の痕跡が含まれる。この点を踏まえると，関係節が右方向に移動した「外置」を含む文についても，関係節の主要部は関係節の直前の名詞句ではないことがより分かりやすくなるだろう。例として，(32)a，bを考察する。

(32) a．A report was made public today that the ambassador was still in hiding.
(Rochemont and Culicover 1990: 32)
b．The boy was found this morning that disappeared yesterday. (Tunstall 1996: 303)

(32)a，bは(33)a，bに図示するように，that関係節が元位置から右方向に外置した文である。

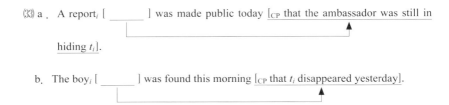

(33) a. A report$_i$ [ ＿＿＿ ] was made public today [$_{CP}$ that the ambassador was still in hiding $t_i$].

 b. The boy$_i$ [ ＿＿＿ ] was found this morning [$_{CP}$ that $t_i$ disappeared yesterday].

まず(33) a を考えよう。that 関係節内には，hiding の後ろに関係節主要部 a report の痕跡が含まれている。このように痕跡が存在していることが分かると，that 節は関係節であることが導ける。しかし that 節の前に存在するのは関係節の主要部にはなれない副詞句 today であり，このことから関係節はこの today を主要部として持つのではなく，他の語句を主要部として持つことが分かる。そこで，hide の目的語として生起できる名詞句 a report が関係節主要部として適切な名詞句であり，that 節はこの関係節主要部 a report に後続する位置から右方向に外置したことが導ける。

(33) b も同様に，that 節の主語位置に関係節主要部の痕跡が存在することが分かると，that 節の直前にある this morning は that 節の述部 disappeared yesterday の主語として機能しないことが分かる。すると，この述部の主語として機能できる the boy が関係節の主要部であり，関係節は名詞句 the boy の直後に基底生成し，この名詞句から外置したことが分かる。

このように，that 関係節内に痕跡があることを理解することにより，関係節主要部が関係節の直前に無い場合であっても，関係節と主要部を関連付けることができ，外置の操作が関わっている文も理解することができるのである。

## 4．制限関係節と同格節の統語的差異―束縛現象―

前節までに見た痕跡の有無と演算子移動の有無だけではなく，制限関係節と同格節には，その他の統語的違いが見られる。例えば，束縛（binding）に関する違いがその一つである。

(34) a．* He$_i$ denied the claim that John$_i$ made.　　　（制限関係節）
　　 b．* He$_i$ denied the claim that John$_i$ likes Mary.　（同格節）

(Lebeaux 1991: 221)

(34) a，b はどちらも非文であるが，これは指示表現である John が，代名詞 He に束縛されており，Chomsky (1981) の束縛理論の中の「指示表現は束縛されてはならない」という束縛原理 C に抵触するためである。「束縛」の定義は理論的に少し複雑な事柄を含むが，簡単に説明すると，要素 α と要素 β が同じ指標（index）を持ち，α が β に「c 統御」（c-command）[19] されるとき，α は β に束縛されていると分析される（Chomsky 1981: 184）。c 統御も定義は複雑であるが[20]，簡潔に説明すると，2 つの接点 α，β がいずれも他を支配せず，かつ α を支配するすべての枝分かれ接点が β を支配している場合，α は β を c 統御していることになる。これに従うと，(35)では，要素 B が c 統御しているのは C, D, E, F, G であり，要素 C が c 統御しているのは B，要素 D が c 統御しているのは E, F, G，要素 E が c 統御しているのは D，要素 F が c 統御しているのは G，要素 G が c 統御しているのは F ということになる。

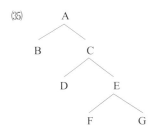

(35)

この束縛原理 C と c 統御の概念を念頭に置き，(34) a，b の構造を考えよう。(36) a，b がその構造である。

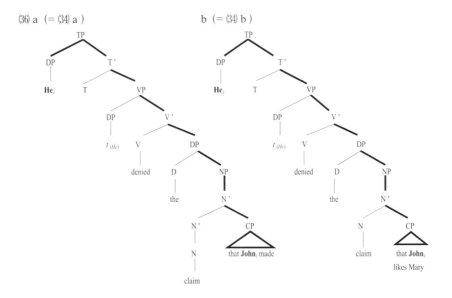

(36) a, b に図示したように，代名詞 He は that 節内の指示表現 John を束縛している。なぜなら，He と John は同じ指標を持ち，He が John を c 統御しているからである（(36) a, b では，c 統御の関係を太線で示している）。ゆえに，「指示表現は束縛されてはならない」という束縛原理 C に違反することになる。このように，(34) a, b は束縛原理 C に違反しているため非文となっている。

ところが興味深いことに，(34) a, b の関係節・同格節に wh 移動が加わると，(37) a, b のように文法性に差がみられる。

(37) a. Which claim that John$_i$ made did he$_i$ later deny $t$ ?　　（制限関係節）
　　b. *Whose claim that John$_i$ likes Mary did he$_i$ deny $t$ ?　　（同格節）
(Lebeaux 1991: 211)

(37) a のように制限関係節の場合は文法的であるが，(37) b のように同格節の場合は非文となる。なぜこのような違いが見られるのだろうか。実はこれには項と付加部の違いが関係している。Lebeaux (1988, 1991) は「項」(argument/

complement)は動詞からθ役割が与えられることになる派生の最初の段階であるD構造(D-structure)のレベルで生起する必要があり、「付加部」(adjunct)はθ役割を付与される必要がないことから、派生の途中で変形操作により付加する「遅期併合」(late-merge)の統語操作が可能であると提案している。

これを踏まえて、まず制限関係節である(37)aについて考えよう。(37)aの構造は(38)a, bのようになる。

(38) Which claim that John$_i$ made did he$_i$ later deny $t$?  (= (37) a )

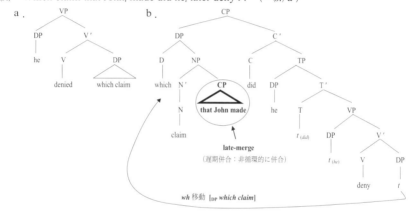

制限関係節が付加部であることから、θ位置であるVP補部の位置（= denied の目的語の位置）には、(38)aのように、制限関係節を伴わない名詞句 which claim のみが生起すると考える。(38)bの樹形図のように、この which claim は、派生がCPの段階まで進んだときに、Cのwh素性に牽引され、CP指定部へと移動する。which claim がこのCP指定部に移動した時点で、関係節 [that John made] が claim の付加部の位置に非循環的に併合（merge）される。この非循環的な併合操作が「遅期併合」(late-merge)である。この関係節が遅期併合された後で束縛原理Cを適用すると、関係節内の指示表現 John は代名詞 he よりも構造的に高い位置にあり、それゆえ代名詞 he か

ら束縛されない。ゆえに束縛原理Cを満たしており，文法的に適格であることが導ける。

次に同格節である(37) b について考えよう。(37) b の構造は(39) a，b のようになる。

(39) \* Whose claim that John$_i$ likes Mary did he$_i$ deny $t$ ?   (= (37) b )

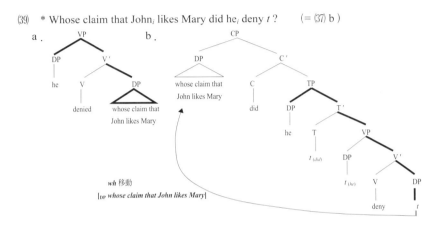

同格節である that 節は項である。このことは，claim が動詞として生起した場合は項として that 節を取ることから分かり，それゆえ名詞 claim が取る that 節も項であると考えられる。ゆえにこの that 節 [that John likes Mary] は，(39) a のように，θ 位置である VP 補部に DP [whose claim] と共に生起しなければならない。指示表現 John はこの基底生成の位置で代名詞 he に束縛されており，束縛原理 C の違反を生む文法構造となっている。(39) b の樹形図のように，この DP は C の wh 素性に牽引され CP 指定部へと移動するが，痕跡の位置では指示表現 John は代名詞に束縛されるため，解釈の時点で束縛原理 C の違反を生み，文法的に不適格となる[21]。

この分析で重要な点は，同格節が項であり，制限関係節が付加部であるという点である。同格節が項であることは，上で動詞との類似性より説明したが，次の制限関係節と同格節における「二重限定」(stacking) の文法差も，同格節が項であることを示している。制限関係節は(40) a - c のように二重限

定を許すが，同格節は(41) a，b のように二重限定が許されない。

(40) a. The student [who took the qualifying exam] [who failed it] wants to retake it.
(McCawley 1998: 447)
b. I just read the book [that's about your ancestors] [that your son gave me] last year.
(Kayne 1994: 92)
c. the book which John wrote which Bill read　(Bianchi 1999: 260)

(41) a. *The government's claim [that it would reduce taxes] [that it would design policies for more employment] proved false.
b. *There is a growing belief [that she will resign] [that she was headhunted by a larger company].

(42) a，b のように，一つの項しか生起が許されない場所に，項が複数現れることは許されない。一方，(43) a，b のように，付加部は複数現れることが許される。

(42) a. *John can go [to the market] [to India]
b. *My nephew could write [letters] [the postcards] [to his parents] [to his brother].

(43) a. John can go to the market [on his bike] [on a truck].
b. My brother slept [next to the car] [on the floor].
(Sportiche, Koopman and Stabler 2014: 109)

　このことからも，複数の that 節の生起が許されない同格節は項であり，許される制限関係節は付加部であることが分かる。
　このように同格節は項であるため，その前の名詞句との結びつきが強い要素である。よって基底構造である D 構造の時点でも名詞句と共に生起しており，制限関係節のように派生の途中で導入されるものではない。制限関係節における関係節主要部とは異なり，同格節の名詞句は，同格節内の要素ではなく，むしろ同格節をその要素つまり項として取っているのである。ゆえにこの束縛現象の事実は，前節で示した制限関係節と同格節は痕跡の有無に

関して異なっているという考えを強く支持している。

　本節の束縛現象の説明は，生成文法の専門用語も多く複雑であり，実際の教育現場で導入することは難しいだろうが，束縛現象の言語事実を教員が知識として持っておき，(40) a – c と(41) a , b の文法性判断の差などを題材に，同格節がその前の名詞句との結びつきが強く，同格節を取る名詞句は同格節内の要素ではないこと，一方，制限関係節の場合は関係節主要部は関係節内の要素であることを，学習者が分かるレベルで説明することは可能であると思われる。このように，生成文法における派生の手順に着目することにより，同格節と制限関係節の統語的差異について，学習者により明確に理解させることができる。

## 5．結論

　生成文法は言語知識（Competence）・I 言語を研究対象とし，自然言語に潜む普遍的な文法特性を明らかにすることを目標としており，言語の運用面である言語運用（Performance）・E 言語は考察の対象としないため，英語教育において運用面に焦点を当てた場面では，生成文法の知見を導入することは無理である。しかし，文法面については生成文法の研究を活かせる余地があることを，本稿で制限関係節と同格節を題材にして考察した。

　制限関係節は wh 移動の特性があり，関係節である that 節内に，移動した関係節主要部の痕跡が存在している。一方，同格節はこの同格節を従える名詞句の項として機能しており，それゆえ同格節である that 節内では要素の移動はなく，that 節内に移動の痕跡は存在しない。ゆえに，that 節内に痕跡があるかどうかにより，制限関係節と同格節を見分けることができ，また制限関係節においては痕跡が that 節内でどのような文法的役割を果たしているかを理解することにより，関係節主要部から関係節が離れて存在している「外置」の操作を含む文であっても，関係節の主要部を特定できることを明らかにした。また，同格節と制限関係節の束縛現象の違いは，両者の派生の違いに起因することを示し，この派生の違いは同格節が項であり制限関係節が付

加部であることを示していることを明らかにした。

## 注

1) 本論文は，2012年12月22日に行われた一般社団法人大学英語教育学会（JACET）中部支部2012年度12月定例研究会（於：中京大学名古屋キャンパス）での発表「生成文法の英語教育への応用―移動現象を題材に―」の一部であり，加筆修正を施したものである。本発表で質問・ご意見をくださった聴衆の方々に感謝申し上げる。またブライアン・コバート（Brian Covert）氏には，本文中の筆者作例による英文データの文法性判断をしていただいた。ここに御礼申し上げる。なお，本論文における不備は全てもちろん筆者の責任である。
2) 詳しくは，田窪他 (1998)，渡辺 (2009)，北尾 (2010)，福井 (2012) などを参照されたい。
3) Chomsky (1965: 4)
4) Chomsky (1965: 4)
5) Chomsky (1965: 25-26)
6) Linguistic theory is concerned primarily with an ideal speaker-listener, in a completely homogeneous speech-community, who knows its language perfectly and is unaffected by such grammatically irrelevant conditions as memory limitations, distractions, shifts of attention and interest, and errors (random or characteristic) in applying his knowledge of the language in actual performance. (Chomsky 1965: 3-4)
7) JACET中部支部の大森裕實氏のご提案を受け，筆者はそれまで目を向けてこなかった生成文法理論の英語教育への応用について考えるようになった。本視点に気付かせてくださった大森氏に感謝申し上げる。
8) このように動詞とその意味役割（θ役割）を決める理論を「θ理論」（θ-theory, Theta-theory）と呼び，θ役割の付与については，(i) の「θ基準」（θ-criterion, Theta criterion）が提案されている。

 (i) θ基準
  それぞれ項は一つのθ役割のみ有し，各々のθ役割は一つの項のみに与えられる。  (Chomsky 1981: 36)

9) Fiengo (1977) の痕跡理論（Trace theory）に拠る。
 なお，生成文法の現在の理論モデルである極小主義プログラム（The Minimalist Program）では，痕跡ではなく移動要素のコピー（copy）が残ると分析されているが（Chomsky 1995, 2000, 2001, 2008, 2013），ここでは説明の便宜上，元位置のwh句を痕跡の形で記す。
10) ⑽について，先にwhoが従属節のCP指定部を経て文頭のCP指定部に移動し，その後，whatが，空いた従属節のCP指定部へと移動すると，whoの移動は下接の条件に抵触していないことになり，wh島制約に違反せずに派生が行

われることを導けるが,この派生は(i)の厳密循環性条件(Strict cycle condition)の点から許されない。
> (i) 循環節点 A に支配される領域に,A が同じ循環節点である B に支配された下位領域になっているような状況で,A のみに影響が及ぶような形で規則を適用することはできない。　　　　　(Chomsky 1973: 243)

このように,一度派生が終わった循環節点に支配される領域に,再度派生を適用することは許されない。よって,下接の条件を違反していない上記の形での派生も,厳密循環性の点から排除される。

11) 橋渡し動詞 (bridge verb) とは,think, murmur, believe のような動詞であり,意味量が比較的多い complain, quip のような動詞と区別される。本文で見たように,橋渡し動詞は従属節の CP 指定部が避難口 (escape hatch) として働き,従属節内に生じた wh 句は従属節の CP 指定部を経て主節の CP 指定部へと移動するため下接の条件に違反しない派生を導けるが,(i) a,b のように主節の動詞が橋渡し動詞でないときには,従属節の CP 指定部を避難口として利用できないため,wh 句が θ 位置(元位置)から表層の位置である文頭まで一度に移動することになり,結果として二つ以上の循環節点を越え,下接の条件に抵触し,非文となる。

> (i) a．*What did John complain that he had to do this evening?
> 　　b．*What did John quip that Mary wore?　　(Dean 1967) [Chomsky (1977: 85)]

12) 分裂文(cleft sentence)は,学習英文法で強調構文と呼ばれている以下のような文である。

> (i) a．It's your notes that/which John wants to look at.
> 　　b．It's John that/who wants to look at your notes.　　(McCawley 1998: 64)

13) 比較構文については派生構造はもっと複雑であるが,ここでは説明の便宜上簡潔に記す。詳しくは,Bresnan (1973, 1975), Chomsky (1977), Corver (1990), Lechner (2004) などを参照されたい。

14) 顕在的な wh 句の移動と同様,橋渡し動詞の有無により,文法性に差が生じる。例として比較構文と分裂文を挙げる。(i) a,b のように than 節や前提を示す that 節の動詞が橋渡し動詞の場合は文法的であるが,(ii) a,b のように quip や whisper のような意味量の多い動詞が生起すると非文となる。これは wh 移動と同様,従属節の CP 指定部が避難口として機能しないためである。

> (i) a．John met more linguists than I believed that Sue had met. (Corver 2006: 604)
> 　　b．It was a book that Fred said that Bill brought.　　(Delahunty 1981: 156)
> (ii) a．*John met more linguists than I quipped that Sue had met. (Corver 2006: 604)
> 　　b．*It was a book that Fred whispered that Bill brought.　　(Delahunty 1981: 156)

15) 日本語の名詞句は DP ではなく NP であるという分析もあるが,ここでは説明の便宜上 DP として分析する。但し NP として分析した場合も,DP に代わ

り NP が循環節点となるため、複合名詞句制約についても同じことが言える。
16) この主要部を持たない関係節の存在と、複合名詞句制約などの島の効果（island effects）の欠如といった特徴から、日本語の関係節には演算子の移動は含まれていないという分析もある。詳しくは Kuno (1973), Murasugi (1991, 2000a, b), Ochi (1997), Miyamoto (2007) などを参照されたい。
17) 但し、日本語関係節には再構築・連結性 (reconstruction/connectivity) など移動特性が見られるという研究もある。詳しくは、Hasegawa (1985), Ishii (1991), 本田 (2002), Hoshi (2004a–c), Morita (2006), Kitao (2009, 2011) などを参照されたい。
18) この部分について、生成文法の θ 役割の用語を導入しなくても、学習英文法の自動詞・他動詞の用語を用いて、「動詞 win が自動詞であり、目的語を取らないため」と説明することも可能である。
19) c-command は c 統御の他に、「構成素統御」と訳されることもある。
20) c 統御については、詳しくは Reinhart (1976), Chomsky (1981) などを参照されたい。
21) 本論文の性質上詳細は省くが、wh 句は LF と呼ばれる論理的解釈を行うレベルにおいて、痕跡の位置でも解釈を受ける。これを「再構築・連結性」(reconstruction/connectivity) と呼ぶ。

## 参考文献

Bianchi, Valentina (1999) *Consequences of Antisymmetry: Headed Relative Clauses*, Berlin: Walter de Gruyter.

Bresnan, Joan W. (1973) "Syntax of the Comparative Clause Construction in English," *Linguistic Inquiry* 4, pp. 275–343.

Bresnan, Joan W. (1975) "Comparative Deletion and Constraints on Transformations," *Linguistic Analysis* 1, pp. 25–74.

Chomsky, Noam (1965) *Aspects of the Theory of Syntax*, Cambridge, Mass.: MIT Press.

Chomsky, Noam (1973) "Conditions on Transformations," in S. R. Anderson and P. Kiparsky (eds.), *A Festschrift for Morris Halle*, New York: Holt, Rinehart and Winston, pp. 232–286.

Chomsky, Noam (1977) "On *Wh*-movement," in P. Culicover, T. Wasow and A. Akmajian (eds.), *Formal Syntax*, New York: Academic Press, pp. 71–132.

Chomsky, Noam (1981) *Lectures on Government and Binding: The Pisa Lectures*, Dordrecht: Foris. [Reprinted by Mouton de Gruyter in 1993]

Chomsky, Noam (1995) *The Minimalist Program*, Cambridge, Mass.: MIT Press.

Chomsky, Noam (2000) "Minimalist Inquiries: The Framework," in R. Martin, D. Michaels and J. Uriagereka (eds.) *Step by Step: Essays on Minimalist Syntax in Honor of Howard Lasnik*, Cambridge, Mass.: MIT Press, pp. 89–155.

Chomsky, Noam (2001) "Derivation by Phase," in M. Kenstowicz (ed.), *Ken Hale: A Life in Language*, Cambridge, Mass.: MIT Press, pp. 1–52.

Chomsky, Noam (2008) "On Phases," in R. Freidin et al. (eds.), *Foundational Issues in Linguistic Theory: Essays in Honor of Jean-Roger Vergnaud*, Cambridge, Mass.: MIT Press, pp. 133–166.

Chomsky, Noam (2013) "Problems of Projection," *Lingua* 130, pp. 33–49.

Corver, Norbert (1990) *The Syntax of Left Branch Constructions*, Doctoral dissertation, Tilburg University.

Corver, Norbert (2006) "Comparative Deletion and Subdeletion," in M. Everaert and H. van Riemsdijk (eds.), *The Blackwell Companion to Syntax Volume I*, Malden, MA: Blackwell, pp. 582–637.

Dean, J. (1967) "Noun Phrase Complementation in English and German," unpublished mimeo, MIT.

Delahunty, Gerald P. (1981) *Topics in the Syntax and Semantics of English Cleft Sentences*, Doctoral dissertation, University of California, Irvine. [Published by Bloomington, IN: Indiana University Linguistics Club in 1982]

Fiengo, Robert (1977) "On Trace Theory," *Linguistic Inquiry* 8, pp. 35–61.

Hasegawa, Nobuko (1985) "On the So-called "Zero Pronouns" in Japanese," *The Linguistic Review* 4, pp. 289–341.

Hoshi, Koji (2004a) "Parametrization of the External D-system in Relativization," *Language, Culture and Communication* 33, Keio University, pp. 1–50.

Hoshi, Koji (2004b) "Japanese Relativization and Its Puzzling Hybrid Nature," *Humanities* 19, Keio University, pp. 51–78,

Hoshi, Koji (2004c) "Remarks on N-Final Relativization in Japanese," *English Language and Literature* 44, Keio University, pp. 113–147.

Ishii, Yasuo (1991) *Operators and Empty Categories in Japanese*, Doctoral dissertation, University of Connecticut.

Kayne, Richard S. (1994) *The Antisymmetry of Syntax*, Cambridge, Mass.: MIT Press.

Kitao, Yasuyuki (2009) *The Nature of Relativization: A Minimalist Perspective*, Doctoral dissertation, Osaka University.

Kitao, Yasuyuki (2011) "The Presence of Head-raising and Resumptive-stranding in Japanese Relative Clauses," *Acta Linguistica Hungarica* 58 (3), pp. 313–335.

Kornfilt, Jaklin, Susumu Kuno, and Engin Sezer (1980) "A Note on Crisscrossing Double Dislocation," in S. Kuno (ed.), *Harvard Studies in Syntax and Semantics* 3, Cambridge, Mass.: Harvard University.

Kuno, Susumu (1973) *The Structure of the Japanese Language*, Cambridge, Mass.: MIT

Press.

Lasnik, Howard and Juan Uriagereka (1988) *A Course in GB Syntax: Lectures on Binding and Empty Categories*, Cambridge, Mass.: MIT Press.

Lebeaux, David (1988) *Language Acquisition and the Form of the Grammar*, Doctoral dissertation, University of Massachusetts.

Lebeaux, David (1991) "Relative Clauses, Licensing, and the Nature of the Derivation," in S.D. Rothstein (ed.), S*yntax and Semantics 25: Perspectives on Phrase Structure: Heads and Licensing*, San Diego: Academic Press, pp. 209–239.

Lechner, Winfried (2004) *Ellipsis in Comparatives*, Berlin and New York: Mouton de Gruyter.

Matsumoto, Yoshiko (1996) "Interaction of Factors in Construal: Japanese Relative Clauses," in M. Shibatani and S. A. Thompson (eds.) *Grammatical Constructions: Their Form and Meaning*, Oxford: Clarendon Press, pp. 103–124.

McCawley, James D. (1998) *The Syntactic Phenomena of English (Second Edition)*, Chicago and London: The University of Chicago Press.

Miyamoto, Yoichi (2007) "On the Licensing of Anti-Quantifier *Zutsu* in the Subject Position,"『言語と文化の展望』東京：英宝社，pp. 593–607.

Morita, Hisashi (2006) "A Promotion Analysis of Japanese Relative Clauses," *English Linguistics* 23-1, pp. 113–136.

Murasugi, Keiko (1991) *Noun Phrases in Japanese and English: A Study in Syntax, Learnability and Acquisition*, Doctoral dissertation, University of Connecticut.

Murasugi, Keiko (2000a) "Antisymmetry Analysis of Japanese Relative Clauses," in A. Alexiadou et al. (eds.), *The Syntax of Relative Clauses*, Amsterdam: John Benjamins, pp. 231–263.

Murasugi, Keiko (2000b) "Japanese Complex Noun Phrases and the Antisymmetry Theory," in R. Martin, D. Michaels and J. Uriagereka (eds.), *Step by Step: Essays on Minimalist Syntax in Honor of Howard Lasnik*, Cambridge, Mass.: MIT Press, pp. 211–234.

Ochi, Masao (1997) "On the Nature of Relativization in Japanese," in T. Cambier-Langeveld et al. (eds.), *Console V Proceedings: Proceedings of the Fifth Conference of the Student Organization of Linguistics in Europe*, pp. 213–228.

Postal, Paul M. (1988) *Three Investigation of Extraction*, Cambridge, Mass.: MIT Press.

Quirk, Randolph, Sidney Greenbaum, Geoffrey Leech, and Jan Startvik (1985) *A Comprehensive Grammar of the English Language*, London: Longman.

Reeve, Matthew (2012) *Clefts and their Relatives*, Amsterdam: John Benjamins.

Reinhart, Tanya (1976) *The Syntactic Domain of Anaphora*, Doctoral dissertation, MIT.

Rizzi, Luigi (1980) "Violations of the *Wh* Island Constraint and the Subjacency

Condition," *Journal of Italian Linguistics* 5 [Reprinted as Chapter II in Rizzi (1982)]
Rizzi, Luigi (1982) *Issues in Italian Syntax*, Dordrecht: Foris.
Rochemont, Michael and Peter Culicover (1990) *English Focus Constructions and the Theory of Grammar*, Cambridge: Cambridge University Press.
Ross, John R. (1967) *Constraints on Variables in Syntax*, Doctoral dissertation, MIT. [Published as *Infinite Syntax!* by Norwood, NJ: Ablex in 1986]
Sportiche, Dominique, Hilda Koopman, and Edward Stabler (2014) *An Introduction to Syntactic Analysis and Theory*, West Sussex: Wiley Blackwell.
Tunstall, Susanne (1996) "The Processing of Definite Phrases with Extraposed Modifiers," *University of Massachusetts Occasional Papers in Linguistics* 19, pp. 303–327.

北尾泰幸 (2010)「ことばに潜む科学―生成文法理論の基本概念―」, 愛知大学言語学談話会（編）『ことばを考える6』あるむ, pp. 87-113.
田窪行則・稲田俊明・中島平三・外池滋生・福井直樹 (1998)『岩波講座 言語の科学6 生成文法』岩波書店
寺村秀夫 (1993)『寺村秀夫論文集Ⅰ―日本語文法編―』くろしお出版
福井直樹 (2012)『新・自然科学としての言語学―生成文法とは何か―』筑摩書房（ちくま学芸文庫）
本田謙介 (2002)「反対称性仮説から見た日本語統語論」,『次世代の言語研究Ⅰ』筑波大学 現代言語学研究会, pp. 175-224.
渡辺 明 (2009)『生成文法』東京大学出版会

# 冠詞論の変容に見られる伝統文法存続の要因
――主にフランス語を例にして――

稲 垣　昭

外国語を学ぶ楽しさを教えて下さった，中学時代の恩師，鈴木良文
先生に感謝の念を込めて。

## はじめに

　おおよそ伝統的と称せられるものは何であれ，その存在の通時的長さのみを特徴としてその存続を維持しているのではないと思われる。その存続の可能性は，それらの各要素が長く同一の名称を保持しながらも，絶えずそれらが更新され続けられることに左右されるであろう。

　筆者がこのような考えに至ったのは，紀元前のギリシャに起こり現代のヨーロッパ諸国に広く用いられている，いわゆる伝統（的）文法に強い関心を抱いたことが発端であった。なぜ2000年以上経た今日においても「文法」が強固に継承されてきたのか，また一方，なぜ現代においても諸言語習得のための最も効果的な手段となっているのかということにも常に関心を持ってきた。

　ところで，この文法は先ず品詞分類および音（声）論，そして統辞論と徐々に体系を整えてきたが，ここでは前述のように，構成要素の更新，換言すれば，その持続的発展こそが「文法」存続の鍵と考え，先ず品詞論，特に冠詞論におけるその定義の通時的変容に焦点を合わせ，この「文法」の確固たる存在の一要因としてこれを取り上げてみたいと思う。

　しかし，名詞，動詞，代名詞，形容詞，前置詞，副詞，接続詞そして冠詞といった品詞（語類）の中でなぜ冠詞を対象とするのか。

　もともと語は，単一の基準に依って分類されてきたのではない。たとえ

ば、ギリシャ語あるいはラテン語のような屈折語では、名詞は「人あるいはものを意味し」、動詞は「行為、動作を表す」というように意味を分類基準としたり、あるいは、名詞は「格屈折を持ち」、動詞は「時称、人称、数の屈折を持つ」というように、形態的基準に依ったり、そしてまた、ギリシャ語においては、冠詞は「名詞の前および後に置かれる品詞」というように、統辞論的基準に依っても分類されてきた。このように複数の基準によって、語を一層多角的に定義ができた反面、こうした三つの基準がすべての語に均一に適用されることはなく、定義の均質性に揺らぎがあった。

しかし、冠詞の定義を通時的に辿ると、徐々に他の品詞には見られないような、上述の三つの基準を超えるような定義が明らかになってくる。それは、この品詞が持つ本質的な特徴に拠っていると思われる。

本稿では上述のように、「文法」の各要素の革新、発展こそ、その維持の最大の要因と考え、品詞に関する前述のような視点から、主として冠詞理論の変容を辿り、「文法」存続の要因の一端に触れてみたい。

## 1. フランス語文法以前——ギリシャ・ローマ時代の品詞分類における冠詞、中世時代の品詞分類

先ずオノマ onoma（名詞）とレーマ rhema（動詞）がプラトンによって次のように分類される。

> ……われわれもまた字母を事物に割り当てねばならないだろう。つまり、必要と思える一つ（の字母）を一つ（の事物に）与えることもあるだろうし、また多くの字母を合わせて、人々が綴りと呼んでいるものを（一つの事物に）与えることもあるだろう。さらにまたわれわれは綴りを組み合わせ、そこから名前と述べことば（述語）が合成される。そしてさらに名前と述べことばから、とうとう大きくて美しくもあり全体的な（欠けたところのない）あるもの（つまり、文）をわれわれは組み立てることになるであろう。　　（かっこ内は訳者の補訳）
> 　　　　（『プラトン全集2　クラチュロス』p. 126. 水地宗明、田中美知太郎訳）

このオノマとレーマの分類について、高塚正規（1979）は、この分類はプ

ラトンの独創ではなく，当時すでにあったものであると述べている[1]。しかし，「少なくとも文法上の術語としてそれを確立した最初の人であることは間違いないであろう」[2]，そして，引用にあるように，これらが文の中心となる要素，すなわち，主語，述語であるとする見方は，プラトンの独創であるとも指摘している[3]。ここではこの説明に従って，プラトンをギリシャにおいて最初に品詞分類した哲学者と位置づけたいと思う。

　次に，アリストテレスはプラトンと同様，オノマとレーマを分類し，その他すべての語をスュンデスモス syndesmos（接続詞）と呼び，「論理的にはあまり意味はないが，正しい文章を作るには非常に重要なものであり，正しい文章でなければ感服させ，説得できない語」[4]として定義している。さらに『詩学』（アリストテレス全集　17．p. 172, p. 192 註 3．今道友信訳）では，第四番目の品詞として arthron（冠詞）が分類されているが，これは後代で付け加えらたものと考えられているので，したがって，品詞としてはオノマ，レーマそしてスュンデスモスの 3 分類である。前者 2 品詞は独立して意味を持ち，それに対して後者は，ただ文法上の機能を持っているだけであると考えられた。

　時代が下って，アレクサンドロス大王の死後，分裂した各王国の中で，エジプト，アレクサンドリアのプトレマイオス王家と，小アジア，ペルガモンのアッタロス王家は学術を保護奨励し，アテーナイと肩を並べるようになる。これらの地においては文法研究も発展していった。

　ストア派の創始者ゼーノーンによって代表される初期ストア派においては，アリストテレスの分類したスュンデスモスを，屈折変化する arthron（後代の冠詞と代名詞）と変化しないスュンデスモス（後代の前置詞と接続詞）に分類した。そして，スュンデスモスを「格語尾をもたず，文中の諸部分を結ぶ品詞」，arthron を「格語尾をもち，onoma の性と数を区別する品詞」[5]と定義した。また，後期のディオゲネスおよびクリュシポスは，アリストテレスのオノマを固有名詞と普通名詞とに分類し，5 品詞とした。さらに，アンティパテルは，副詞 mesotes を加え，6 品詞とした。

　その後，最初に，名詞，動詞，分詞，代名詞，冠詞，副詞，前置詞そして

接続詞の8品詞体系を確立したのはアレキサンドリア学派のアリスタルコスAristarchus（c 217 - c 145 BC）である。この分類はトラークス Dionysius Thrax（c 170 - c 90 BC）にそのまま受け継がれ，それらの定義は『文法術』 *Techne grammatike* において次のように明らかにされている。

> 名詞は屈折品詞で，事物ないし行為を表す。事物とはたとえば「石」のようなもの，行為とはたとえば「教育」の類である。
> 動詞は格変化を持たず，時称，人称，数のあり得る語で，能動と受動を表す。動詞の属性は法，態，種，形，数，人称，時称，活用の8つである。
> 分詞は動詞と名詞の双方の性質を持つ語である。人称と法を除いて名詞にも動詞にも通ずるものがこれに属する。
> 冠詞は名詞の屈折形の前後に置かれる屈折品詞である。前置冠詞は ὁ，後置冠詞は ὅς である。その属性は性，数，格の3つである。
> 代名詞は名詞の代わりに用いられる語で，特定の人を指示する。代名詞の属性は，人称，性，数，格，種，形の6つである。
> 前置詞は複合語や句において，あらゆる品詞の前に置かれる語である。
> 副詞は動詞について，あるいはそれに関連して言われる非屈折品詞である。
> 接続詞は一連の思想をつなぎ合わせ，表現の切れ目を示す語である。
> （高塚正規『文法史――ギリシャ時代』pp. 137-203）

これらの定義には，意味を重視する傾向が強く現れている。また，名詞の定義の中で使われた語句「行為」は，現代では動詞の定義に用いられ一般的ではない。

冠詞についてみると，上述の定義のように，「名詞の屈折形の前後に置かれる屈折品詞」と説明しているが，その機能については何も言及されていない。それに対して，ストア派は明確に，「onoma の性と数を区別する品詞」と定義している。しかし，トラークスは，「名詞の前後に置かれる」と述べていることから，名詞の性，数，格に一致すること，すなわち，名詞の性，数，格を示す品詞であることは十分読み取られると思われる[6]。

本来，arthron とは「関節」，「結節」の意味で，ストア派の arthron（冠詞）とは冠詞と代名詞，トラークスでは冠詞と関係代名詞を含んでいた。Arthron の原義がこの品詞の特徴，「結びつける品詞」をよく表している。冠

詞についてまとめてみると、この品詞を最初に分類したのはストア派である。そして、トラークスの文法では前置冠詞と後置冠詞とに分けられているが、現代文法でいう冠詞は、前置冠詞のことである。その機能はストア派と同様、名詞の性、数、格を明示することである。

このようにトラークスによってまとめられたギリシャの文法は、比較的容易にローマへと継承されていく。それは両言語の構造的な類似に依るものであった。

先ず最初に、ワッロー Marcus Terentius Varro (c 116 − c 27) は、形態的基準によって語を分類する。(1)格屈折のある語、名詞。(2)時制形のある語、動詞。(3)時制形および格屈折の双方ある語、分詞。(4)格も時制も含まない語、接続詞および副詞。さらに、名詞類を、疑問代名詞、普通名詞、固有名詞および指示代名詞に下位分類している。そして、名詞を名ざす形式、動詞を陳述する形式、分詞を結び合わす（すなわち、名詞と動詞の統語法を共有する）形式、副詞を支える（すなわち、動詞に従属するものとして、動詞とともに構文をつくる）形式と定義づけている。したがって、分類としては4品詞体系となる。また、品詞の定義としては、ギリシャ文法の伝統に沿ったものと考えられる。

次に、この4品詞体系に対して、トラークスなどの8品詞体系を継承した文法家たちもいた。パラエモン Rennius Palaemon（1世紀）は、ラテン語には冠詞がないことから、冠詞の代わりに間投詞を一つの品詞と認め、8品詞を守った最初の文法家である。この語が文の他の部分と統語関係を欠いていることから、「なんら指示的な意味を有せず、心の状態を表す」という心理的基準で定義している。

その後のドナートス Aelius Donatus（4世紀）と、プリスキアーヌス Priscianus Caesariensis（6世紀）の文法書は、中世を通して最も広く用いられたものである。両者とも、全体としてはほぼ同一の体系に従っていると言われる。たとえば、プリスキアーヌスは冠詞の代わりに間投詞を加え、品詞を次のように定義している。

名詞： 共通もしくは特別の属性を人や物に帰する品詞
動詞： 時制及び法を有し，格変化を伴わず，行為もしくは被行為を表す品詞
分詞： (この語類を直接定義したものはなにも示していない。しかしかれはこれが格変化もあり時も表し，能動，受動の意味も伴うということによって他の語類と識別している)
代名詞：固有名詞の代わりに用いられる品詞で，人称の制限もある (一，二あるいは三人称)
前置詞：統語的に，また語形成で他の前におかれる不変化の品詞
副詞： 不変化の品詞で，これによって動詞に意味を付加する
間投詞：(これを Priscianus は，従来含められていた副詞類から区別したが，それは文の他の部分となにも統語結合を要しないこと，および「心の状態を表す」ということによっていた)
接続詞：他の語を結び，それらにさらに意味を加え，相互の関係を表す不変化の品詞
　　　　(R. H. ロウビンズ，郡司利夫訳『ヨーロッパ古代中世文法論』pp. 61-62)

　ロウビンズは上記の定義について，トラークスとの相違および類似点を挙げているが，基本的な定義は同じように思われる。

　中世期の文法研究は，一般に 8 世紀から12世紀までと，12世紀からルネサンス期までの二つの時期に分けられる。第 1 期は，英国で初めてラテン語の文法書を書いた Aelfric (1000年頃) を除くと，方法論には独創は見られず，Donatus や Priscianus の文法の継続であった[7]。第 2 期になると，スコラ哲学の影響を受けた思弁文法家と呼ばれる，むしろ哲学者によって次のように新しい分類基準が考えられる。すなわち，「単語はそれが意味する事物の本質を直接的に表示しているものでなく，単語は事物をある特定のありかた，つまり様式で——実質・行為・性質などとして——表示したのである。そして，単語がこのような表示をするのは，適当な品詞という形式を持つことによってである」。こうした方法論に依る哲学者・文法家はとくに様式 (様態) 論者 Modistae と呼ばれている。たとえば，その中の Thomas of Erfurt は次のように各品詞を定義している。

名詞： 存在物（existent）の，あるいは明確な特徴を持つものの様式によって意味表示する品詞。存在物の様式とは，安定性（stability）と永続性（permanence）の様式である。
動詞： （賓述詞となっている）実体とは切り離されて，時間的過程（temporal process）を通して意味表示する品詞。
分詞： （その賓述詞となっている）実体から切り離されることなく，時間的過程を通して意味表示する品詞。
代名詞：明確な特徴をともなわず，存在物の様式を通して意味表示する品詞。明確な特徴をともなうことなく存在するという様式は，主要な物に関係している（be of primal matter）という特性ないし様式に由来する。

以下の屈折変化をしない品詞は，意味表示の様式を僅かしか持たず，事物の特性に由来することも僅かであるとされた。

副詞： 時間的過程の様式を通して意味表示する他の品詞と構文を作るという様式によって意味表示する品詞で，さらにその様式を限定するが，他の統語的関係をともなわない。
接続詞：2つの別個の項目を結び合わすという様式を通して意味表示する品詞。
前置詞：格屈折する単語と統語的構文をつくり，それを行動と結びつけ関係づけるという様式を通して意味表示する品詞。
間投詞：動詞あるいは分詞を限定し，感情あるいは情緒を示すという様式を通して意味表示する品詞。

(杉浦茂夫『品詞分類の歴史と原理』p. 34.)

このように様式論者によって品詞は論理的分析によって分類されていったが，品詞そのものは，Priscianus の 8 品詞を基にしている。

## 2．俗語文法の誕生と冠詞論

　古代から中世を通じて言語研究の中心であったギリシャ語，ラテン語に代わって，ルネサンスの時代には，ヨーロッパ各国の自国語に対する関心が特に高まってくる。具体的には，それまで未整備であった綴字の問題，あるいは文法書の編纂などという形で現れてくる。フランスでも各文法家によって

文法書が書かれるが,その模範となったのは主にギリシャ語文法を継承した Donatus や Priscianus の文法であった。

しかし先ず,ラテン語にはない冠詞を認めるかどうかが,フランス語文法の品詞構成に大きく関わってきた。Jacques Dubois はラテン語文法の影響が大きく,冠詞を品詞として認めず,伝統的な 8 品詞に依った。また,Jean Garnier も同様にこれを認めず,8 品詞を主張した。Jean Pillot, Henri Estienne はギリシャ語に倣い,間投詞を除外し,冠詞を認めて 8 品詞を忠実に守った。Robert Estienne, John Palsgrave, Antoine Caucie は積極的に冠詞を認め,9 品詞を提言した。Petrus Ramus, Louis Meigret は,冠詞を独立した品詞としてはその数に入れていないが,品詞論の中に 1 章を設けて,これについて説明している。冠詞を品詞として認めるかどうかによって品詞数が異なってきたのは,イタリア,スペインでも同様であった。16 世紀の文法家たちの間では,Donatus や Priscianus の文法の継承が基本であったが,品詞数に関してはこのように冠詞と間投詞の問題が大きかった。しかし,各品詞の定義については,基本的にラテン語文法を受け継いでいる。

次に,冠詞の定義,機能について見ると,先ずどの文法家も,冠詞とは形態的に le,la,les であることを認める。そして,冠詞とは名詞の性を表すという文法家,Palsgrave, Ramus, Meigret, Garnier と,名詞の格を表すという文法家,R. Estienne, Jean Pillot とに大きく分けられる。たとえば,R. Estienne は,以下のような例を挙げて説明している(男性形の例)。

Exemple du singulier masculine

| Le nominatif | Le maistre | |
| Genitif | De maistre, | du maistre |
| Datif | A maistre, | au maistre |
| Accusatif | Le maistre | |
| Vocatif | Maistre, | sans article |
| Ablatif | De maistre, | du maistre[8] |

これらの冠詞で基本となる le, la, les は，ラテン語の代名詞 ille, illa, illi に由来するものであり，他の派生形は，前置詞に由来するものであると説明している。こうした冠詞の理解は，古典語文法の影響が大きいと思われる。

次いで，Meigret は，« je mange du mouton, de la volaille » の中で，部分を表す de について言及している[9]。また，de, du, des は冠詞というよりも代名詞として用いられると説明している。たとえば，« je mange du mouton que nous avons tué » において，du (de + le) は de ce であり，le は指示代名詞を[10]，« j'ey des hommes à mon comandement » において des は，aucuns, quelques（不定形容詞）の意味を持っていると述べている[11]。

Un, une については，Palsgrave, Ramus, R. Estienne は冠詞と認めているが，その機能については詳しい説明はなされていない。des については Meigret と同様，Ramus も R. Estienne も前者は quidam（= certain），後者は aucuns を用いて説明しているので，不定冠詞複数 des を説明していることになる。

最後に，Meigret, Ramus, R. Estienne は，冠詞は名詞の意味を制限，あるいは限定すると述べている。たとえば，Ramus は，« Le Roy a commandé de poser les armes »，および « Le Seigneur soit loué par tout » を挙げ，le Roy が Charles を，le Seigneur が Dieu を表すと明言している[12]。

以上のように，16世紀の各文法家は全体としてはラテン語文法の影響を大きく受けているが，その反面，特に模範がなかった冠詞については，各文法家の細かい分析が窺われる。

## 3．17世紀における冠詞論
### —— Charles Maupas とポールロワイヤル文法

17世紀の代表的文法書から，冠詞に関する考察について見てみたいと思う。

この時代フランスは，絶対王権の確立と共に近代国家への道を辿ることになる。全体的な言語環境は前世紀とは異なり，マレルブ François de

Malherbe, ゲ・ド・バルザック Guez de Balzac, ヴォージュラ Claude Favre de Vaugelas, また, この時期に創立された Académie française などによって, 16世紀とは反対に言語の規範化へ向かった。このような状況下にあって周辺諸国への関心は高まり, また一方, フランス語は外国人に学ばれる言語となった。

　Charles Maupas (1618) は, こうした状況の下に書かれたものであり, ラテン語の影響が大きかった16世紀の文法書とは異なり, 細心の言語観察に基づいている。

　先ず, 品詞は9品詞に分類する。冠詞については,「言葉を他と区別し, それを規定するのに用いられる語」と定義している。前世期と比較すると, 明らかに表現の一般的観点から論じられている。そして, この冠詞を article défini と article indéfini とに分ける。これには性, 数および格の区別があると述べる。Article défini については次のように

| Nominatif. Accusatif | le, | la, | les | |
|---|---|---|---|---|
| Génitif | du, | de l', | de la, | des |
| Datif | au, | à l', | à la, | aux, és [13] |

また, article indéfini については,

| Nominatif. Accusatif | ——— |
|---|---|
| Génitif | de |
| Datif | à [14] |

と示している。しかし, このように説明しながら, フランス語の名詞は格変化しないこと, さらに冠詞は le, la, les のみであると考え, その他の格形を前置詞に分類できると言う。それにもかかわらずこのような格形を示すことは, 実際にフランス語を分かり易く教えるために考えられた手段である。

　では, article défini, article indéfini は何を表すのかを見てみると, 前者は, 本来そのままであれば不確実な一般的な意味しか持たない語を限定し, あるいは制限を加え, 後者は, 表現される語に対し実際にはゼロ形式で示される

冠詞であり，語は同種のあらゆる対象を意味し，その一般性を表現する。

ところで，表現の場において，具体的なものであれ，また抽象的な事柄であれ，対象を一つの全体として把握し表現できる。たとえば，実体を un roy, une espée, あるいは，その属性を捉えて une chaleur, une froideur, そして，精神的実体を示して une peine, un repos のように表すことができる。一方，対象を特定しない場合には，un roy, quelque roy, un remede, quelque remede とも表現できる。この表現に単位性を付加するために un, une が用いられる。Maupas は，これらを le, la, les に対して，対象を特定しないが，単位性を表す冠詞として付け加えている。

さらに，対象を全体として捉え得ることに加えて，これを部分，量としても把握ができるとし，たとえば，du pain, du vin, du froid, de la peine, de l'esprit を挙げている。

以上のように，冠詞の格形に言及している部分もあるが，un, une の説明，あるいは，部分，量を表す表現について，16世紀の諸文法と比較して詳細な分析が見られる。

さて，17世紀後半には，従来の品詞分類の基準とは根本的に異なる考え方に基づいた文法が現れる。それは，Claude Lancelot と Antoine Arnaud によって著された『ポールロワイヤル文法』Grammaire générale et raisonnée de Port-Royal（1660）〔以下『文法』と略す〕である。

先ず，文法について，「文法とは話す技法である。話すとは，人間が自分の考えを表すために発明した記号によって，それを表明することである」と定義する[15]。そして，「我々の精神で起こっていることを認識することは文法の基本原理を理解するために必要であり，そしてそこに話を作り上げている語の多様性が依存していると」[16]と続ける。語分類はこうした認識の上に立ってなされなければならない。具体的に思考の表現は，先ず最初に，「認識すること」concevoir であり，「精神が事物に対して一瞥することに他ならない」。次に，「判断すること」juger である。たとえば，「地球は何であるとか，丸さは何であるかを認識した後で，地球についてそれは丸いと判断す

る」。最後は「推論すること」raisonner である。これは「二つの判断を用いて，第三番目の判断をすることである。たとえば，あらゆる徳は称賛に価する。そして忍耐は一つの徳であると判断して後に，この二つの判断から私は，忍耐は称賛に価すると結論づける」。

このような言語表現の基本的な過程に基づいて語は，「思考の対象を表す語」と，「思考の形態と様式を表す語」とに分けられる。前者には，名詞，冠詞，代名詞，分詞，前置詞そして副詞が，後者には，動詞，接続詞そして間投詞が含まれる。ここで，品詞そのものは伝統的な 9 品詞であるが，この分類については，いくつかの疑義が出された。たとえば，Duclot は，冠詞，前置詞は前者ではなく，後者に分類すべきであり，さらに，副詞は，« avec sagesse »，« avec prudence » のように前置詞と名詞を含むものであるから，両方に分類すべきであると主張している。また，Donzé は，冠詞，前置詞および副詞を前者にするのは基準から逸脱していると説く。なぜならば，これらの語は独立して使われる語ではないし，名詞（ここでは実質名詞と形容名詞，すなわち現在の形容詞のこと），代名詞，分詞のように「思考の対象とその断言内容，すなわち，主語―述語」« La terre est ronde » の構成要素とはなり得ないからである。

先ず，冠詞は，格の表示であるという従来の考え方について，フランス語の名詞はラテン語，ギリシャ語のように格語尾を持たないことは勿論，名詞の格で示される語相互の関係は，前置詞で表されることが明らかにされた。たとえば，ラテン語における主格は，フランス語では動詞の前に置かれることにより，呼格は，冠詞を除くことにより，属格は前置詞 de により，与格は前置詞 à により，対格は一般に動詞の後に置かれることにより，奪格は前置詞 dans, pour, par などにより表される。このような指摘は，ラテン語からの脱却と，一方，フランス語文法の真の確立を意味していた。

では，冠詞の本質とは何か。一般に普通名詞は，それだけでは意味が漠然としている。そのため数の表示をして意味を限定する。冠詞も同様に数の表

示と共に、名詞を別の角度から限定する。ここで限定するとは対象のあり方を明確にすることであり、対象そのものについての表現である。そして続けて、冠詞を article défini (le, la) と、article indéfini (un, une) とに分ける。ここでの用語は、現代文法と同様の意味で使用されている。さらに、以前から分析が曖昧であった不定冠詞が初めて明確に位置づけられたのは、この『文法』であると思われる。

用法については、『文法』の目的である「全ての言語に共通である事柄、あるいは幾つかの言語のみに固有である種々の事柄の根拠を探求すること」に従って説明される。普通名詞 roi を例にとると、

無冠詞の例
 非常に漠然とした意味しかもたない。
  Il a fait un festin de roi.
  Ils ont fait des festins de rois.（彼、彼らは王のような饗応をした）
 節の主語によって限定された意味をもつ。
  Louis XIV est roi.  Louis XIV et Philippe IV sont rois.
定冠詞の例
 種を表す
  Le roi ne dépend point de ses sujets.
  Les rois ne dépendent point de leurs sujets.（王は決してその臣下に依存しない）
 ひとつ、あるいは数個の単数形が話者ないし話の状況により限定される。
  Le roi a fait la paix.（王は平和をもたらした）
   ［つまり、ルイ14世という王。時代的状況による］
  Les rois ont fondé les principals Abbayes de France.
   （王たちはフランスの主要な大修道院を創設した）
   〔フランスの王たちを表す〕
不定冠詞の例
 単数 un, une、複数 des, de は、ひとつのあるいは若干の漠とした個体を表す。
  Un roi détruira Constantinople.（ある王がコンスタンティノープルを崩壊させせるだろう）
  Rome a été gouvernée par des rois, par de grands rois.（ローマは王たち、偉大な王たちにより統治された）
    （『ポールロワイヤル文法』南舘英孝訳、pp. 66-68）

固有名詞については，「単一で限定された事柄を表すので冠詞で限定される必要はないが，しかし慣用は必ずしも理論通りにはいかない」として，その用例が挙げられている。すなわち，言語の一般的原理とそれを逸脱する例であり，各言語の独自性に基づくものである。(1)ギリシャ語では人間を表す固有名詞に冠詞がつけられることもある。イタリア語では l'Ariosto, il Tasso, l'Aristotele のように普通に用いられる。フランス語ではイタリア人の名前に限り，l'Arioste, le Tasse のように言う。(2)都市や村を表す固有名詞, Paris, Rome, Milan, Gentilly などには付けない。ただし，普通名詞が固有名詞化した la Cappelle, le Plessis, le Castelet などには付く。(3)教会の名前にも付かない。単に聖人たちの名前を付けて Saint-Pierre, Saint-Paul, Saint-Jean のように言う。(4)王国や地方を表す固有名詞は la France, l'Espagne, la Picardie などのように付けられる。ただし，Cornouailles, Comminges, Roanne のように付かない地方名もある。(5)川の名称は la Seine, le Rhin のように，また，山についても l'Olympe, le Parnasse のように冠詞が付く[17]。

部分冠詞に関しては，冠詞の項では言及されていないが，第Ⅱ部第4章，「数」において，de l'or, de l'argent, du fer のように，部分を表す小辞について言及している。

## 4．18世紀における冠詞論——Du Marsais と Nicolas Beauzée

18世紀の文法家たちは，前世紀の『文法』の基本的な考え方，すなわち，言語の原理と思考の原理は同一であるという考え方を忠実に継承していく。

先ず，Du Marsais は，名詞の前でのみ用いられる語を Adjectif prépositif（前置形容詞），あるいは Prénom（前置詞），Adjectif métaphysique（観念的形容詞）[18]と呼んでいる。この形容詞は対象の性質を示すのではなく，その観点，または種々の側面を表す語である。これらには tout, chaque, nul, aucun, certain, un, ce, cet, cette, ces, **le, la, les**, mon, ma, mes と数詞の un, deux, trois などが含まれる。したがって **le, la, les** の形はこの分類のなかに位置づけられる。そして，この大分類の中で，**le, la, les** は article の名称の下に下位分類さ

れる。この三つの形は単純冠詞であり、前置詞 à と de の縮約形は複合冠詞と呼ばれる。

名詞の格に関しては、それを明確に否定している（Nous n'avons point de cas proprement dit en français）[19]。その上で語相互の関係は、フランス語では語の文中での位置、あるいは、前置詞によって示されると結んでいる。

le, la, les の用法を見てみると、これらの語形は、個を抽象した種を表す語、たとえば、chien, roi, homme などに前置されて、le chien, le roi, l'homme として現実の個を、換言すれば、種を表す語を個別化（individualisation）することにある。

Un, une は、これも Adjectif prépositif の一つであって特別な個を表すが、この個に対して quelque, certain の意味を持ち、特に限定することはない。これらは article とは呼ばれない。des, du, de la については、これらをいずれも冠詞とは認めない。des は常に de + les であり、du は同様に de + le である。たとえば、à des hommes は à de + les hommes に他ならない。そしてこれは、à quelques-uns de les hommes の省略形であると説明し、さらに、部分冠詞 de l'argent も、une portion de l'argent の省略形であると説く[20]。このような理由によって、des, du を冠詞と認めない。

以上のように、『文法』が un, une, さらに des をも不定冠詞と認め、冠詞を独立した品詞として確立したのに対し、Du Marsais は、le, la, les, un, une を Adjectif prépositif としてまとめ、いわゆる現代文法で言う déterminant（限定詞）として扱っている。

Nicolas Beauzée においても Du Marsais と同様、言語の原理と思考の原理は同じであるという考え方を基に文法を構築していく。

彼によれば、それ自体物理的な音でしかないものが、各言語で意味を持つ音、つまり、語となるには、思考表明の記号とならなければならない。そこに語が産み出される。そして、一般文法学の視点から、語の分類は思考の法則に沿ってなされなければならない。ここから語を nom, pronom, adjectif, verbe, préposition, adverbe, conjonction, interjection に分ける。ここでの品詞名

は伝統的なもので目新しくないが、しかし、これらは伝統的に行われてきた意味的、形態的、統語的基準に基づくものではなく、思考の法則を基準とした新しい言語観に依拠するものであった。

この分類の中で見られるように、Beauzée は adjectif を独立させ、定義づけた文法家である。「形容詞」は以前から「実質名詞」（nom substantif）と「形容名詞」（nom adjectif）として、「名詞」の中に分類されてきた。『文法』では、形容詞は実体に依存してしか存在しないものとして「名詞」の中で扱われている。

彼は、この形容詞と名詞との関係に注目し、従来、冠詞と称されてきた le, la, les を分析する。先ず、名詞に直接関わり、付加される語には、品質形容詞、そして、一般に限定詞 déterminant と呼ばれる冠詞、所有形容詞、指示形容詞、不定形容詞などがある。名詞に関しては、「個を抽象した対象の内容」と「対象の意味の拡がり」に注目しなければならない。たとえば、homme pieux, vase rond, figures semblables における pieux, rond, semblables は、名詞 homme, vase, figures の内容、すなわち、個を抽象した名詞の共通の意味に関わる形容詞である。このような形容詞を Adjectif physique と呼び[21]、一方、たとえば、le roi, ce livre, plusieurs chevaux, un chapeau, trois soldats における le, ce, plusieurs, un, trois は、名詞の内容に直接関わる語ではなく、名詞を個別化する語である[22]。こうした語を Articles と呼んでいる。したがって、語類（品詞）Adjectif は、Adjectif physique と Article とに下位区分される。このように、le, la, les は、Adjectif の一部として位置づけられる。

次に、この対象の個別化を基本的な機能とする Article を、個に対する注目の度合いに応じて二分する。一つは個に対して漠然とした指示を示す語であり、これを Article indicatif と呼び、他は、個別性を示しながら、さらに一層明らかな意味づけをする語で、Article connotatif と呼ばれる。そして、le, la, les を前者に位置づけている。また、これらの縮約形 du, des, au, aux を従来、格の表示と見做していた点に関しては、これを認めない。

Article connotatif については一層詳細に説明を展開している。先ず、限定が個全体に及ぶ場合、あるいは、部分的に関わる場合に応じて universels と

partitifs とに分けられる。universels は positif と négatif に区分される。positif として分類される語には，tout, toute, tous, toutes があり，意味的な観点からこれを collectif と称し，語 chaque を distributif と称する。négatif として区分される語は nul, nulle である。

次いで，partitifs は indéfinis と défini に分けられ，前者には，plusieurs, aucun, quelque, certain, tel が含まれ，後者は更に numériques, possessifs, démonstratifs に分類される。numériques は，un, une, deux, trois といういわゆる数形容詞であり，possessifs は，mon, ma, mes という所有形容詞，démonstratifs は，démonstratif pur と démonstratif conjonctif に二分され，前者には ce, cette, ces が，後者には，一般に関係代名詞と呼ばれる qui, que, lequel, laquelle などが含まれる。

最後に，un, une に対する彼の説明によれば，普通名詞によって表現される対象は，(1)明確に，あるいは，(2)漠然と捉えることができる。(1)の捉え方の場合には，先ず対象を個別化することであり，彼の用語では Adjectif の一部，Articles によって表現される。また，(2)の場合，『文法』で述べるような不定冠詞をつける必要はない。なぜならば，彼の定義した Article が付いていない名詞は，それだけで個を抽象した，漠然とした意味の対象を表すことができるからである。したがって，un, une は冠詞ではなく，deux, trois, quatre, cinq などと同様，数詞であり，著者の用語に従えば，Articles numériques にすぎない。勿論，ここで言う Articles とは Adjectif のうち，対象の性質を直接表現する Adjectif physique に対して，対象を個別化する le, la, les のみならず，個別性を示しながら一層明らかな意味づけをする語，Articles connotatifs に含まれる，tout, chaque, plusieurs, mon, ce, qui などを示す用語である。

## 5．19世紀における冠詞論——**Girault-Duvivier** と **Noël et Chapsal**

革命後のフランスは，国家の統一を全土に亘るフランス語の普及，統一によって確立しようとする。一方，国内に点在する地域語，方言の駆逐もその

目的を遂行するための有効な政策，手段であった。教育の場においては，新設の高等教育機関，Ecole politechnique, Ecole normale supérieure（1794設立）および全ての国立の学校では，フランス語で教育しなければならなかった。1806年，ナポレオンによる「フランス教員団」Université de France における教育の再編成においてはラテン語が重視されたが，教育言語はフランス語であった[23]。

　Girault-Duvivier はその文法書『文法の中の文法』*Grammaire des grammaires* で先ず，文法について新しい原理を確立したり，また，それまでのあるいは同時代の文法学者の諸理論を，彼自身の権威によって裏付けるというような思いでまとめたものではなく，これはとくに，17世紀および18世紀の諸理論を総合したものであり，自説を述べたものではないと断っている。
　最初に品詞分類について見ると，基本的には『文法』の基本原理を採用し，「思考の対象を表す語」と，「対象を考察する際の様々な観点を表す語」とに分ける。前者には名詞，代名詞が，後者には冠詞，形容詞，動詞，前置詞，副詞，接続詞そして間投詞が含まれる。分類基準は確かに『文法』に則しているが，実際に分類された語は異なっている。『文法』では，前者には名詞，冠詞，代名詞，分詞，前置詞，副詞が含まれ，後者（Duvivier では対象を考察する際の様々な観点を表す語と，置き換えられる）には，動詞，接続詞そして間投詞が含まれる。冠詞に関しては，Duvivier の説明の方が筆者には理解できる。そして，冠詞を独立した品詞として扱っていることについては，前世紀の文法家たちよりも，『文法』に近い。
　次に，冠詞を単純冠詞と複合冠詞とに分ける。ここで au, aux, du, des は，à + le, à + les, de + le, de + les の縮約形であり，du, des は部分冠詞あるいは不定冠詞複数形ではない。Du Marsais がすでに示したように，たとえば，des villes, des maisons, des terres, などは，une portion ou quelques-unes de toutes les villes, de toutes les maisons, de toutes les terres である。du についても同様に考えることができる。したがって，部分をあらわす du, および不定冠詞複数形は認めていない。

さらに, ce, cet, cette, ces, mon, ton, son, quelque, nul, aucun, tout, un, deux, trois を「冠詞」と同等の語と見做すことができるとも述べている。ただし, ここで言う「冠詞」とは, Beauzée が用いた意味と同じである。冠詞についての考えは, Du Marsais, Beauzée を援用し, 冠詞を le, la, les のみに限定する。そして, 語はそのままでは漠然とした一般的な意味しか持たず, そのために不定冠詞を必要とせず, これを認めない。

格に関しては従来の説を批判し, フランス語では前置詞によって補われることを強調している。

冠詞の用法について, 冠詞は, これに代わる他の語がその機能を果たしていなければ, 限定されたすべての普通名詞の前で用いなければならない（On doit employer l'article avant tous les noms communs pris déterminément, à moins qu'un autre mot n'en fasse la fonction）[24]。一方, 限定されない普通名詞の前では決して使われない（On ne doit jamais en faire usage ceux [les noms communs] qu'on prend indéterminément）。では, 名詞が限定されているとはどのような場合か, 彼の説明では, 名詞が「属」,「種」,「個」を表す場合である（Un nom est pris déterminément, lorsqu'il est employé pour designer tout un genre, toute une espèce, ou enfin un individu）とし, 例として, « Les femmes ont la sensibilité en partage » において, 語 femmes は, その概念全体において把握されており属を, また, « Les hommes à pretention sont insupportables » において語 hommes は, その概念のある種の層, あるいはある数の個を示し種を, そして, « Le roi est bon et juste » では, 語 roi は個を表している。このように, 冠詞の用法が具体的な例と共に挙げられている[25]。

次に, Noël (Jean-François-Michel) et Chapsal (Ch. P.) の文法について見てみたいと思う。これも Duvivier と同様, この世紀を代表する文法書である。

品詞分類は, 9品詞（名詞, 冠詞, 形容詞, 代名詞, 動詞, 副詞, 前置詞, 接続詞, 間投詞）である。Duvivier と同じく, 冠詞を一つの独立した品詞としている。この点に関しては Du Marsais, Beauzée と異なるが, これを除けば, 16世紀以来の伝統的な分類に則っている。

冠詞としては，le, la, les の形しか認めない（Nous n'avons en français qu'un article, qui est **le** pour le masculin singulier, **la** pour le féminin singulier et **les** pour le pluriel des deux genres）。

du, des に関しては，Du Marsais に依っている。たとえば，« Il a du papier » は，Il a une portion de tout le papier であり，« Vous avez de la fortune » は，Vous avez une portion de toute la fortune であり，« Nous possédons des amis » は，Nous possédons une portion de tous les amis のことである。したがって，部分量を表す du, de la，および不定冠詞複数形 des を否定する。

冠詞の本質的な機能は，普通名詞の前に置き，それが限定されていることを明示することである（Sa fonction est précéder les substantifs communs pour annoncer qu'ils sont employés dans un sens determiné）と説き[26]，名詞が限定された意味で用いられる場合を以下のように例示している。

> 名詞が属を表す場合（冠詞に先行された名詞は，存在，対象物の全体を表現している）。
> 　　Les hommes ne sont pas méchants.
> 　　Les enfants sont légers.
> 　　L'homme devrait s'attacher à régler ses passions
> 名詞が種を表す場合（それぞれ主語の名詞句は，存在，対象物の全体の一部を表現している）。
> 　　Les hommes à imagination sortent souvent des bornes de la raison.
> 　　Les enfants studieux sont chéris de leurs maîtres.
> 　　L'homme faible se laisse gouverner par ses passions.
> 特別な個を表現する場合。
> 　　Le roi est chéri de ses sujets.
> 　　La France est un grand royaume.
> 　　L'homme dont vous parlez.[27]

以上のように，冠詞は属，種，特別な個を表す品詞である。これは前世紀の一般文法を継承している。

## 6. 現代文法における冠詞論

### I. Ph. Martinon, A. Dauzat, W.v. Wartburg et P. Zumthor, *Grammaire de l'Académie française, Grammaire Larousse du XXe siècle.*

Martinon は，基本的に名詞，冠詞，形容詞，代名詞，動詞を分類し，前置詞は副詞の項で扱っている。また，形容詞は品質形容詞と限定形容詞に区別する。冠詞は限定形容詞として括ることなく，独立した品詞として取り扱っていることを見ると，分類としては伝統的である。*Grammaire de l'Académie française* は，変化のある語 mots variables とない語 mots invariables を基本にして，前者には名詞，代名詞，冠詞，形容詞そして動詞を，後者には副詞，間投詞，前置詞そして接続詞を分ける。分類そのものは極めて伝統的である。*Grammaire Larousse du XXe siècle* も同様の基準で同じ品詞を分類している。Dauzat は伝統的な分類基準を再検討し，先ず自立的な意味を持つ名詞と動詞を，次いで語を提示したり，語相互の関係を示す文法道具語である冠詞，前置詞，接続詞を，そして，これらの中間的位置を占める形容詞，代名詞，副詞を分ける。間投詞は，直接感情を表現する語として，別個に扱われる。Wartburg et Zumthor は，伝統的な分類をしている。

冠詞の種類は，Martinon は定冠詞，不定冠詞，部分冠詞，*Grammaire de l'Académie française* は定冠詞，不定冠詞で，部分を表す用法の説明は定冠詞の中でなされている。*Grammaire Larousse du XXe siècle* は定冠詞，不定冠詞，部分冠詞，Dauzat，Wartburg et Zumthor も同じく3種類である。

冠詞の用法については，Martinon は定冠詞の限定的用法と，そして，総称的用法を挙げている（On l' [l'article défini] emploie de même le plus souvent ... quand on désigne un genre entier ou une espèce entière, soit par le singulier, soit par le pluriel ... *l'homme, les hommes*)[28]。しかし，対象が限定されていない時には，数詞の un が付加される。この場合 un は数の機能を持っているというよりも，「種」における個を区別するために用いられる。さらに，定冠詞と前置詞 de との結合形が，une quantité de と un certain nombre de を示す。*Gram-*

*maire de l'Académie française* では，定冠詞は形容詞，あるいは補語によって限定された名詞が，特別な意味で表現されていることを示す。不定冠詞については，これは数詞 un, une の借用であり，その機能は単一性を表示することであり，限定的な意味は持たない。部分冠詞は，冠詞としては分類されていないが，しかし，定冠詞に基づく言及がある (Précédé de la préposition **de**, l'article défini peut indiquer une partie d'un objet ; on l'appelle alors **partitif :** Donnez-moi de l'argent. Il a mangé des fruits)[29]。*Grammaire Larousse du XXe siècle* は，定冠詞の限定用法を先ず挙げている。また，定冠詞の語源的意味，すなわち，指示的意味についても説明している (Comment peut-on parler de la sorte ? Pour le moment, il n'y a rien à faire)。最後に，定冠詞の表現可能な一般性についても述べている (L'honnête homme n'a qu'une parole)[30]。不定冠詞 un, une は，この語形が単一性を表し個別化すると述べ，基本的機能 un quelconque を説く。部分冠詞は，物質名詞および抽象名詞に付けられ，Manger du pain, de la viande. Extraire du marbre de la carrière を例示している[31]。Dauzat は，定冠詞は限定に基本的な機能があるとする。不定冠詞は，単数は弱化した数詞 un numéral affaibli であり，複数は部分詞として扱っている。そして，定冠詞と同様，個別から普遍 du particulier au général へと用法が拡大していったと説を展開している。部分冠詞は，対象の量 une quantité を表現すると共に，それが限定されていないこと，さらに，現代においては，ある動詞と共にその用法が増加していることを強調している (On lit du Valéry. On joue du Beethoven)。また，動詞 faire と一緒に使用されることが多くなったことも指摘している (L'auto mobiliste fait du cent à l'heure)[32]。Wartburg et Zumthor は，定冠詞は名詞によって示された対象が話し手，聞き手双方に理解されていること，不定冠詞は，対象が話し手のみに知られていることを示す。部分冠詞は，限定されていない対象の部分量を表すと説く。des の語形については，un の複数形であることを明確に述べている。

　最後に，ここで取り上げた文法書の中で，Wartburg et Zumthor では，冠詞あるいは限定形容詞の本質的機能として，Actualisation（現働化）という考え方が示されている。現働化とは，「言語の単位を言へ移行させる操作をい

う。ある概念を現働化するということは、話し手の現実の表象にその概念を同一化することである」。この説は、すでに、Ch. Bally, *Linguistique générale et linguistique française*（初版1932年）で見られるし[33]、また、Gustave Guillaume が、*Le problème de l'article et sa solution dans la langue française*（1919年）の中で、たとえば、homme という語は実際の表現以前の語、Guillaume の用語では nom en puissance（潜在態の名詞）であり、これが実際の表現として使用されるためには、nom en effet（顕在態の名詞）へ移行させることが必要である。Guillaume によれば、この移行の機能を持つのが冠詞であると述べているが、これらは Actualisation に対する先駆的な理論であると思われる。

## II．H. Bonnard, R. L. Wagner et J. Pinchon, *Le bon usage, Grammaire du français contemporain*, G. Le Bidois et R. Le Bidois.

品詞分類について、H. Bonnard は、名詞、代名詞、動詞、形容詞、副詞を中心となる語 mots essentiels、冠詞、接続詞、限定形容詞、数詞を副次語 mots accessoires として分ける。間投詞はある種の副詞と共に、modalité を表すものとして別にしている。R. L. Wagner et J. Pinchon は名詞、限定詞、品質形容詞、代名詞、動詞、副詞、接続詞そして前置詞を分類する。冠詞は限定詞のうちの一つである。*Le bon usage* は伝統的（名詞、冠詞、形容詞、代名詞、動詞、副詞、前置詞、接続詞、間投詞）であるが、A. Goose による改訂版（12e éd）は、名詞、形容詞、**限定詞**、代名詞、動詞、副詞、前置詞、接続詞、**導入詞** introducteur に改める。*Grammaire du français contemporain* は、名詞、品質形容詞、限定詞（冠詞、人称代名詞、指示形容詞・代名詞、所有形容詞・代名詞、疑問形容詞・代名詞、関係形容詞・代名詞、数形容詞、不定形容詞・代名詞）、動詞、不変化語（前置詞、接続詞、副詞、間投詞）にまとめる。G. Le Bidois et R. Le Bidois は、伝統的な品詞そのものは否定していないが、分類基準に対しては批判している。たとえば、間投詞はこれまでほぼ一つの品詞として扱われてきたが、これは品詞ではなく、表現そのものである（L'interjection n'est nullement, à y bien regarder, une partie du discours, elle est, à elle seule, si on peut dire, tout un petit discours）[34]。冠詞は、独立した

品詞として扱われている。

　以上のように，多くの文法家は冠詞を，限定詞の一つとして考えていることが明らかである。

　冠詞の種類は，Bonnard は定冠詞 le, la, les，不定冠詞 un, une, des，部分冠詞 du, de la で，部分冠詞複数 des は入っていないが，特別に，« Prenez **des rilletes** » のような場合には，その複数であると付け加えている（Pourtant on admettra que l'article **des** est partitif dans : *Prenez des rilletes*, parce que le nom *rilletes* ne s'emploie qu'au pluriel avec un sens continu）[35]。R. L. Wagner et J. Pinchon は定冠詞，不定冠詞，部分冠詞を，*Le bon usage* (8e éd, 12e éd) は先ず，定冠詞，不定冠詞を挙げる。しかし，部分冠詞を加えることもできる。形態的特徴からは定冠詞，意味からは不定冠詞と関連付けられるが，ここでは不定冠詞の一種としている。

　冠詞の本質的機能として，Bonnard は他の品詞を名詞化すること（un brave, un riche, le bien, le manger, du solide）を挙げる。Wagner et Pinchon は対象を種あるいは個，また限定か否か，そして数か量かで表す。*Le bon usage* (8e éd) は限定に重点を置き，*Le bon usage* (12e éd) は Actualisation にそれを置く。*Grammaire du français contemporain* はその本質は限定にあるが，さらに潜在的名詞（substantif virtuel）と限定された名詞（substantif déterminé）の違いを明示するものである。そして，冠詞は後者の名詞の標識となるものである。これは，前述の Guillaume の nom en puissance, nom en effet に通じるものであり，Actualisation と同一内容である。G. Le Bidois et R. Le Bidois は，その本質は限定にあるとする。

　冠詞それぞれの基本的な用法は，Bonnard は定冠詞は le, la, les は名詞に「限定された現実的な意味」（un sens réel déterminé）を，不定冠詞 un, une, des は可算名詞に用いられ，それに「限定されない現実的な意味」（un sens réel indéterminé）を付加する。部分冠詞は不可算名詞に「限定されない現実的な意味」を与える。現実的な意味とは，実際の表現以前の潜在的意味に対して，冠詞を付与された実際の表現における意味をいう。Wagner et Pinchon は

定冠詞について，照応的用法（Il était une fois un Bûcheron et une Bûcheronne qui avaient sept enfants, tous garçons … on s'étonnera que le Bûcheron ait eu tant d'enfants en si peu de temps）と，一般的用法（C'eût été mal parler que de dire qu'il était grave ; c'était la gravité même）を挙げている[36]。不定冠詞 un, une は先ず単一性を，そして定冠詞とは反対に未知の人，物を示す。さらに種（Un roi se gêne, mais n'est pas gêné）を表す。部分冠詞 du, de la は限定されない量を表現するために使われる。*Le bon usage* (8e éd) は，定冠詞は限定された名詞，すなわち，属，種，典型あるいは特別な個を表す名詞に，不定冠詞は対象が限定されることなく，他の存在から区別されたある種の対象に用いられる。部分冠詞は，意味の上では不定冠詞と同じであるが，物質名詞に付けられその一部を提示する。*Le bon usage* (12e éd) は 8e éd と異なり，定冠詞は話者と聞き手双方に知られた対象について使われる。不定冠詞，部分冠詞の説明は 8e éd と同じ説明である。*Grammaire du français contemporain* は，定冠詞は話題となった既知の対象を，不定冠詞は単一性と共に，対象が未知であることを，部分冠詞は不可算の対象の一部を言い表す。G. Le Bidois et R. Le Bidois は定冠詞について，その起源に基づく限定的価値を強調し，不定冠詞については，その不限定性をその用法の基礎に置いている。部分冠詞は，物質の量的表現が基本であると述べている（manger du pain, boire de la bière, cueillir des raisins）。

ここで取り上げた20世紀文法の中で，Wartburg et Zumthor, あるいは *Le bon usage* (12e éd) のように，冠詞の機能の本質を Actualisation（現働化）にあると述べる文法家がいる。これは従来からの分析を一歩進め，言語表現の基本に関わる説であるように思われる。

## おわりに

以上のように，ギリシャ・ローマの文法を継承した俗語文法，特にフランス語文法の歴史において，冠詞理論の変容（敢えて変遷とはせずに）を辿ってきた。そこでは各時代の思潮にも大きく影響を受けながら一方，実際の表

現の場における冠詞の用法の拡がりを注視し，その本質を常に考察続けた文法家たちの鋭い分析を見ることができたように思われる。伝統文法は，その基本的構成を保持しながら，このような文法家たちによって絶えず革新され続け，その存続が維持されてきたように考えられる。本稿では，品詞論の一部，冠詞論の変容に焦点を合わせてこの点について考えてみた。

**註**

1) 高塚正規『文法史——ギリシャ時代』p. 70.
2) *Ibid.*, p. 71.
3) *Loc. cit.*
4) *Ibid.*, p. 87.
5) 興津達朗『言語学史』p. 10
6) 高塚正規, *op. cit.*, p. 185.
7) 杉浦茂夫『品詞分類の歴史と原理』p. 28.
8) R. Estienne, *Traité de la grammaire française*, 1557. Slatkine reprints, 1972, p. 17.
9) Louis Meigret, *Le tretté de la grammere françoèze*, 1550. Slatkine reprints, 1972, pp. 120–121.
10) *Ibid.*, p. 19.
11) *Ibid.*, p. 121.
12) Petrus Ramus, *Grammaire*, 1572. Slatkine reprints, 1972, p. 130.
13) Charles Maupas, *Grammaire et syntaxe française*, 1618. Slatkine reprints, 1973, p. 22.
14) *Loc. cit.*
15) A. Arnault, C. Lancelot, *Grammaire générale et raisonnée*, Préface.
16) *Ibid.*, p. 45.
17) 『ポールロワイヤル文法』南舘英孝訳, pp. 68–70.
18) 太治和子,「一般文法における冠詞論」, p. 109.
19) Du Marsais, *Les véritables principes de la grammaire et autres textes*, p. 253.
20) *Ibid.*, p. 282.
21) N. Beauzée, *Grammaire générale* ...vol. I. p. 292.
22) *Ibid.*, p. 305.
23) 山田秀男『フランス語史』p. 166.
24) Girault-Duvivier, *Grammaire des grammaires*, pp. 213–214.
25) *Ibid.*, p. 214.
26) Noël et Chapsal, *Grammaire française sur un plan très-méthodique*, p. 16.

27) *Loc. cit.*
28) Ph. Martinon, *Comment on parle en français*, pp. 36–37.
29) *Grammaire de l'Académie française*, p. 36.
30) *Grammaire Larousse du XXe siècle*, pp. 261–262.
31) *Ibid.*, p. 265.
32) A. Dauzat, *Grammaire raisonnée de la langue française*, p. 247.
33) Ch. Bally, *Linguistique générale et linguistique française*, 小林英夫訳『一般言語学とフランス言語学』pp. 77以下.
34) G. Le Bidois, R. Le Bidois, *Syntaxe du français moderne*, p. 18.
35) H. Bonnard, *Grammaire française des lycées et des collèges*, p. 67.
36) R. L. Wagner et J. Pinchon, *Grammaire du français classique et moderne*, p. 90.

**参考文献**

(文法書)

[16世紀〜20世紀]

Dubois, Jacques (1531), *In linguam gallicam isagωge, una cum eiusdem Grammatica Latino-gallica, ex Hebraeis, Graecis et Latinis authoribus*, Slatkine reprints, Genève, 1971.

Estienne, Robert (1557), *Traité de la grammaire Françoise*, Slatkine reprints, Genève, 1972.

Garnier, Jean (1558), *Institutio gallicae linguae*, Slatkine reprints, Genève, 1972.

Meigret, Louis (1550), *Le tretté de la grammaire françoèze*, Slatkine reprints, 1972.

Pillot, Jean (1550), *Gallicae linguae institutio*, Slatkine reprints, 1972.

Ramus, Petrus (1562, 1572), *Gramere*, Slatekine reprints, Genève, 1972.

Lancelot, Claude. Arnauld, Antoine (1660), *Grammaire générale et raisonnée de Port - Royal*, Slatkine reprints, Genève, 1993.

Maupas, Charles (1618), *Grammaire et syntaxe française, contenant reigles bien exactes & certaines de la prononciation, orthographe, construction & usage de nostre langue, en faveur des estrangiers qui en sont désireux*, Slatkine reprints, Genève, 1973.

Beauzée, Nicolas (1767), *Grammaire générale ou exposition raisonnée des éléments nécessaires du langage, pour servir de fondement à l'étude de toutes les langues*, vol. 1. Friedrich Frommann Verlag, 1974.

Du Marsais, César Chesneau, *Les véritables principes de la grammaire et autres textes*, 1729–1756, Fayard, 1987.

Girault-Duvivier, Ch.- Pre (1879), *Grammaire des grammaires ou analyse raisonnée des meilleurs traités sur la langue française*, Paris, Cotelle.

Noël, Jean François Michel. Chapsal, Ch. P. (1873), *Nouvelle grammaire française sur un plan très-méthodique, avec de nombreux exercices d'orthographe, de syntaxe et de ponctuation*, Paris, Maire-Nyon.

Dauzat, Albert (1947), *Grammaire raisonnée de la langue française*, 4e éd. 1956, Paris, IAC.

Bonnard, H (1950), *Grammaire française des lycées et cllèges*, Paris, S.U.D.E.L.

Grevisse, Maurice (1964), *Le bon usage*, Belgique,Duclot, Paris, Hatier. 12e éd. refondue par André Goose, Duclot, 1988.

*Grammaire de L'Académie française* (1932), Firmin-Didot et Cie.

*Grammaire Larousse du XXe siècle* (1936), Larousse.

Le Bidois, Georges. Le Bidois, Robert (1971), *Syntaxe du français moderne*, Paris, Picard.

Martinon, Ph. (1927), *Comment on parle en français*, Paris, Larousse.

Wagner, R. L., Pinchon, J. (1962), *Grammaire du français classique et moderne*, Paris, Hachette.

Wartburg, Walter von. Zumthor, Paul (1947), *Précis de syntaxe du français contemporain*, Berne, Francke.

［その他］

Demaizière, Colette (1983), *La grammaire française au XVIe siècle : les grammairiens picards*. Didier-Erudition.

—— (1988), *Une contrainte de l'héritage latin : le difficile classement de l'article chez les grammairiens français du XVIe siècle.* dans *L'héritage des grammairiens latins de l'Antiquité aux Lumières*. Société pour l'information grammaticale, Paris.

Dominicy, Marc (1967), *La naissance de la grammaire moderne*. Bruxelles, Pierre Margada.

Donzé, Roland (1967), *la grammaire générale et raisonnée de Port-Royal, contribution à l'histoire des idées grammaticales en France*. Berne, Francke.

Guillaume, Gustave (1919), *Le problème de l'article et sa solution dans la langue française*. Paris, Hachette.

—— (1973), *Langage et science du langage*. Paris, Nizet.

稲垣昭（2004），『フランス語文法史における冠詞論の変遷とその形成』三恵社。

一川周史（1988），『冠詞抜きではフランス語はわからない』駿河台出版社。

Kukenheim, Louis (1974), *Contribution à l'histoire de la grammaire italienne, espagnole et française à l'époque de la Renaissance*. Utrecht, H&S.

Livet, Charles-Louis (1859), *La grammaire française et les grammairiens du XVIe siècle*. Paris.

松原秀治（1978），『フランス語の冠詞』白水社。

小方厚彦 (1992), 『16世紀フランスにおけるフランス語とフランス語観――Ramus の研究』関西大学出版部。

『ポールロワイヤル文法』南舘英孝, 大修館書店。

興津達朗 (1976), 『言語学史』(英語学体系14), 大修館書店。

Robins, R. H. (1951), *Ancient and Mediaeval Grammaticale Theory in Europe.* London. 郡司利男訳, 『ヨーロッパ古代中世文法論』南雲堂, 1962.

杉浦茂夫 (1976), 『品詞分類の歴史と原理』こびあん書房。

太治和子 (1989), 「一般文法における冠詞論」, 千里山文学論集, vol. 41.

高橋秀雄 (1998), 「ギヨームの冠詞論」(『ことばを歩く――フランス語との出会い』所収, あるむ。

高塚正規 (1979), 『文法史――ギリシャ時代』ビジネスリサーチ。

Tell, J. (1874), *Les grammairiens français, depuis l'origine de la grammaire en France jusqu'aux dernières œuvres connues.* Genève, Slatkine reprints, 1967.

Vaugelas, Claude Favre de (1647), *Remarques sur la langue française.* Genève, Slatkine reprints, 1970.

渡部昇一 (1965), 『英文法史』研究社。

―― (1975), 『英語学史』(英語学体系13), 大修館書店。

# 愛知大学言語学談話会　沿革

- 1972年　有志により「愛知大学言語学談話会」発足。1975年度まで豊橋校舎で研究会を開催。
- 1976年　研究会を公開講座「言語」に衣替え。以後毎年10回前後開催し，現在に至る。
- 1978年　シンポジウム「学校文法――英語教育を中心に」を豊橋校舎で開催。
- 1987年　『ことばを考える』第1集を刊行（愛知大学出版助成による）。
- 1988年　公開講座「言語」は豊橋校舎での開催であったが，この年から前期は豊橋校舎，後期は名古屋校舎（三好）で開催に変更。
- 1990年　公開講座「言語」15周年記念シンポジウム「言語と文化――古典外国語のすすめ」を車道校舎で開催。
- 1990年　『ことばを考える』第2集を刊行（駿河台出版社）。
- 1991年　この年から，公開講座「言語」のほか，川口誠氏を講師に依頼して「聖書を読む――古代ヘブライ語・古典ギリシャ語講座」も豊橋校舎で開催開始。以後，この講座はテーマを変更しつつ現在に至る。
- 1992年　公開講座「言語」の会場を前期は豊橋校舎，後期は車道校舎に変更。現在に至る。
- 1995年　公開講座「言語」20周年記念特別講座「アジアの言語を知ろう」を車道校舎で開催。
- 1996年　『ことばを考える』第3集を刊行（駿河台出版社）。
- 1999年　シンポジウム「日本とフランス――その文化受容を問い直す」を豊橋校舎で開催。
- 2001年　『ことばを考える』第4集を刊行（あるむ）。
- 2005年　シンポジウム「アングロ・サクソン研究」を豊橋校舎で開催。
- 2005年　公開講座「言語」30周年記念講演会「マイケル・トマセロと言語研究――21世紀の言語学は何を目指すのか」（伊藤忠夫氏）を車道校舎で開催。

2005年　『愛知大学言語学談話会公開講座「言語」開講30年の歩み』を刊行（非売品）。
2006年　『ことばを考える』第5集を刊行（あるむ）。
2010年　『ことばを考える』第6集を刊行（あるむ）。
2015年　『ことばを考える』第7集を刊行（あるむ）。
2015年　第40回公開講座「言語」2015，および川口誠氏を講師とした公開講座を開催。
　　　　［公開講座「言語」40周年記念として「自由とは何か？——言語研究の視点から考える」（高橋秀雄氏）を豊橋校舎で，シンポジウム「これからの辞書」を車道校舎で開催予定。］

# 公開講座記録
平成22(2010)年度〜平成27(2015)年度

## 平成22年度（2010/11）

《第35回公開講座》（前半豊橋校舎／後半9月より車道校舎）

('10) 4月24日　尾崎孝之「ブランショという文学」
　　 5月15日　トーマス・グロース「英語における助動詞構文――依存文法
　　　　　　　形態統語論からみた微細構造」
　　 6月5日　葛谷　登「蓬左文庫と天主教書籍」
　　 6月19日　山口啓三「ジェーン・オースティンの『エマ』について」
　　 7月3日　高橋秀雄「フランス語のつづりの成立」
　　 9月11日　田川光照「レチフ・ド・ラ・ブルトンヌの言葉遊び」
　　 10月2日　鈴木規夫「コトバの学としてのイスラーム神学――スポータ
　　　　　　　からカラームへ」
　　 11月6日　矢田博士「秋の糸を吐く青虫」
　　 12月4日　北尾泰幸「談話構成の要因――情報構造」
('11) 1月8日　片岡邦好「ことばとジェスチャーの繰り返しが示す言語文化
　　　　　　　的指向性」

　　　 2010年4月〜2011年3月（月2回，豊橋校舎）
　　　　　　「親鸞の『歎異抄』を輪読して学ぶ会」「ラテン語を学ぶ会」
　　　　　　「現代ヘブライ語を学ぶ会」（講師：川口誠）

## 平成23年度（2011/12）

《第36回公開講座》（前半豊橋校舎／後半9月より車道校舎）

('11) 5月7日　田川光照「胡椒売りが感謝する作家とは？――サドのレチフ
　　　　　　　評をめぐって」
　　 5月21日　高橋秀雄「フーコー編『ピエール・リヴィエール――19世紀
　　　　　　　のある尊属殺人事件』を読む」

6月4日　　加納　寛「バンコク民家の神々」
　　6月18日　　荒川清秀「中国語の図解辞典」
　　7月9日　　石原知英「日本における英語教育目的論の変遷とこれから」
　　9月10日　　早川　勇「啓蒙思想下のジョンソン辞書」
　　10月29日　　桐原千文「蓬左文庫について——尾張藩御文庫から公開文庫
　　　　　　　へ」
　　11月10日　　塚本倫久「英語辞書とコロケーション」
　　12月7日　　矢田博士「青虫の髪飾り」
('12) 1月7日　　島田　了「ヴィンケルマンの美術鑑賞——18世紀ドイツの美
　　　　　　　術をめぐる環境について」

　　2011年4月〜2012年3月（月2回，豊橋校舎）
　　　　　「聖書の『創世記』を音読し学ぶ会」「ラテン語を学ぶ会」
　　　　　「聖書ヘブライ語を学ぶ会」（講師：川口誠）

## 平成24年度（2012/13）
《第37回公開講座》（前半豊橋校舎／後半9月より車道校舎）
('12) 4月21日　　田川光照「レチフのサド侯爵評をめぐって——再生産の追求
　　　　　　　と破壊の追求」
　　5月12日　　塩山正純「モリソンとその聖書漢訳の過程」
　　5月26日　　桐原千文「蓬左文庫について——尾張藩御文庫から公開文庫
　　　　　　　へ」
　　6月16日　　田本健一「中世英国前半における写本文化」
　　7月14日　　加藤俊夫「200年前の流行作家ポール・ド・コック——軽妙
　　　　　　　なエスプリとお色気」
　　9月8日　　北尾泰幸「英語学の見地から探る英語教育」
　　10月13日　　陶山信男「言語教学閑談——中国語と韓国・朝鮮語と」
　　11月10日　　鎌倉義士「*Over* の多義性とコロケーション——認知言語学
　　　　　　　の理論に基づく句構成の分析」

12月8日　髙橋秀雄「文体はどのように作られるか」
('13) 1月12日　小池保利「中国の日本語教育・喜怒哀楽」

　　2012年4月～2013年3月（月2回［＊は週1回］，豊橋校舎）
　　　　「旧約聖書の創世記1～11章を音読する集い」「＊聖書ヘブライ語を学ぶ会」「ラテン語を学ぶ会」（講師：川口誠）

## 平成25年度（2013/14）
《第38回公開講座》（前半豊橋校舎／後半9月より車道校舎）
('13) 4月20日　田﨑哲郎「種痘の普及と意義」
　　 5月11日　荒川清秀「常用漢字と簡体字の違いはどこからきたか」
　　 6月8日　田本健一「古英語期の写本解読と edition 作成」
　　 6月20日　宇佐美孝二「詩の世界，その読み方」
　　 7月13日　田川光照「サド侯爵の遺書を読む」
　　 9月14日　西部真由美「現代英語における複合形容詞と辞書の記載」
　　10月5日　山本雅子「言葉の意味を考える――話者とその解釈態度」
　　11月9日　葛谷　登「クレイグ先生逸聞拾遺」
　　12月7日　稲垣　昭「『冠詞』とは何か――伝統文法から現代言語学へ」
('14) 1月11日　髙橋秀雄「言語における『表現』について考える」

　　2013年4月～2014年3月（月2回［＊は週1回］，豊橋校舎）
　　　　「旧約聖書の創世記12～50章を音読する集い」「＊聖書ヘブライ語を学ぶ会」（講師：川口誠）

## 平成26年度（2014/15）
《第39回公開講座》（前半豊橋校舎／後半9月より車道校舎）
('13) 4月19日　小池保利「中国の大学における日本語口頭発表の指導」
　　 5月10日　加納　寛「戦時期日本の対タイ宣伝」
　　 5月31日　田本健一「7～9世紀のアイリシュ系写本と英国系写本につ

　　　　　　　いて」
　　6月21日　北尾泰幸「英語分裂文を探る」
　　7月12日　田川光照「韓国の現代作家・李外秀の作品世界」
　　9月13日　今井隆夫「イメージで捉える感覚英文法：認知言語学を参照
　　　　　　　した英語学習法」
　10月11日　髙橋秀雄「言語とは何か？——数（単数・複数）の表現から
　　　　　　　見る」
　11月8日　島田　了「イタリアへの憧れ——ドイツ文学から見たルネサ
　　　　　　　ンス像の変遷，ヴィンケルマンからブルクハルトへ」
　12月13日　鈴木規夫「政治と言語行為——ケンブリッジ学派思想史研究
　　　　　　　方法論再考」
（'15）1月10日　片岡邦好「テレビ CM の談話分析：語らない「語り」とい
　　　　　　　う視点から」

　2014年4月～2015年3月（月2回，豊橋校舎）
　　　　　「新約聖書の福音書を音読する集い」「現代ヘブライ語と聖書
　　　　　ヘブライ語を学ぶ会」（講師：川口誠）

## 平成27年度（2015/16）＜予定＞
《第40回公開講座》（前半豊橋校舎／後半9月より車道校舎）
（'15）4月18日　田川光照「李外秀の長編小説『碧梧金鶴圖』について」
　　5月9日　山中哲夫「『星の王子さま』の無意識的言語について——王
　　　　　　　子さまはなぜ羊の絵をほしがったのか」
　　5月23日　(1)　田本真喜子「古英語行間注 olfend に関する一考察」
　　　　　　(2)　田本　健一「マクレゴル福音書の edition に対する批判」
　　6月13日　清水伸子「チェーホフ『桜の園』に見る19世紀ロシア社会」
　　7月4日　髙橋秀雄「自由とは何か？―言語研究の視点から考える」(開
　　　　　　　講40年記念講演)
　　9月12日　早川　勇　「『国語』辞典の誕生」

10月10日　開講40年記念シンポジウム「これからの辞書」
　　　　　　コーディネーター：荒川清秀
　　　　　　パネラー：安部　悟・塚本倫久・中尾　浩
11月7日　川口　誠「ヘブライ語聖書の「ルツ記」──私訳して見えてきたこと」
12月5日　小坂敦子「リーディング・ワークショップとライティング・ワークショップ」
('16) 1月9日　山本雅子「日本語と主体化：〈嬉しい！〉の主語は省略されているのか？」

2015年4月〜2016年3月（月2回，豊橋校舎）
　　　　「新約聖書の福音書を音読する集い」「現代ヘブライ語と聖書ヘブライ語を学ぶ会」（講師：川口誠）

## あ と が き

　愛知大学言語学談話会は1987年に第1集を刊行して以来，ほぼ5年に1冊のペースで『ことばを考える』を刊行してきた。本書はその第7集にあたる。

　愛知大学言語学談話会（以下，談話会）は1972年に発足し，1975年度までは研究会を，1976年度からは公開講座「言語」を開催してきた。2015年度にはこの公開講座が40年目を迎えることになる。その長い歳月の中で，談話会の発足から公開講座開設まで関わられた先生方は全員が定年退職されており，当時を直接知る現役教員が誰もいなくなって久しい。長らく会の代表を務められた加藤俊夫先生が，その当時について『ことばを考える』第1集の「あとがき」で次のように振り返っておられる（[　]は引用者による補足）。

　　言語学談話会の出発は，いまから15年前の昭和47年だった。全国的な大学騒乱の渦はなお激しく，私たちはその対応に疲れ切っていた。いつものような教授会での深刻な論議のあと，研究室で一服している私の所に，池さん[池稔先生]があらわれて突然言った。「勉強しようよ，忙しければ忙しい程，勉強しようよ。」たまたま通りかかった伊藤さん[伊藤忠夫先生]が「一人よがりでは駄目だ，みんなで勉強会をやろう。」ということになった。語学に関心のある先生方に呼びかけて，各自がいま一番関心のあることを話題にしようと，月に一度のペースで研究会が始まったのである。そこで名前も言語学談話会とつけた。そのうちに，どうも仲間内の批判だけでは何かが欠けているもどかしさ，物足りなさも感じてきた。おおげさに言えば，学問を原点から捉え返すにはどうしたら良いかという問題であった。大学のなかに閉じこもり，学会で発表しているだけでは得られないもの，いわば市民感覚の批判に自己をさらけ出して，堪えうる所から発想することが大事ではないかと思い始めたの

である。そこで選んだのが公開講座の方法だった。昭和51年春，大学の中や，街の本屋さんに手書きのポスターを貼らせて貰った。学外からは数名の参加しかない時期もあった。配布する資料も発表者の負担だった。しかしともかく10年が経過した。知念さん［知念広真先生］は雑務一切を何の文句もいわず，というよりはむしろ積極的にやってくれた。〈中略〉知念さんの留学中は木村さん［木村和夫先生］が快く代行してくれた。若手の気鋭の先生方も次々と発表してくれている。〈中略〉私たち自身の刺戟になればと思って始めたこの講座が，しかも「言語」という味も素っ気もない標題でありながら，10年間に延べにして3,000名以上もの多くの学外の市民の方々の協力と支持を得られたのは，望外の幸せと言わねばならない。市民のみなさんが大学に期待し，求めているものが，私たちの予想を遙かに越えて根強くあることを，自戒の意をこめて更めて痛感している。

　公開講座「言語」は，教員が研究成果を一般市民に還元するといった上からの目線によって開設されたのではない。市民の皆さんから刺戟を受けながら，学問のあり方について反省し，研究をいわば鍛えて発展させるために開設されたのである。公開講座は，講師による90分の講義の後，30分程度の質疑応答という構成をとっている。その質疑応答こそが重要で，聴講者の市民の皆さんから忌憚のない疑問・批判や質問が出されるのである。これは講師にとって貴重な経験となる。公開講座は市民の皆さんとともに歩んできたと言わねばならない。
　そしてまた，公開講座は教員の手作りで運営されてきた。愛知大学の学内組織である文学会や語学教育研究室，さらに同友会（2014年度からは愛知大学教育研究支援財団）からの補助金を得ながら，年間プログラムやポスターの作成から案内発送等にいたるまで，一部を除きほとんどの作業を大学事務局の手を借りずに行ってきたのである。このこともまた公開講座が長続きしていることの要因であると思っている。
　その公開講座と両輪をなすのが論文集『ことばを考える』の刊行である。

この第7集では，依頼原稿を含め11編の論文を収録することができた。その原稿募集要項作成から編集までの作業過程で，談話会会員の北尾泰幸先生と鄭高咏先生に編集委員として協力していただいたほか，前代表の高橋秀雄先生にも相談に乗っていただいた。これらの皆さん，ならびに第4集から出版を引き受けていただいている株式会社あるむの川角信夫さんに感謝の意を表したい。

　最後に，本書の刊行にあたって愛知大学教育研究支援財団から貴重な助成を得たことを書き添えておく。

（田川光照・記）

## 『ことばを考える』既刊目次

『ことばを考える』第1集　1987年発行
　チンパンジーは「話す」か　　　　　　　　　　　　　　　　　　伊藤忠夫
　外来語について　　　　　　　　　　　　　　　　　　　　　　　知念広真
　日本語を考える —外国語と対照して—「英語と日本語」　　　　　木村和夫
　井伏鱒二『黒い雨』の一節をめぐって —フランス語訳との対照　　高橋秀雄
　英文講読におけるS×Vの取扱いについて　　　　　　　　　　　池　　稔
　フランス語文法の誕生　　　　　　　　　　　　　　　　　　　　稲垣　昭
　風俗としての小説 —フランス19世紀大衆小説覚書　　　　　　　 加藤俊夫
　言語と文化 —異文化断想　　　　　　　　　　　　　　　　　　 崔　応斗

『ことばを考える2』1990年発行
　言語 —今日の問題　　　　　　　　　　　　　　　　　　　　　 高橋秀雄
　機械翻訳と「ことば」　　　　　　　　　　　　　　　　　　　　中野美知子
　ことばとその習得について —N. Chomskyの理論をめぐって　　　 木村和夫
　英語を話すときの一つの試み　　　　　　　　　　　　　　　　　池　　稔
　英語の現在時制について　　　　　　　　　　　　　　　　　　　塚本倫久
　英語における語彙の変遷 —「貨幣」の場合　　　　　　　　　　 田本健一
　訳語を考える —「科学」を中心に　　　　　　　　　　　　　　知念広真
　日本語とフランス語　　　　　　　　　　　　　　　　　　　　　加藤俊夫
　中国語と日本語 —翻訳をめぐって　　　　　　　　　　　　　　安部　悟
　大学における中国語教学の状況と方法　　　　　　　　　　　　　陶山信男
　韓国・朝鮮語のすすめ　　　　　　　　　　　　　　　　　　　　陶山信男
　言語と文化 —文化の多様性を考える　　　　　　　　　　　　　崔　応斗

『ことばを考える3』1996年発行
　文学は教えられるか —3つの詩を読みながら　　　　　　　　　 加藤俊夫
　「曖昧」とはどういうことか —その狭い意味から広い意味へ　　伊藤忠夫
　Person（人称）とSubject（主題）の関係 —言行為の普遍性を求めて　岸谷敏子
　フランス語における付加形容詞の前置，後置について　　　　　　稲垣　昭
　建物の階数の数え方　　　　　　　　　　　　　　　　　　　　　杉浦　均
　外国語教育・学習考　　　　　　　　　　　　　　　　　　　　　崔　応斗
　外国語の教学問題について —日・中・韓三国の言語を中心に　　陶山信男
　日本の英語教育を考える —歴史的観点に立って　　　　　　　　池　　稔

| | |
|---|---|
| フランスの教育制度 | ベナブデラマン・ラッセン |
| 英語歌詞に見られるあぶない表現 | 上島卿一郎 |
| 音楽と言語 ―言語音の内在的性質について | 高橋秀雄 |

## 『ことばを考える 4』2001年発行

| | |
|---|---|
| 言語の起源について考える | 伊藤忠夫 |
| ―フィリップ・リーバーマンの説を紹介する | |
| 言語研究における「話者（Sprecher）」の概念について | 岸谷敏子 |
| 数学からみた言語 | 河田賢二・林　芳樹 |
| 言語の統計的特徴と暗号 | 林　芳樹 |
| ―阿川弘之『山本五十六』と暗号とその解読 | |
| ヨーロッパ連合（EU）における語学教育 | 平尾節子 |
| ―― The New EU Education and Youth Programmes の視点から | |
| 英国庭園の読み方 ―英語的発想と「不規則性」 | 安藤　聡 |
| 小説の書き出し　あるいは散文表現の獲得をめぐって | 加藤俊夫 |
| 『星の王子さま』を原文・日本語訳対照で読む | 高橋秀雄 |
| フランス革命期に議員の意味で用いられた «mandataire» をめぐって | 田川光照 |
| 「漢語」における借用語 ―中国近代以前を中心に | 鄭　高咏 |
| 曹操「短歌行（周西伯昌篇）」考 ―正当性の主張と自戒を込めて | 矢田博士 |

## 『ことばを考える 5』2006年発行

| | |
|---|---|
| マイケル・トマセロと言語研究 ―人間認知の文化的起源 | 伊藤忠夫 |
| 風景描写は退屈か | 加藤俊夫 |
| ―3つのテキスト（フロベール，永井荷風，出口裕弘）をめぐって | |
| フランス語改革論者レチフ・ド・ラ・ブルトンヌ | 田川光照 |
| 書くことと考えること ―モンテーニュの場合 | 高橋秀雄 |
| 「語り」における空間描写 | |
| ―言語とジェスチャーのマルチ・モーダルな詩的分析に向けて | 片岡邦好 |
| ウェブスター辞書の系譜と伝統 | 早川　勇 |
| 北京郵電大学における日本語教育 | 小池保利 |
| アングロ・サクソン時代の結婚と結婚用語 | 田本真喜子 |
| King Alfred の魅力 | 池　和子 |
| アングロ・サクソン時代と文献学 | 田本健一 |

## 『ことばを考える 6』2010年発行

| | |
|---|---|
| 大岡昇平『俘虜記』より「捉まるまで」を日仏対照により読む | 高橋秀雄 |
| アメデ・アシャール覚書 | 加藤俊夫 |

| 胡椒商人が感謝する作家とは？ | |
| —サド侯爵によるレチフ批判の名言をめぐって | 田川光照 |
| 『高慢と偏見』再論 | 山口啓三 |
| ことばに潜む科学 —生成文法理論の基本概念 | 北尾泰幸 |
| 受動構文の統一的意味 —事態把握の観点から | 山本雅子 |
| 日本語における陳述副詞の弁別基準について | 韓　銀暎 |
| 「一般意志」について | |
| —ことばの思想史：「中国のルソー」の場合（上） | 葛谷　登 |
| ヴィンケルマンと美をめぐるドイツの作家たち | 島田　了 |
| スピリッツ・ウォーズ —15世紀タイにおける呪術戦争 | 加納　寛 |

## 執筆者一覧

田 川 光 照 　（フランス文学／韓国文学）
宇佐美 孝 二 　（日本現代詩人会会員）
田 本 健 一 　（英語学／英文学）
葛 谷 　 登 　（中国宗教思想史）
小 池 保 利 　（国語学／日本語学）
小 坂 敦 子 　（英語教育／教育学）
高 橋 秀 雄 　（フランス語学）
鈴 木 康 志 　（ドイツ語学）
田 本 真喜子 　（古英語学）
北 尾 泰 幸 　（理論言語学／統語論）
稲 垣 　 昭 　（フランス語学／フランス語文法史）

## ことばを考える 7

2015年3月31日　第1刷発行

編集＝愛知大学言語学談話会
　　〒453-8777 名古屋市中村区平池町4丁目60番6
　　愛知大学語学教育研究室気付　Tel. 052-564-6152

発行＝株式会社あるむ
　　〒460-0012 名古屋市中区千代田3-1-12 第三記念橋ビル
　　Tel. 052-332-0861　Fax. 052-332-0862
　　http://www.arm-p.co.jp　E-mail: arm@a.email.ne.jp

印刷＝株式会社 精版印刷

ISBN978-4-86333-097-9　C1080

愛知大学言語学談話会編／あるむ刊

# ことばを考える 4　Ａ５判261頁　定価（本体2000円＋税）

言語学・語学・文学・教育・数学・文化史など多様な領域の研究者たちが"ことば"をテーマに、その起源論的考察、形式言語の理論、暗号としての言語、語学教育、文化的表象、表現の歴史性、多言語空間、テキスト読解等さまざまな視点から語る。言語学談話会公開講座「言語」の成果を集成。

【主な内容】
言語の起源について考える ──フィリップ・リーバーマンの説を紹介する　〔伊藤忠夫〕
言語研究における「話者（Sprecher）」の概念について　〔岸谷敞子〕
数学からみた言語　〔河田賢二・林　芳樹〕
言語の統計的特徴と暗号 ──阿川弘之「山本五十六」と暗号とその解読〔林　芳樹〕
ヨーロッパ連合（EU）における語学教育
　　── The New EU Education and Youth Programmes の視点から　〔平尾節子〕
英国庭園の読み方 ──英語的発想と「不規則性」〔安藤　聡〕
小説の書き出し　あるいは散文表現の獲得をめぐって　〔加藤俊夫〕
『星の王子さま』を原文・日本語訳対照で読む　〔高橋秀雄〕
フランス革命期に議員の意味で用いられた mandataire をめぐって　〔田川光照〕
「漢語」における借用語 ──中国近代以前を中心に　〔鄭　高咏〕
曹操「短歌行(周西伯昌篇)」考 ──正当性の主張と自戒を込めて　〔矢田博士〕

# ことばを考える 5　Ａ５判220頁　定価（本体1800円＋税）

認知科学の根源と出会う言語研究、文学表現における風景描写の含意、言語の諸相がもたらす多様な意味作用、グローバリズム下の日本語教育体験、ウェブスター辞書の変遷、古英語期と翻訳文化などについて、専門領域の研究者たちが一般聴講者に向けて語った、言語学談話会公開講座「言語」の広角視野を集成。

【主な内容】
マイケル・トマセロと言語研究 ──人間認知の文化的起源　〔伊藤忠夫〕
風景描写は退屈か
　　──３つのテキスト(フロベール、永井荷風、出口裕弘)をめぐって　〔加藤俊夫〕
フランス語改革論者レチフ・ド・ラ・ブルトンヌ　〔田川光照〕
書くことと考えること──モンテーニュの場合　〔高橋秀雄〕
「語り」における空間描写
　　──言語とジェスチャーのマルチ・モーダルな詩的分析に向けて　〔片岡邦好〕
ウェブスター辞書の系譜と伝統　〔早川　勇〕
北京郵電大学における日本語教育　〔小池保利〕
アングロ・サクソン時代の結婚と結婚用語　〔田本真喜子〕
King Alfred の魅力　〔池　和子〕
アングロ・サクソン時代と文献学　〔田本健一〕

あるむホームページ http://www.arm-p.co.jp/

愛知大学言語学談話会編／あるむ刊

# ことばを考える 6　A5判238頁　定価（本体2000円＋税）

テクストの翻訳的局面が示す作品の様相、心性史研究に豊かな資料を提供する19世紀大衆小説の世界、生成文法理論による言語活動研究の新たなステージ、言語主体と外部世界との相互作用（身体性）に焦点を合わせる認知言語学の可能性、非ヨーロッパ的世界における普遍的なるものの探究などをめぐって、専門の研究者たちが語った、言語学談話会公開講座「言語」の多角的アプローチを集成！ 広く"言語"に関心を持つ人々に語りかける教養書。

## 【主な内容】

大岡昇平『俘虜記』より「捉まるまで」を日仏対照により読む　〔高橋秀雄〕
アメデ・アシャール覚書　〔加藤俊夫〕
胡椒商人が感謝する作家とは？
　　──サド侯爵によるレチフ批判の名言をめぐって　〔田川光照〕
『高慢と偏見』再論　〔山口啓三〕
ことばに潜む科学──生成文法理論の基本概念　〔北尾泰幸〕
受動構文の統一的意味──事態把握の観点から　〔山本雅子〕
日本語における陳述副詞の弁別基準について　〔韓　銀暎〕
「一般意志」について──ことばの思想史：「中国のルソー」の場合　〔葛谷　登〕
ヴィンケルマンと美をめぐるドイツの作家たち　〔島田　了〕
スピリッツ・ウォーズ──15世紀タイにおける呪術戦争　〔加納　寛〕

　　　　＊『ことばを考える』第4集から第6集はAmazonや全国の書店店頭で
　　　　ご注文いただけます。また、下記のあるむホームページから直接ご注文
　　　　いただければ送料弊社負担でお送りいたします。

あるむホームページ http://www.arm-p.co.jp/